スロースタイル

生活デザインとポストマスマーケティング

原田 保・三浦俊彦 編

新評論

はしがき

本書は、先進工業諸国の人々の消費生活や企業活動を牽引してきたこれまでのマーケティング戦略のあり方を根本から問い直し、その功罪を視野に入れつつ、いわば〈人間的な消費生活〉と〈人間のための企業活動〉をめざして動きだした新たなポスト（脱）マーケティングのスタイルを紹介するものである。ここでは、新時代の消費者および企業の行動様式を「スロースタイル」と名づけ、そのような新しい生活デザインの考え方が消費者側の多様な生活シーンにいかに浸透し、また、それに基づくスロースタイルマーケティングが生産者側の多様なビジネスシーンにいかなる力を発揮しつつあるかが解明される。

イタリアで一九八〇年に設立されたバローロ愛好協会が八九年にスローフード協会に改組されて以来、マクドナルドに代表されるファストフード戦略への批判軸として、スローフードの運動や考え方は瞬く間に世界に広がっていった（日本でも、二〇〇〇年頃からスローフードや生活全般のスローを主張するスローライフの考え方が徐々に広まりつつある）。実際、本書で扱ったシティ、メディア、ツーリズム、リビング、ファッション、ファイナンス、フードという七つの領域でも、すでに多くの「スロースタイル」への革新事例が消費者および企業の両面から報告されている。

これらスロースタイルへの大きな動きを準備したものは、一つは、「自己実現」（マイスタイルの確立）から「自己超越」（環境問題などへの社会参加）への消費者ニーズの変化であり、もう一つは、それに対応する形で生じる、企業のコンテンツ（単なる物やサービス）提供者からコンテクスト（物の組み合わせが生み出す文脈やライフスタイル）プロバイダーへの変化である。すなわちこの変化は、（自己を超えて社会や環境のことまで考えながら）自らの生活をデザインする消費者の出現なのであり、マスマーケティングに代えて消費者に新しい価値空間としてのコンテクストを提供する、スロースタイルマーケティングへの革新なのである。

しかし、本書の目的は、スロー礼賛、反（嫌）ファストという二項対立的な単純な図式を描くことではなく、むしろそれを乗り越え、対立軸のみでは捉え切れない真の「スロースタイル」のありかを読者とともに発見してゆくところにある。

本書の構成は、まず序章で、スロースタイルの意味を明らかにした後、これら消費者と企業双方のスロースタイルへの革新を、先に見た七つの領域で詳細に検討する。すなわち、第一部では、進化型スロースタイルマーケティングとして、シティおよびメディアの最先端の形を示し、第二部では、拡張型スロースタイルマーケティングとして、ツーリズム、リビング、ファッションという現在進行形の姿を明らかにし、第三部で、トリガー（契機）型スロースタイルマーケティングとして、スローの流れを加速するであろうファイナンスと、そもそもこの流れを作り出したフードの状況を分析する。そしてそれら分析を受けて、終章でスロースタイル消費者およびスロースタイルマーケティングの位置づけと体系を示して結びとする。

この新しいスロースタイルへの息吹きを、読者の皆さんに感じとって頂ければ幸いである。

二〇〇七年一月

編者　原田　保
　　　三浦　俊彦

目次

第二部　拡張型スロースタイルマーケティング

序章　消費手段を奪還する生活者
——スロースタイルマーケティングの基本概念

原田　保

Summary 近年、消費者は、たんなるコンテンツ（提供内容）の受身の受容者ではなく、みずからのコンテクスト（提供方法）によって価値編集されたソリューション（生活価値）の獲得を強く期待しはじめている。それゆえ、まず序章においては、そのようなライフスタイルを模索する新たな消費者概念と、それに的確に対応すべきポストマスマーケティングの新概念について、基本構想が提示される。

Key Word ●スロースタイル●カルチュラルクリエイティブズ●ポスト（脱）マスマーケティング●スローカルライフ●スロースタイルマーケティング●ソシオビジネス●コミュニティクリエイティブズ●デザイニング●相互信頼

はじめに——近代化パラダイムの終焉

昨今、今まで圧倒的な成功を成し遂げてきたマクドナルドやディズニーランド(1)（Ritzer 1996）に対して、さほどの魅力を感じなくなっている人や、あるいはそれらの戦略自体に対してははっきりと疑問を感じるようになっている人々が増えている。このような変化や疑問が生じる背景には一体何が存在しているのだろうか。実はそこには、二〇世紀をつうじてずっと世界を牽引してきた「近代化パラダイム」に何らかの限界が生じてきた（Ritzer 1996）、という問題が横たわっているのかもしれない。

この仮説に基づいて、序章においては、来たるべき新たな社会を牽引するためのパラダイム、すなわち、「脱近代化パラダイム」とは一体いかなるものかについて、一定の考察を行うことにする。

それは、具体的には、われわれ人間が生活する地球の「サステイナビリティ」（Sustainability, 持続可能性）を確実なものにするための道や、そこに暮らす人間の「精神性」を大切にするようなコンセプトについて考察を深めることである。端的に言えば、それは「人間と環境との共生・共存」と「経済における人間性の復権」を同時に実現する新たなパラダイムの模索である。

その解は、人間が「経済的な存在」であることと同時に、「文化的な存在」かつ「自然的な存在」でもある、という認識によって導かれるものであろう（Ritzer 1996）。逆に言えば、人間がそうした複合的な存在であるという認識に依拠したライフスタイルを確立すること、すなわち、複雑な統合的な存在としての人間にふさわしいライフスタイルを確立することが、実は「人間と環境の共生・共存」「経済における人間性の復権」を実現する大事な方法であるということであろう（辻 二〇〇一）。

本書においては、このような指向性を強く保持するライフスタイルを「**スロースタイル**」と規定している。また、このような新たな概念に基づいて行動する生活者を「**カルチュラルクリエイティブス**」（Cultural Creatives）と呼び、これらの人々とともにある**ポスト**（脱）**マスマーケティング**を「もう一つのネクストマーケティング」と呼ぶことにした。(2) したがって、序章においては、レイとアンダーソン（Ray and Anderson 2000）の言うカルチュラルクリエイティブスや、プラハラード（Prahalad 2005）の『ネクストマーケット』（邦訳書名）で主張されている新たなマーケティング概念とは少し異なるそれが提言される。

一　リーディングスタイルとしてのスローライフ

「スロー×ローカル軸」への期待

このような問題意識に基づきながら、まず本節においては、われわれ人間が生きるための「よすが」（人間らしく生きるためのきわめて大事な価値観）というものについて考察してみたい。序章の狙いは、次のような状況からの脱却を強く促すことにある。すなわち、現在の経済システムの最大の特徴になっている、いわゆる「標準化」や「スピード化」への対応が、たんにビジネスの場においてのみならず、生活の場においても貫徹されている状況、それによってわれわれ人間が多様なシステムや制度のもとに完全に支配されてしまっている状況である。

近代化の実現によって、われわれ人間（の一定層）は多くの物を獲得し、また、物質的に恵まれた状態を享受することができるようになった。そしてそれによってわれわれ人間（の一定層）は経済的に満たされ、また一定程度の福祉や教育等を享受することができるようになった。しかしそれは一面の現実であった。問題は、それによって富を獲得、享受できなかった（あるいは今もできていない）膨大な数の世界人口を産出し、一定の富を獲得しえた人々の間でも次第に何らかの精神的な欠落を感じ始め、また将来に対しても明るい展望をもちえていないという、もう一つの現実が厳然と存在していることである。

人間にとってもっとも大事とされるのは、それぞれが自身の人生に対して十分な喜びを感じ取るところにある、と推察することができる。たとえば、ある人にとっては、家族や仲間と仲良く一緒に過ごすことが至福の喜びであるかも知れない。しかしながら、毎日ただひたすら気忙しく立ち働く労働環境において、一体いかほどの人々がそれぞれの人生に対して多大な充足感を感じているのだろうか、という疑問がわいてくる。実際、筆者の周辺を見渡してみても、多くの人々がたんに他者から与えられた歯車の一つとして（その他者も、また別の他者から与えられた歯車の一つとして）、自分の時間すらほとんどもてないような隷属的な状況に身をさらし、受け身の生活を強いられている。

この世に生を受けたわれわれ人間は、果たしてこのような状況に埋没することを容易に受け入れて良いものなのか。多くの人々は、けっしてそうではないと感じているだろう。ならば、われわれ人間は一体いかにして人間らしく生きていけば良いのか。今や、長い間ずっと推し進められてきた近代化の流れを人々の日常感覚から真剣に再考

図１　時間意識・空間意識とライフスタイル

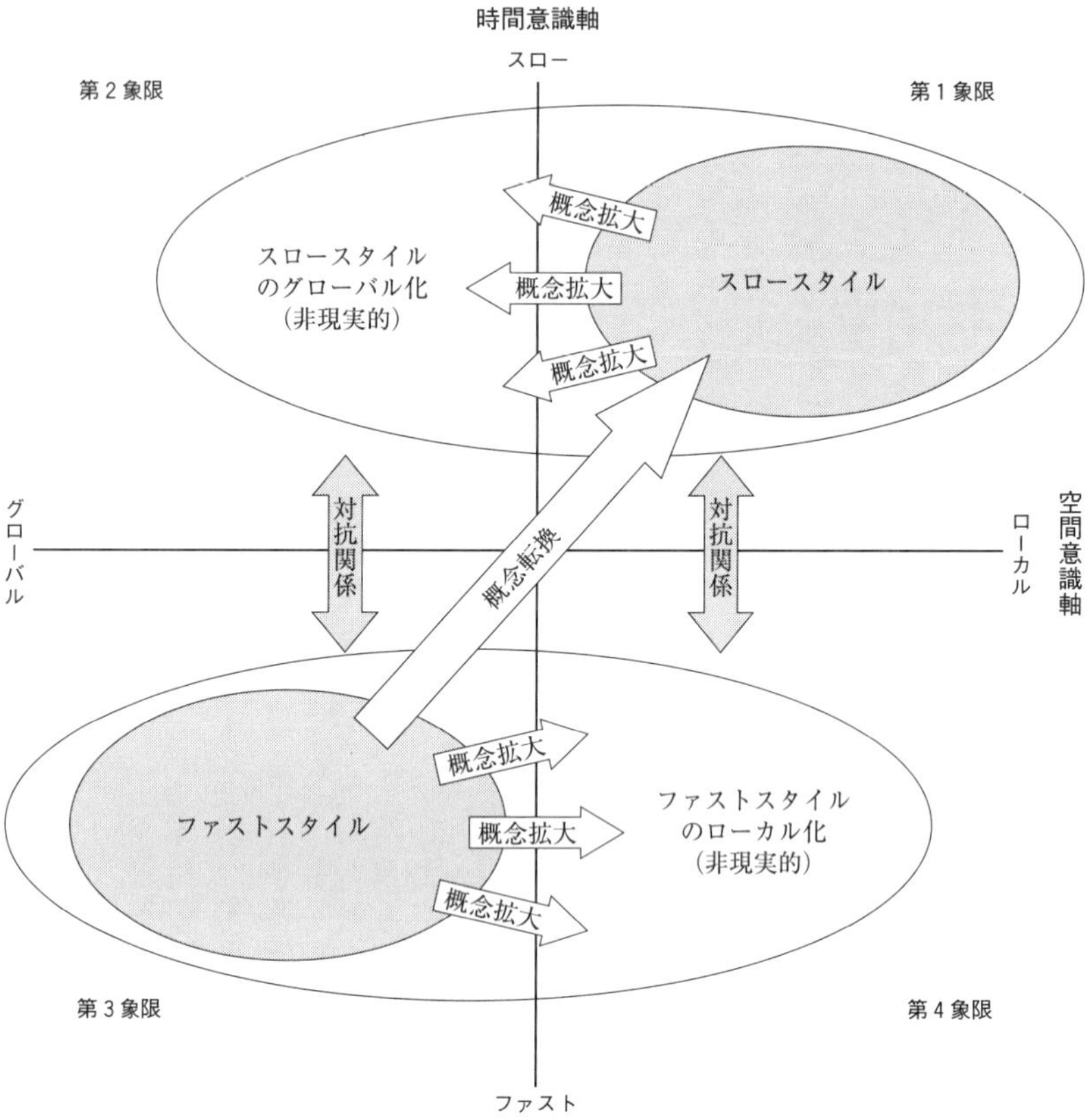

すべき時期に来ている。

まず認識すべきことは、われわれ人間はさまざまな時間概念をもっているということである。今、ほとんどの人間がどっぷり浸っている「経済の時間」のみならず、「文化の時間」「自然の時間」「地球の時間」「宇宙の時間」等と、人間は実に多様な時間概念の中に包まれて生きている。われわれにおいて見落とされているのはこの多様な時間概念である。人間は、まずこの点を問い直してみるべきである（辻　二〇〇〇）。

筆者らは、われわれ人間の生活を支配的に規定している経済の時間軸からわれわれをいささかでも解放させるべく、すなわち、経済の時間以外の時間軸から人間の生活を再考していく機会を創出すべく、共同研究を試みた。われわれはまず、次のように主張する。われわれ人間がこの地球の上で生活していくためには、「経済時間のリズム」のみならず、「文化時間のリズム」「自然時間のリズム」「地球時間のリズム」さらには「宇宙時間のリズム」も十分に観応すべきである、と。

われわれのこの主張には、**図1**に示すように、人間一人ひとりが個々のもっとも望ましい生活場面において新たなライフスタイルを確立し（そうした場面をつくりだしえない状況にある人々も、共同で参加しうる場を創出し）、それによって個人の生活をサポートしていく新たなビジネスが興隆することへの期待がある。これは、すなわち、次世代型のライフスタイルの確立と、それに適合すべくマーケティングイノベーションの実現をめざすものである。

この図が示すように、われわれの生活場面は概ね「時間意識」と「空間意識」によって規定されているが、今後指向すべきわれわれのライフスタイルは、まさに「時間軸意識がスロー」「空間軸意識がローカル」という、第1象限の「スロー×ローカル軸」から構想されるものである。われわれは、このような軸から考えるライフスタイルが、二一世紀を生きるわれわれにとって望ましいライフスタイルであると考える（細内　一九九九）。

一方、スロースタイルが次第にグローバルな展開を可能にしつつある今日、ファストスタイルも次第にローカルな展開を可能にしている。その意味において、二つのライフスタイル、すなわちファストスタイルとスロースタイルの空間概念についてはさほどの差異はなくなりつつある、とも考えられる。

スローライフは実は「スローカルライフ」

それでは、続いて、この第1象限の「スロー×ローカル軸」のライフスタイルの概念について見てみたい。まず、前者のスローについては、たとえば労働者や消費者のシステム奴隷化などに見出される「経済時間のリズムによる強制的な支配」への対抗概念を表しており、後者のローカルについては、たとえば企業労働者の分業などに見出される「人間の分断化に起因する疎外感」への対抗概念を表していると考えられる（山中他　一九七六）。

言い換えれば、第1象限の「スロー×ローカル軸」のライフスタイルである「**スローカルライフ**」（スロー×ローカル)[3]は近代合理主義への対抗概念を表している。これはすなわち、たとえば普通の会社人間が「経済時間のリズム」で支配されるいわば働き蜂の状態から解放されるために、本来的な自身の人生、すなわち「文化時間のリズム」や「自然時間のリズム」を取り戻すべきである、との主張に基づくものである。このことは、会社人間や仕事人間が、同時に、そうでない文化的な存在、自然的な存在、世界を構成する地球的、宇宙的な存在でもある、ということを想起させる。「文化の継承者としての私」「自然界の生命としての私」「地球における私」「宇宙のなかの私」を強く意識することにより、われわれ人間は、自分自身の人生をきわめて厚みのある豊潤なものとして感じ取れるようになり、経済時間によって支配される状況から解放される糸口を見出していくことになる。これは、われわれの人生をひたすら支配的に消費させてしまう、あるいはわれわれ人間を受身の人生にひたすら追い込んでしまう状況からの解放である(I・イリイチ)。

さて、それでは、この人間性復権のライフスタイルは、第2象限の「スロー×グローバル軸」においても同様に実現するだろうか。確かに、前述したように、スロースタイルは次第にグローバル化に向けた対応を展開しつつある。しかしながら、このスローライフの本質とは自身の文化時間に深く根ざした生活概念であり、他者にダイレクトに接触できるヒューマンスケールの生活の場において実現可能なライフスタイルである。それゆえ、本質的には、スローライフのグローバル化については多くの課題が残されることになる。なぜなら、グローバルな空間とは実は生活の場からある意味で切断された場、言い換えれば、独自性のあるライフスタイルを前面に押し出す機会が地域的にはほとんど想定できない場だからである。しかも、このグローバルな場は、元来、それぞれのライフスタイルの差異を超えて相互にコミュニケートすることが指向される場の概念であるため、そこではあくまで標準的なルールや共通のシステムが優先的に追求される。したがって第2象限の「スロー×グローバル軸」のライフスタイルについては、概念的には構想できるが、現実には容易に存在しにくい領域だといえる。

その意味で、本章でいう**スロースタイル**とは、その語が意味する時間概念のみならず、ローカル軸をもった空間概念まで包摂し、実質的には第1象限の「スロー×ローカル軸」のライフスタイルを指し示す概念としてスローカルスタイルと呼ぶこともできる。このスロースタイルという新たな概念は、従来型の高度成長期のライフスタイル概念である「大衆のライフスタイル」や、成熟社会の「分衆や小衆のライフスタイル」等を経て次第に現出してきた「個のライフスタイル」ないし「マイスタイル」[4]とは根本的に異なるライフスタイルの概念である。

第一の変化——前産業社会から産業社会への転換＝「マススタイル」から「マイスタイル」への変化

第二の変化——産業社会から脱産業社会への転換＝「自己実現欲求」から「自己超越欲求」への変化

ところで、前者の第一の変化がマス的存在〔大衆〕からパーソナル的存在〔個〕へと転換する人間の自己実現欲求に依拠したライフスタイルの変化だったのに対して、後者の第二の変化は個の依拠する欲求が自己実現から自己超越[5]へと転換することにより現出する変化だと考えられる（Maslow 1968）。前者の変化は生活者の「単位」の変化であり、後者の変化は生活者の「欲求」の変化であると言うこともできる。

スロースタイルとロハスとの関係

以上のように、スロースタイルというライフスタイルは、消費者や労働者の欲求段階が成熟へと向かっているとき、その人間が新たな可能性を指向して挑戦するライフスタイルを指す（真柴　二〇〇四）。そして、彼らが自らの自己実現の対象を、たとえば他者への貢献や社会への貢献に向けていったとき、その自己実現は自己超越の段階にまで高められる。自ら指向すべき行為が他者への貢献や社会への貢献に結びつくような、結果としてのいわゆる「利他主義」的な行為、あるいは「自己規制」（Bell 1981）的な行為が、スロースタイルの思想的な背骨になっているともいえる。このような人々を代表するものが、特にアメリカで増大しつつある**「カルチュラルクリエイティブス」**と呼ばれる市民層である。

アメリカにおけるカルチュラルクリエイティブスは、すでに全消費者の半数以上に達する最大のクラスターと

図２　スローライフとロハスの関係

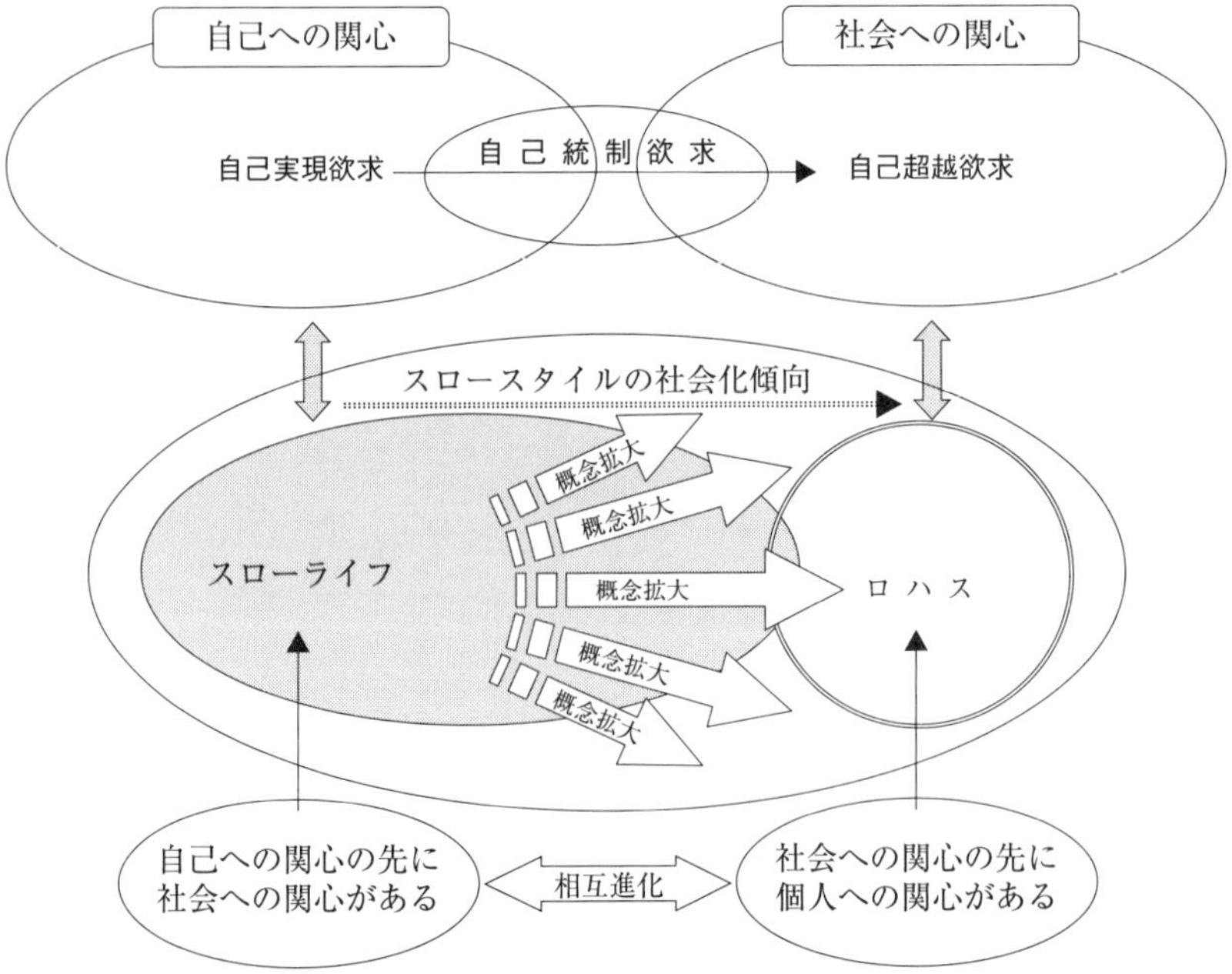

なっている。このカルチュラルクリエイティブスは、これまで主にアメリカの経済や政治を牽引してきたベビーブーマーが第一線の現役から退く時期と呼応して一気にメジャー化した概念ともいえる。彼らのリーダーシップによって、その後に続く若い世代もこのポストモダン型のライフスタイルからきわめて多大な影響を受けている。このカルチュラルクリエイティブスについては、社会学者ポール・レイと心理学者シェリー・アンダーソン（Ray and Anderson 2000）によれば、概ね次のように定義することができる。

「カルチュラルクリエイティブスとは、持続可能な世界のためにこれまでの文化や経済を変えなくてはいけないと考え、そして、このような考え方に依拠しながら生活している人たちである」。一言で言えば、彼らは生活創造者であり、特に環境的な懸念や個人の精神的な成長、健康等に強い関心をもっている、いわばある種のポジティブな生活者である（Ray and Anderson 2000）。

そして、今ではアメリカのみならず、ヨーロッパの多くの国々やアジアの諸国においても、そして日本においても、このようなクラスターが消費者全体のまさに中心を占めるような様相を呈しつつある。なお、このようなムーブメントについては、具体的には、雑誌『ソトコト』(6)による全国的なスローライフの運動や、多くの企業によるロハス(7)（LOHAS＝Lifestyles of Health and Sustainability）概念のマーケティング活用等ですでに広範に展開されるまでになっている。

「ロハス」においては、文字どおりに理解するならば、健康と環境を特に強く指向するライフスタイルと説明することができる。しかしながら、筆者においては、ロハスとは、高度な自己超越的欲求をともなってのみ現出するライフスタイルであるとは必ずしも考えない。そのわけは、多くの場合において、日常レベルのごく些細な自己超越的な満足もそのまま自己実現の欲求に結びついているからである。

実は、このことがきわめて大事なことである。実際、自己超越がもっぱら精神的な苦痛のみを伴って行われなければならないとしたら、ロハスを推進する運動が（特定層が「享受」する運動ではなく）大きなうねりをもって展開されることはきわめて困難になってしまう。それゆえ筆者においては、図2が示すように、自己超越の欲求が自己実現の欲求よりも高次の欲求であると考えるのではなく、むしろ、自己実現の追求を自己超越の追求に結びつけることが大事であると考えている。その意味では、「スローライフ」とは、元来自己実現が主たる欲求目的のライフスタイルであって、これに依拠した生活を行うことをつうじて結果的に自己超越に結びつくライフスタイルであり、他方の「ロハス」とは、逆に元来自己超越が主たる目的のライフスタイルであって、これに依拠した生活を行うことをつうじて結果的に自己実現に結びつくライフスタイルであるとも言える。

二　高まるアメリカ型グローバルモデルへの批判

脱ファストスタイルに向けて

それでは、一体いかにすればファストスタイルのライフスタイルからスロースタイルのライフスタイルへと転換

図3　マクドナルドによる経済植民地化戦略

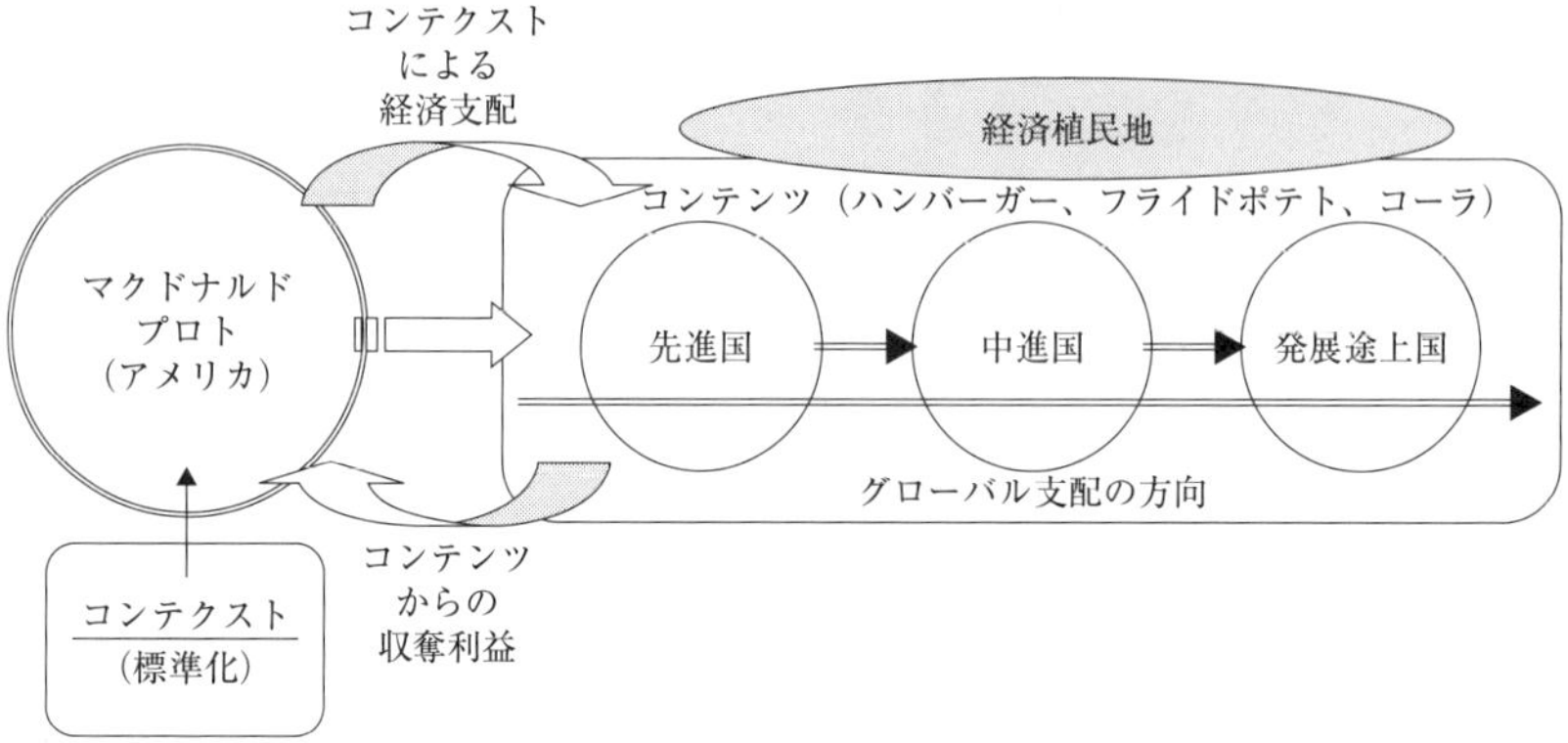

することができるのか。

前述したように、ファストスタイルもスロースタイルと同様に、空間概念としてのグローバルスタイルとセットになっている概念であるため、ファストスタイルの消費活動の領域は、消費手段の標準化やシステム化を前提として商品・サービスを供給するグローバルカンパニーのまさに独壇場となっている（Ritzer 1996）。それはすなわち、われわれ人間が多くのグローバルカンパニーから、いわばお仕着せのライフスタイルを強いられていることを示している。

さて、このライフスタイルのグローバル化、お仕着せ型のビジネスモデルによって世界中から圧倒的な利益を奪取してきた代表的な企業として、コカコーラ、それに続くマクドナルド、フォード、ＩＢＭ、マイクロソフトなどアメリカ系グローバルカンパニーを挙げることができるが、食品等、特に日常生活に直結した領域や、ローカルな生活文化を反映した領域においては、このような標準化に依拠したグローバルカンパニーによるライフスタイルへの強い影響はいささか好ましくないように感じられる。図3に示したハンバーガーの標準化による「マクドナルドの戦略」はグローバル経済を推進するアメリカの経済植民地主義のもっとも典型的な事例である（Ritzer 1996）。

このような経済のグローバル化をアメリカの支配に結びつける戦略的なツールが、たとえば「マクドナルド化」（Mcdonaldization）という概念によって代表されたとしてもそれほど不適当ではないだろう。

その意味において、このようなライフスタイルのファスト化は、マクドナルドという特定企業の戦略自体の問題というよりも、むしろ、グローバル化をアメリカ化に転換する社会システムとしての装置全体がもたらすある種の支配的なコンテクストの問題、すなわち、いわゆるマクドナルド化の問題だと言えよう。グローバル化をアメリカ化に転換してしまう強力なコンテクストの象徴として、マクドナルド化が位置づけられるということである（Rizer 1996）。

それでは、アメリカ系企業が展開するビジネスモデルの本質とは一体何なのか。

まずこのモデルは、概ね次の三つの要素を武器にした、世界の経済植民地主義に基づくグローバルモデルとして表すことができる（渡辺　二〇〇三）。

アメリカ型グローバルモデル＝市場経済至上主義×英語至上主義×分業至上主義

これはわれわれが長い間つちかってきた文化的価値観や地域的価値観、互助的価値観とはまったく対極に位置づけられるモデルであって、われわれの生活のすべてがこのようなアメリカ型モデルに支配されることは適切とは言えない。それゆえ、このアメリカ型グローバルモデルがもたらすメリットの一面（経済的合理性）を評価しつつも、次のような新たなモデルの確立が強く期待されることになる。

アンチアメリカ型ローカルモデル＝福祉経済重視主義×ローカル言語重視主義×協業重視主義

今後においては、アメリカ型のグローバルモデルの暴走に対して一定程度の歯止めをかけるべく、まさに世界中の多くの非アングロサクソン民族がそれぞれ独自のアイデンティティを保持しつつ、自らの固有なライフスタイルを維持、発展させるための方法を模索していくことが不可欠となるだろう。

しかしながら、このようなアンチアメリカ型のローカルモデルを現実の社会システムや経済システムにそのまま持ち組むのは極めて困難であるし、また、それほど合理的な考え方とも言えない。むしろわれわれが指向すべきは、ファストライフの全面的な否定ではなく、すなわちアンチファストスタイルの全面化としてスローライフを位置づけるのではなく、むしろ両者のライフスタイルを適切に共存させながら進化させる、いわゆる共進化型のライフフタル形態を追求していくところにあると言えるだろう。

マクドナルド化のコンテクスト

続いて、われわれが脱却すべき「マクドナルド化」について若干の考察を行ってみる。「マクドナルド化」概念はリッツァ（Ritzer 1996）によってはじめて提唱されたものだが、この言葉は前述したように、マクドナルドという企業そのものへのダイレクトな批判ではなく、むしろグローバル化をアメリカ化する転換装置への批判概念として捉えるべきものである。

リッツァ（Ritzer 1998）の批判の対象になっているマクドナルド化の概念は、次の四つの特性をもつものとして整理できる（本書第6・7章も参照）。

マクドナルド化＝①効率性×②予測可能性×③計算可能性×④制御

第一の「効率性」とは、最も直接的なもので、企業が回り道をせずに一番早い道筋を見つけ、目標へ到達しようとするための方法を指す。

第二の「予測可能性」とは、システムを同一化することによって、企業による期待と効果をグローバルに標準化しうるような特性を指す。

第三の「計算可能性」とは、質ではなく量を基軸におくことによって、企業が経営を数値で完全に掌握できるような特性を指す。
第四の「制御」とは、人間を徹底的にテクノロジーに置き換えながら、その人間をテクノロジーより下位の存在に転換させようとする傾向を指す。

これら四つを同時に現出させようとするのがマクドナルド化である。この四つのファクターは相互に排他的になることなく、むしろ相乗的に現出することが普通であるため、このようなビジネスモデルの確立はグローバルな競争における圧倒的な優位を保証する。

これらのことから、リッツァ（Ritzer 1998）の議論は、マックス・ウェーバー以来の合理性理論（Weber 1921）に対する根本的な批判として読み取ることができる。すなわち、マクドナルド化とは、社会や企業の規範を徹底的な合理性の追求の中に求める戦略であり、合理性の追求を至上命題にしたシステムによる人間に対する支配戦略と位置づけることができるのである。

しかしながら、時代背景の差異もあってか、リッツァ（Ritzer 1998）の概念の枠組化は若干ウェーバーのそれとは異なっているように思われる。それは、ウェーバーの時代においては国家主義とそれを支える官僚主義の下で行われる合理性の追求が眼目であったが、現代においては国家や官僚性の枠組みを超えたネットワークシステムの下で行われる合理性の追求がめざされているからである（Rizer 1996）。

マクドナルド化は、今では多くのグローバル企業の戦略となっている。その下で消費者は隷属的な位置に追いやられ、そこで働く人々においても、その経営手法に適合すべく、まさに標準化されたマニュアルに縛られながら働くことを余儀なくされている。マクドナルド化によって、消費者は消費をつうじて、また労働者は労働をつうじて、与えられた自己実現の追求を行っているにすぎない状況におかれることとなった。

経済植民地主義による支配

ならば、人間性を疎外するマクドナルド化から脱却するにはどうすればよいのか。この脱マクドナルド化については、一九世紀以来の近代化の波とともに現れた「生活世界の植民地化からの脱却」という考え方が有効であると思われる。

マクドナルド化とは、経済のグローバル化によって人々の生活世界が植民地化されてしまうことを示している。それは、ハーバーマス（Habermas 1968）が主張するように、生活世界の対抗概念である「システム」が「生活世界」に越境していることを表している。「物質的再生産の場」であるはずの「システム」（これは合理性を徹底的に追求するマクドナルド化によって現出されるものだが）が、「文化的再生産の場」である「生活世界」をも完全に支配下においてしまっている状態である（Habermas 1968）。

これは、システムが人格形成にまで深く影響を与えるということであり、生活世界に生きる人々が自らのアイデンティティを喪失してしまうということである。マクドナルド化がわれわれ人間に対して「内的植民地化」を高度に進展させていることは、マクドナルド化をたんにシステムの問題だけでは捉えきれないものにしている。「物質的再生産の場」がグローバルにマクドナルド化することで、いまや人々は堅固な「アイデンティティ」のありかを実感できない状況にまで追い込まれている（Habermas 1968）。

それゆえ、人々が文化的伝統を受け継いだり、更新したりできる状況への回帰が求められることになる。そしてそれを可能にするためには、言葉による「行為調整」が不可欠となり、個々の人間が社会の場で成長し、自分なりのアイデンティティを獲得していくことが期待されるようになる（Habermas 1968）。

これらを達成するには、まずもって社会化を促進していくための環境づくりが求められるわけだが、一方では、システムの専横を許さない、文化的差異を生産していくような場が創出されていくことも望まれる。たとえばヨーロッパでは、フランス人がディズニーランドを拒絶したり、イタリアの「スローフード」（後述および本書第7章参照）がマクドナルドの対抗運動として興隆したりと、いくつかの具体的な行為が文化的な再生産を維持すべく内的

図４　マクドナルド化社会とアンチマクドナルド化社会

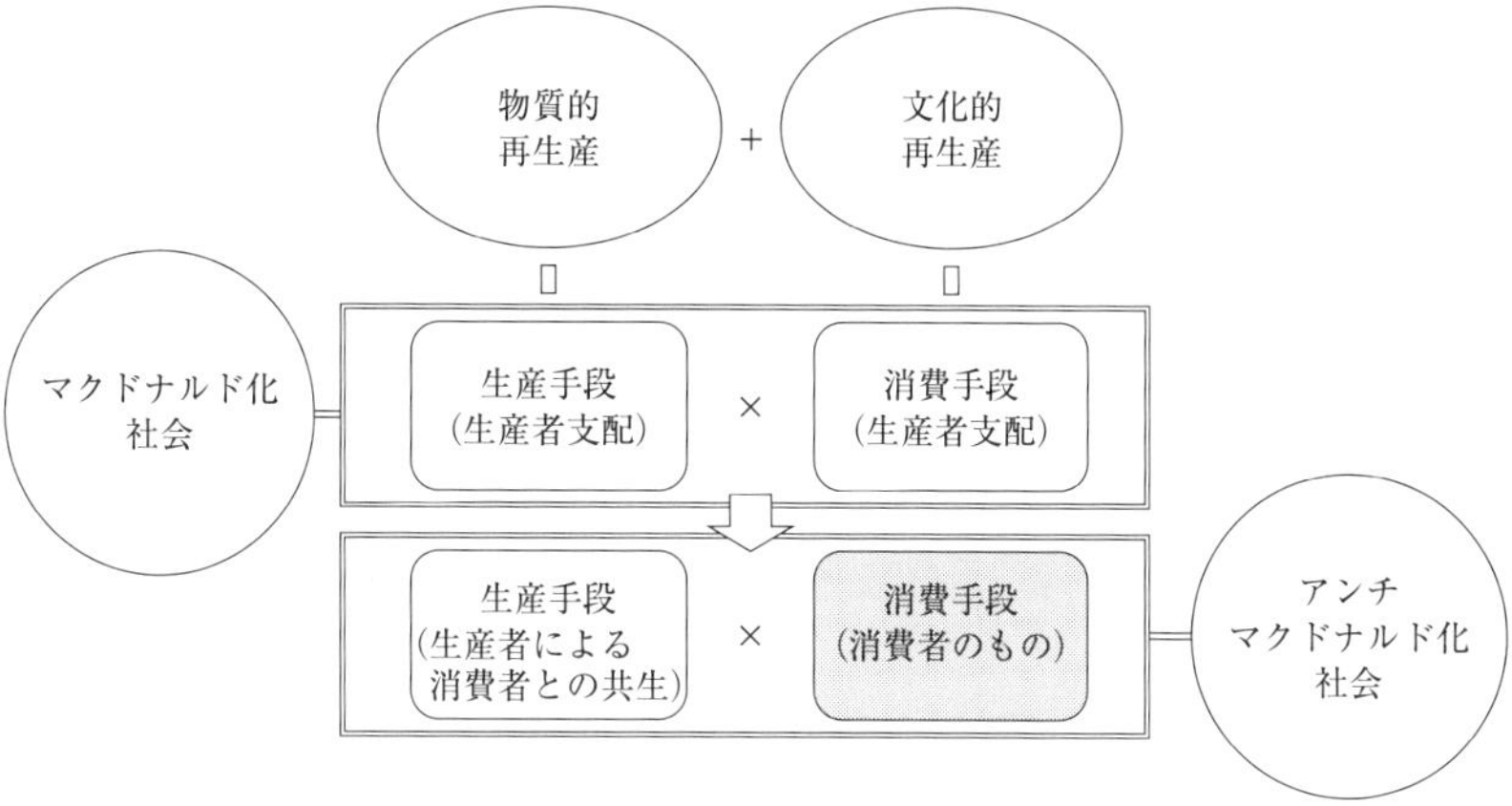

パワーを発揮しはじめている。

これに比べ、日本においては、今では自らのアイデンティティを培ってきた伝統文化のほとんどが博物館的な存在となっており、ハーバーマス（Habermas 1968）の主張する「コミュニケーション行為による解決」を可能にするための努力、すなわち、ここではマクドナルド化の進展との調整が、文化的なアイデンティティを回復するための不可欠な課題となっている。

われわれはマクドナルド化を元来の「物質的再生産の場」に押し戻す必要があり、同時に、文化的アイデンティティを取り戻すための人間的な交流の場を創出していく必要がある。それは具体的には、「文化的再生産」を担う空間、すなわちコミュニティを構築することであり、また、言葉による「行為調整」を可能ならしめるスローな時間を復権することである（図４）。

ここで指向されるライフスタイルこそ、スローライフである。ここでは、「アンチマクドナルド化」は、文化的アイデンティティを確固たるものとするために必要な生活世界のコンテクストとして位置づけられる。そして、スロースタイルの確立によって期待されるのが、それぞれのコミュニティに内在化された生活世界を、階層的にではなくネットワーク的に、グローバルなレベルでつないでいこうとする志向性である。

三　人間性復権に向けた消費者による消費手段の奪還

空間意識や時間意識の再考

では、経済的再生産と文化的再生産の双方を同時に実現するポスト（脱）マスマーケティング戦略とは一体いかにして構築できるのか。これは、前述したような「スロー×ローカル」を追求することによってかなりの対応が可能になると考えられる。以下においては、この「スロー×ローカル」に焦点を当てたポストマスマーケティング戦略についての筆者の考えを紹介してみる。

結論を急げば、筆者の主張点は次の二つである。一つは、前述したマクドナルド化の欠点である生産者による消費手段の支配（本来は消費者が保持すべきもの）を許すことなく、再び消費者の手でこの消費手段を取り戻すこと、もう一つは、そのような方向性を促進するためのポストマスマーケティングが展開されること、である。そのことによって、個々の消費者は自らの元に取り戻したこの正当な権利を保障する企業からのみ、必要な物やサービスを購入できるようになり、まさに消費に関する個人としての強い思想性を発揮することになる。

次に、われわれの文化的再生産を後押しするポストマスマーケティングにおいては、どのような戦略が大事になってくるのか。これを「スロー×ローカル」という時間・空間軸に沿って述べるならば、まず、空間軸としてはわれわれの歴史的な文化エリア、すなわち最大であっても地縁的な関係が存在するエリア、もし可能ならば徒歩でコミュニケーションが可能な徒歩エリアの単位で（すなわち「コミュニティ」的なエリアで）対応できるマーケティングの展開が望ましいし、時間軸としては生活のリズム、すなわち自然のもつ時間体系や生物として感じる時間体系に対応できるマーケティングの展開が望ましいと思われる。

このことは、特にコミュニティ空間においては自然時間を捉えたマーケティングが必要だということを意味している。そこでは、消費者と生産者が相互にダイレクトな関係を保てるような距離感をもつ、いわばヒューマンなス

図5　統合型スローライフへの進化方向

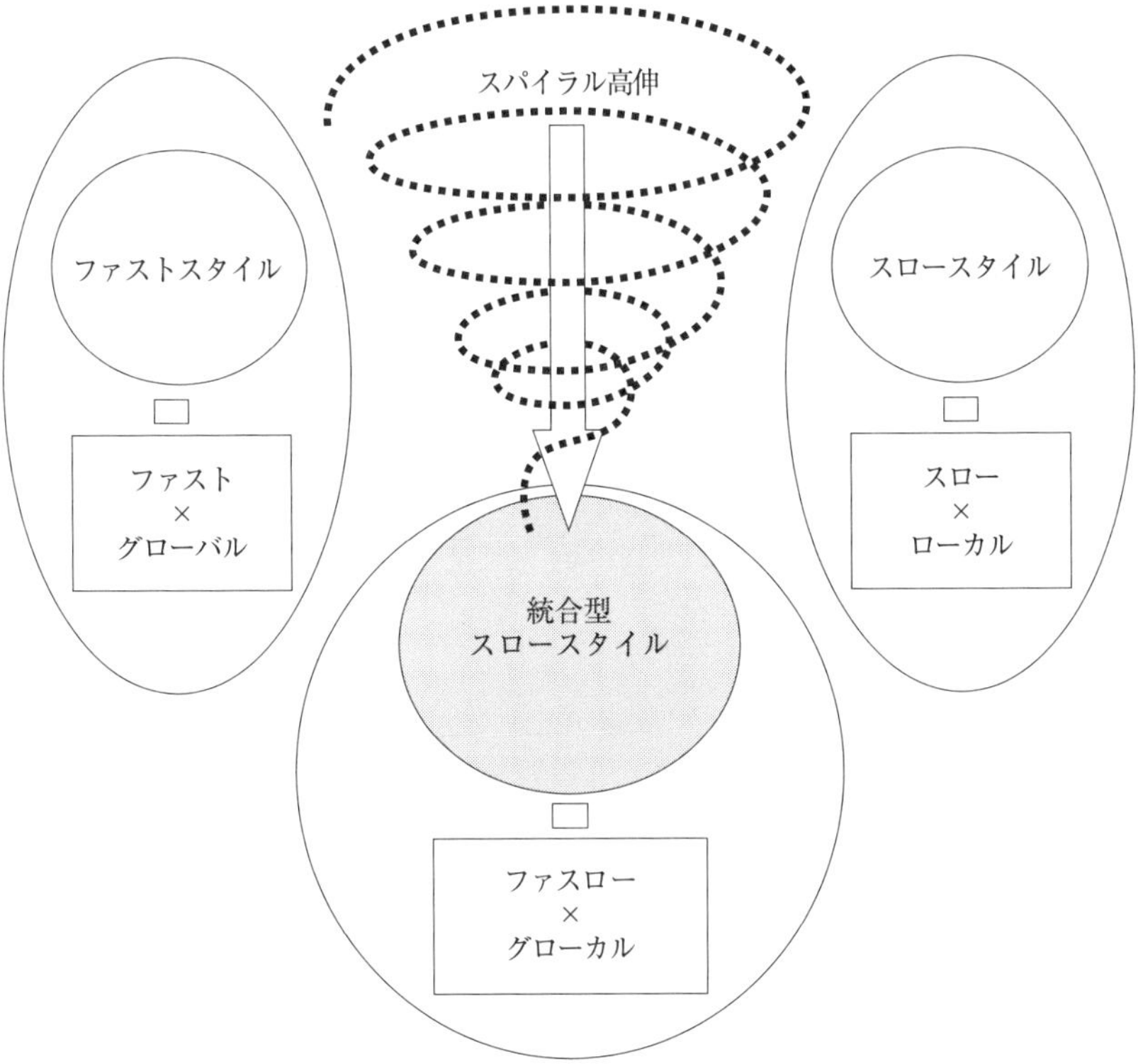

ケールでのマーケティングの展開が望まれるだろう。前述のように、これによって消費者や労働者は結果的に自己実現と自己超越とを同時に手にすることが可能になる（Maslow 1968）。これまで経済の時間や仕事の空間に完全に埋没してきた人々は、人間としての生のリズムや自分の等身大の空間を復権することで、自己疎外や社会的疎外から脱却する道を自ら開いていくわけである。おそらく、このような時空間における個々人の行為は自ら所属する社会やコミュニティにも望ましい影響を与え、結果的にその社会やコミュニティにおける文化的アイデンティティの獲得にもつながることだろう。

しかしながら、今後において大事なのは、この「スロー×ローカル」を捉えたポストマスマーケティング戦略がたんに「ファスト×グローバル」を捉えたマスマーケティング戦略の対抗概念ではないということである。目指されるべきは、この二つの異なるマーケティング概念をいかに弁証法的に統合し、高めていくかである。究極の進化型**スロースタイルマーケティング**とは、この二つのマーケティングの統合である。

統合のためには、まずもって「スロー×ローカル」に依拠したマーケティングの確立が急務の課題となる。その上で、「ファスト×グローバル」に依拠したマーケティングとの戦略的統合を指向することが期待される（図5）。

そして、前述したカルチュラルクリエイティブスとは、このような第三の時空間（「ファスロー×グローカル」）のなかで生きることを指向する代表的なコンテクト型の人間であると言えるだろう。

人間発想と地球発想によるビジネス概念

このような考え方に依拠したビジネスとは一体いかなるものなのか。これはある意味において、ビジネスの展開を行うにあたり、新たな公共性（山脇　二〇〇六）を考える契機になるものと考えられる。すなわち、企業においては社会への何らかの貢献が、また個人においては社会への何らかの関わりが、共に実現できるようなビジネスへの期待である。言い換えれば、企業が指向すべきはある種の「**ソシオビジネス**」[8]（社会企業）なのであり（原田　二〇〇三）、個人が指向すべきは社会企業への働きかけなのである。

そうすることで、多くの企業においては地域特性に応じた（すなわち文化的アイデンティティを考慮した）ビジネスを展開することができ、個人もそのような企業で働くことや消費者として参加することによって、まさにローカルでグローバルな（すなわちグローカルな）、そしてスローでファストな（すなわちファスローな）マーケットの育成および地域コミュニティの復権に貢献できるのである。

いずれにしても、個人も企業も公共性を意識した活動を積極的に行うことによって公益を共有する生活・生産が可能になるし、また、そのような生活・生産が社会への貢献にも結びつくことになる。今までの公共性対応は、主に官が担うものとされ、企業や個人は私益の追求をもっぱらとしてきた。しかし、統合型スロースタイルでは個人や企業がまさに公益に対して今まで以上に関わりを持っていくことが大事となる。そこでは公と私の融合が行われ、新たな公共性が確立し、結果として企業はある種のソシオビジネス（社会企業）を形成し、個人は生活者という側面をより強く表現するようになる（Habermas 1968）。

このような公共空間においては、実質的には主にソシオビジネス（社会企業）と生活者がリーダーシップを発揮する。つまり、既存の大企業においてはその社会貢献こそが大事な評価の対象となり、個人においては生活者としての地域へのコミットこそが充実感の対象となってくる。そしてこの二つの構成体（社会企業×生活者）を概念化したものがソシオビジネスでありコミュニティクリエイティブスである（原田　二〇〇三）。

前者の**ソシオビジネス**とは、剰余利益の一部を社会に還元していくようなビジネスモデルではなく、むしろ社会への貢献が高ければ高いほど利益が増大していくようなビジネスモデルを指す。すなわち、ソシオビジネスとは社会貢献そのものによって企業利益が生み出されるビジネスであって、いわばある種の「つとめ」が同時に「かせぎ」となり、あるいは「かせぎ」が同時に「つとめ」となるようなビジネスモデルなのである。

一方、後者の**コミュニティクリエイティブス**とは、地域経済の繁栄を実現すべく生活住民が公共性意識に基づいて活動することではじめて可能となるモデルであり、結果として職住一致のビジネスの興隆を導くものである。ここでは、各コミュニティの構成員がそれぞれ何らかの役割を積極的に果たすことによって他のメンバーとの信頼関係を築き、また、外部の非構成員が提供する物やサービスを購入することによって外部の非構成員からも信頼を獲得する。

この二つの概念は、経済の空間単位を生活や文化の空間単位に近づけようという試みと結びつく。たとえば、近年注目されている地域通貨もこのようなコンテクストで語られるべきものである（Harbermas 1968）。また、このような考え方に近い概念に立脚したビジネスモデルとしては、たとえばＳＯＨＯ《ソーホー》[9]やテレワークモデル[10]（原田　一九九九）などをあげることができる。

脱分業化を指向する「スロー×ローカル」モデル

では、公共性との関係を意識した生活とは一体どのようなものなのか。イタリアから世界中にまたたく間に広まったスローフード運動（金丸・石田　二〇〇四）を例に考えてみよう。この運動は、今や世界中に支部を設置するグローバルな存在として成長している。ところが、このような運動がいかにグローバル化していようとも、世界中の人々が自らイタリア資本やイタリア人に支配されていると感じることはないだろう。

その対極にあるマクドナルドは世界中に多くの店舗を構えてビジネス展開を行っているが、このモデルが典型的な「ファスト×グローバル」モデルとされるのは以下の理由からである。それは、先に示したリッツァ（Ritzer 1998）に基づけば、「効率性」「予測可能性」「計算可能性」「制御」という「マクドナルド化の四つの特性」からくるものである。このビジネスモデルのもとでは、経済合理性の追求という観点から、アメリカで開発された固有のシステムを全世界の共通システムに拡大し、各国各地域の固有の文化的アイデンティティを無視することによって消費者行動の制御が機械論的に行われる。

これに比較して、イタリアから発生したスローフード運動は、システムやコンテンツやコンテクストの押し付けによって物やサービスを提供するようなことはしない。この運動は、組織の支援を求めつつも、スロースタイルというコンテクストに共感し、あるいは自ら主体的に作り上げた独自のコンテクストに依拠して展開する自発的な活動である（金丸・石田　二〇〇四）。したがって、このイタリア発の「グローカル」モデルは、自らのシステム、コンテンツ、コンテクストのグローバルな普及のためには有無を言わせず受容を迫るグローバルモデルとは根本的に異なるものなのである。

また、スローフード運動においては、そのコンテクストがコンテンツの押し売りを伴わない限り、各国各地域の文化的アイデンティティを疎外することもほとんどない。なぜなら、コンテンツの押し付けを伴わないコンテクストの導入においては、各国各地域はその導入されたコンテクストに対して自分たちのコンテクストによる「解釈作業」と「編集行為」が誘発され、結果的にその導入されたコンテクストを換骨堕胎することができるからである。

歴史的にみても、導入国（地域）が自らの文化的アイデンティティと折り合いをつけるこうした文化的調整は、世界中のいたるところで行われてきた。このことは、たとえば日本における仏教日本化プロセス等を見るならば明白である（これがかの著名な神仏混合を可能ならしめた「本地垂迹《ほんじすいじゃく》説」[11]と言われる理解の方法である）。

スローフード運動とは、たっぷりと時間をかけてできるだけ自然な素材を生かした伝統的な地域料理を家庭（的）料理として持続的に食していこうという運動である。したがって、各国各地域においてはそれぞれ固有の食材を利用すればよいわけだし、それが各国各地域の伝統的な料理方法の継承に通じていくことも大いに期待される。そこには、それぞれの地域の恵みを食材とし、その地域に根ざした料理法を自らの手で調理しようという思想性が見られる。

スローフード運動に参加する各国、各地域の「生活者」は、歴史を刻んだ自らのコンテクトを十分に生かしながら、一方では外部からのコンテクストを自らの発想に生かしてよりよいコンテクストを実現させている。同時に、このような進化したコンテクストに地域のコンテンツ（たとえば地場の産品や惣菜）を乗せることで、新たな食の価値も生み出している。これは、文化的アイデンティティを喪失することなく、外部の魅力的なコンテクストを変換行為を伴いながら導入する優れた方法であるといえる。

このように、スローフード運動は、スロースタイルモデルやスロースタイルマーケティングを考えるにあたっての、きわめて重要な着眼点を与えてくれると言えるだろう。

なお、前述したように、このようなモデルやマーケティングを成立させるには、消費者一人ひとりが自らのアイデンティティと文化的コンテンツを大事にし、それを自分の属するコミュニティの中に生かしていくことが必要とされる。また、生産者側もソシオビジネスの精神を大事にしていくことが求められる。それらはいずれも、私益を公益に変える意思の働きによって、主体化されるものと思われる。このような視点に依拠したライフスタイルが形を成すことによって、われわれはマクドナルド化というアメリカ型の世界的な「生活支配戦略」から脱却することができる。

四　もう一つのネクストマーケティングの戦略構想

「共生＝長期」型モデルへの期待

以上のような「スロー×ローカル」を捉えたマーケティングの可能性を一言で言うならば、それは筆者の考える次世代型のマーケティング、すなわち、プラハラード（Prahalad 2005）のとは別の、もう一つのネクストマーケティングの確立であると言えよう。これは、今話題のプラハラードによる最貧困層をマーケティングの対象にした戦略概念とは対極にあるマーケティング戦略である。なぜなら、プラハラードのそれは、まさに筆者らが強く否定するマクドナルド化を機軸にして展開されるものだからである。

もっとはっきり言うならば、筆者が主張するもう一つのネクストマーケティングとは、むしろ「ポスト（脱）マーケティング」、すなわち「デザイニング」（後述）の概念に近いと考えるのが妥当である。それは、一人ひとりの人間がいかに豊かになれるか、という最大課題への対応を模索する手法なのである。すなわち、それは、消費手段をいかにして消費者の手に取り戻していくか、逆に言えば、消費価値（消費者の文化的アイデンティティの尊重を最大限に指向するもの）の提供を生産者がいかにして実現していくか、という課題へ立ち向かう手法といえる。

このような考え方に立脚したもう一つのネクストマーケティングを、市場対応と環境対応の二軸で表現するならば、概ね図6のようになる。

縦軸が「環境対応」（共生─支配）、横軸が「市場対応」（長期─短期）の二軸で表されるこの図において、筆者の主張するもう一つのネクストマーケティングは第1象限に位置づけられるマーケティング概念となる。

前述のように、スロースタイルマーケティングが自己実現のみならず自己超越の欲求も満足させるものだと考えるならば、このようなマーケティング戦略のコンセプトは、人間の生活の重要な規範である文化的要素や、人間の生活圏の最大エリアである地球そのものを十分に考慮したものとして打ち立てられなければならない。しかも、文

図6　もう一つのネクストマーケティングのポジショニング

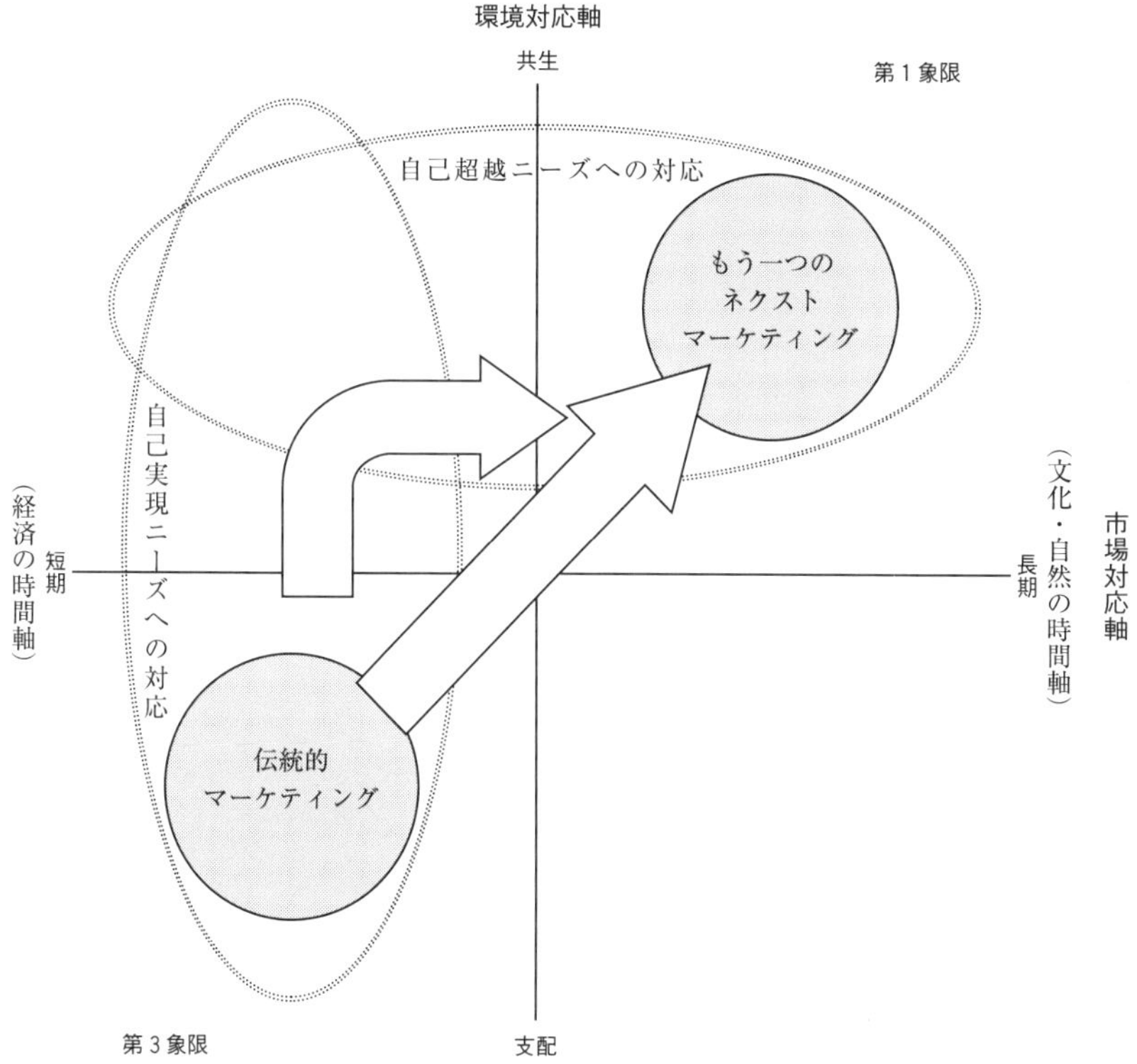

化時間のリズムや地球時間のリズムは経済時間のリズムとは根本的に異なっているため、もう一つのネクストマーケティングは、経済時間のリズムを超越した場において展開されることになる。

それは、繰り返して言うならば、消費者をたんに経済的存在としてだけでなく、文化的かつ自然的存在として捉えることを意味している。その意味では、消費者とはあくまで生活者の言い換えにすぎず、さらには、生活者とはあくまで生命体の言い換えにすぎない。

もし、主体的な生活や文化活動の一環として消費があり、地球における生命活動の一環として生活があるならば、われわれ人間はそうした文化や自然時間のリズムのなかで生きるということになり、それを前提とした新たなマーケティング、すなわちスロースタイルマーケティングの確立も大いに期待できるようになる。

このように考えるならば、スロースタイルマーケティングとは、先の図1や図6において第3象限に位置づけられたファストスタイルマーケティング、あるいは伝統的マーケティングとは根本的に異なるマーケティングであることが理解できる。言うまでもなく、ここで否定されているファストスタイルとは、支配的コンテクストによって慣らされてしまったマクドナルド化されたライススタイルのことを指す。

大切なことは、生命体と生活者と消費者はバラバラの概念ではないということのしっかりとした認識である。われわれは、生命体の部分概念である生活者や、生活者の部分概念である消費者のみを対象にしたマーケティング、すなわち、切り分けられた特定概念のみを対象にしたマーケティングの受け手として満足してはならない。むしろ消費者であると共に生活者であり、生活者であるとともに生命体である、という捉え方を強く意識できるライフスタイルのあり方を追求していく必要がある。

マーケティングに対抗する「デザイニング」

今後企業に求められていくであろうスロースタイルマーケティング戦略は、従来型のいわゆるサプライサイド（生産者側）を起点としたマーケティング戦略とはまったく異なるものである。

確かに、消費者ニーズの多様化への対応としてサプライサイドも多様な努力を試み続けてきたし、新たなマーケティング戦略の模索も行ってきた。しかしながら、それらは多様に分断された限定的なマーケットにおける「規模の経済」を前提とした、まさにマクドナルド化というコンテクストに基づくサイエンス化[12]の努力であった。すなわち、製造業等のサプライサイドにおいては、サイエンス化によって細かく把握された消費者ニーズをグローバルに吸収すべく、できるだけ多くの消費者に受容されるビジネスモデルを構築し、そのモデルに適合的なマーケティングを模索すべく、個人ニーズの単位でデータ対応を行うパーソナルマーケティングや、経験を読み取る経験マーケティング等を開発することに努力が注がれてきた。しかし、これら新たなマーケティング手法（ピンポイントのニーズへの対応）は成熟した消費者ニーズへの対応に一定程度成功し、今でも新たなビジネスモデルを作り続けてはいるが、あくまでマスマーケティングの改善策として構築されたものであるから、サプライサイド起点のビジネスモデルから本質的には脱却していない。

消費とはまさに消費者が自らの意思で行うべきものであって、けっしてサプライサイドの提供方法に適合させて行うようなものであってはならない。必要なのは、消費者が消費手段を完全に自らの手に取り戻すことである（Ritze 1996）。消費者とは、たんに消費する人間を意味しているのではない。消費者とは消費手段を保持している生活者なのである。

まずサプライヤーがいて、彼らが消費者を探す、という伝統的なマーケティングの概念を超えた視点が必要である。消費者にとって大事なことは、企業の行うマーケティング戦略のターゲットになるのではなく、むしろ消費手段を奪還するための戦略を自ら構築することである。そこで、マーケティングに対する対抗概念として新たに「**デザイニング**」という概念を使って、このことの意味を考えてみたい。

図7（次頁）は、縦軸が「消費手段の支配主体」（消費者サイドと生産者サイド）、横軸が「消費内容の形態特性」（コンテンツ（提供内容）とソリューション（生活価値））で表される。この図において、「デザイニング」は第1象限に位置づけられる。すなわち、「デザイニング」は、縦軸においては消費者サイドに帰属しており、横軸においてはソリューションに帰属している。

ここでのポイントは、消費者が自身で消費手段を保持して自らのソリューションを獲得するには、そのソリューションを消費者サイド主導で探索することが不可欠であるという点にある。

マーケティングからデザイニングへ転換していくためには、図で矢印で示したように、二筋の道があると考えられる。一つ目の道筋は、消費内容の形態特性はコンテンツではあるが消費手段の支配主体は消費者サイドの手にある「コンテンツサーチ」（提供内容の探索）を経由するもの、二つ目の道筋は消費手段の支配主体は生産者サイドの手にあるが消費内容の形態特性はソリューションである「ソリューションプロバイド」（生活価値の提供者）を経由

図7　マーケティングからデザイニングへの転換

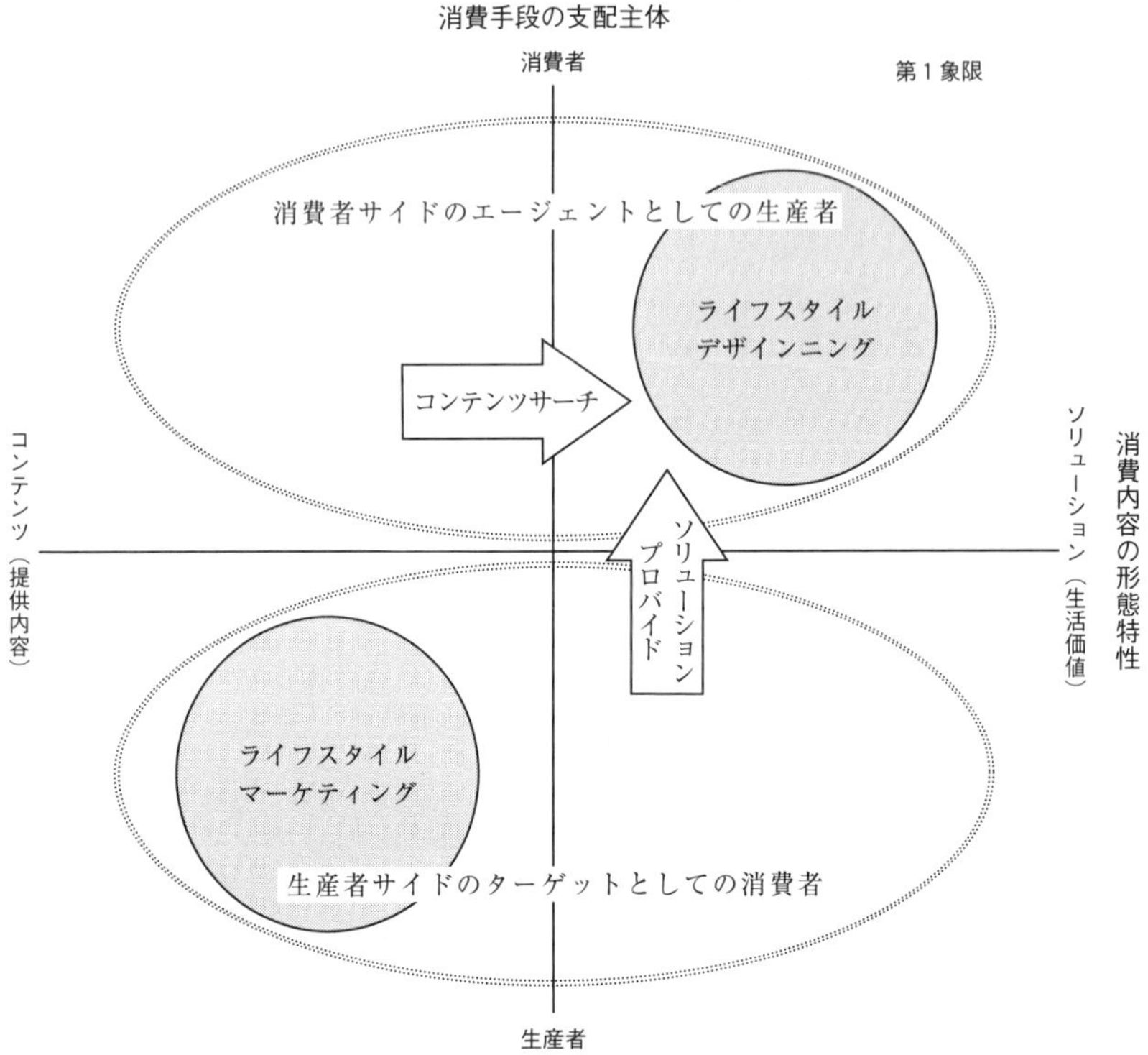

するもの、である。そして前者のコンテンツサーチの代表的なものとしては「ポータルサイトビジネス」（デルのビジネスモデルであり生産者が消費者にパソコンをダイレクトに販売する仕組み）が、後者のソリューションプロバイドの代表的なものとしては「ダイレクトモデルビジネス」（ヤフーなどに代表されるインターネットの入り口となる巨大なウェブサイト）が、それぞれ挙げられるだろう。

これらのプロセスをとおして、ライフスタイルをデザインする行為としての消費、あるいはライフスタイルデザインニングを追求する主体としての本格的なライフデザイナー（カルチュラルクリエイティブスのような）の登場が期待されることになる。これを可能にするのが、スロースタイルを確立した消費者であり、また、彼らへの対応を可能にするのが、ある種の「脱マーケティング」手法としてのスロースタイルマーケティングであるとも言える。

このように、スロースタイルマーケティングとは、消費者の側から選択がなされるという意味において、まさに消費者起点のマーケティングと呼ぶことができる。

自然やコミュニティとの共生

こうした前提をふまえるならば、今後企業が立ち上げるべきマーケティング戦略の方向性はおのずと明らかになるだろう。それは、生活世界や地球環境のサステイナビリティを重視することの意義を感じ取り、このことを起点にしたマーケティング戦略を構築することである。それはまた、前述したように、企業が公益や公共性というものを重視していくことでもある（Habermas 1968）。いわば「共生―受容」型のマーケティング戦略への転換、すなわち、消費者サイドのデザイニングに基づいたマーケティング戦略への転換である。

では、企業（生産者）と消費者（生活者）との望ましい関係とはどのようなものなのか。

生活とはコミュニティという舞台におけるある種の舞踏のようなものであり、この場合、舞踏（生活）の主役は踊り手（生活者）である。したがって、企業の行うべき大事な仕事は、優れた消費の「舞台づくり」（コミュニティづくり）にいかに参加し、優れた消費の「踊り手たち」（生活者）をいかに引き立てていくかにある。したがって、ソリューションはローカルでパーソナルなものでありながらも、企業にはハイクオリティでローコストな物とサービスを提供することが要請される。特に、消費の手段を消費者の手に返還しながら、顧客にソリューションの手掛かりを提供するマーケティングが不可欠となる。スロースタイルマーケティングとは、ソリューションを求める消費者の主体的な欲求への対応であるとも言えるのである。

また最近では、文化時間や自然時間のリズムに合わせた消費生活を積極的に営もうとする人々も増えている。カルチュラルクリエイティブスに代表されるこのようなライフデザイナーが主流になってくると、いずれ企業においても、生活世界や地球環境のサステイナビリティを追求することが活動の中核を占めるようになっていくことが推察できる。これが、筆者の主張する「自己超越のマーケティング」であり、ある種の「自己統制」を伴う「公共性のマーケティング」である。消費者による「自己超越のニーズ」や「公共性のニーズ」に企業による「自己超越のマーケティング」や「公共性のマーケティング」が対応していくことで、両者の間に相互信頼が構築されていくという構図である。

生活者であれ生産者であれ、自然の論理や文化の論理を取り戻す行為それ自体が、経済活動の実践に結びついていく。スロースタイルマーケティングには、自然や文化を（たんなるソースではなく）人間に対するある種の「恵み」や「恩恵」として捉える要素も含まれているのである。

その意味では、スロースタイルマーケティングは、消費者をターゲットにした伝統的なマーケティングではなく、消費者を主体とした「デザイニング」という新たなマーケティングと呼ぶこともできる。今後はこのような、消費者のサーチングに対するサポート機能としてのもう一つのネクストマーケティングを「ポスト（脱）マーケティング」戦略として位置づけていくことが強く求められてくるだろう。顧客接点における対応は可能な限り顧客起点で考えていくこと、また、それを実現するためのコンテクストはマクドナルド化という消費者支配の論理ではなく、消費者との共生を指向する論理によって形づくられていくこと、そしてそのためには、生産者は消費手段を消費者に返還し、生産手段のみに特化したビジネスモデルを構築していくこと、あるいは、生産者と消費者をつなげるマーケティング機能は両者の相互信頼と相互進化（すなわち消費者サイドのソリューション獲得に向けたサーチング）によって展開していくこと、これらのことが大いに要請されてくるだろう。

おわりに——生活に公共性を求めて

序章において繰り返し主張してきたのは、消費者による消費手段の奪還（あるいは生産者による消費手段の返還）の必要性と、文化時間や自然時間のリズムから経済を捉え直していくことの重要性であった。また、それらを理解するためには消費者主体の経済モデルをどのように認識していくかが重要なポイントとしてあげられた。

われわれはこのような経済モデルを下支えとすることによって、もう一つのネクストマーケティングとして期待されるスロースタイルマーケティングを実体化していかなければならない。その意味では、たとえば、古い概念である「家政」等への新たな次元からのアプローチも今後目指されるべき公共経済の大事な要素として期待できるし、それをある種の脱資本主義的な経済モデルとして確立していくことも有効であると考えられる。

今後は、社会科学的な軸と人間科学的な軸との相互進化による、「地球や人間に配慮した研究」がますます望まれてくるだろう。それに対応していくためには、本書の執筆者であるわれわれ自身が、まずもって自らのライフスタイルをスロースタイルへと転換し、消費者の枠を越えたカルチュラルクリエイティブス（生活者・人間）としての自覚をもった、ポジティブな生活を実践していかなければならない。

スロースタイルとはまさに消費者の枠を越えたカルチュラルクリエイティブスが確立すべきライフスタイルであり、このライフスタイルを追求する生活者に支持されたポスト（脱）マーケティングがスロースタイルマーケティングである。本書各章では、このスロースタイルとスロースタイルマーケティングの基本概念をふまえた具体的な戦略提言がなされることになる。

注

（1）本章においては、基本的にはディズニーランドの戦略がマクドナルドの戦略の延長線上にある、というリッツアの考え方を踏襲している。

（2）レイとアンダーソンによるカルチュラルクリエイティブスとは、ベビーブーマー以降（一九四六年生まれ以降）のいわゆるポストモダン型の消費行動をとるクラスターであり、精神的な価値や文化的な価値を重視し、マイスタイルを追求することに意を注ぐ消費者であると理解できる。二人によれば、すでにアメリカの半数近くがこのカルチュラルクリエイティブスであると考えられている。しかし、筆者の主張するカルチュラルクリエイティブスの概念は、より消費者の枠を越えた生活者あるいは人間から捉えたクラスターである。

(3) 筆者の主張するスローカルとは、実際にはスローとローカルを結び付けた概念である。
(4) マイスタイルとは、一人ひとりの消費者がそれぞれ固有のライフスタイルを保持している場合に見出せるライフスタイルである。
(5) マズローの欲求段階説が示唆しているのは、自己実現の進化型欲求としての自己超越である。具体的には、それは第六段階目の欲求(生理的欲求、安全の欲求、所属と愛の欲求、尊重の欲求、自己実現の欲求の次の段階にくる高次欲求)であると考えられる場合もある。マズローにおいては、自己超越の欲求(すなわち、自分を超えた自然や文化、次世代に対して何かをしたいという欲求)を追求することでより人間的な進化が期待される。
(6) 月刊誌『ソトコト』は、「地球と人を長もちさせる」というキャッチフレーズで一九九九年に創刊されたエコマガジン。サステイナビリティを「義務感に依拠したライフスタイル」として捉えるのではなく、むしろ「ポジティブなマイスタイル」を追求する姿勢が誌面に濃厚に表れている。本誌は、たんに見栄えや形のみを追求する他の多くのライフスタイル誌と一線を画し、高い思想性を備えたライフスタイルマガジンとして評価されている。
(7) 「ロハス」とは、特に環境や健康に配慮した生活を指向する生活者のライフスタイル概念であり、そのような生活者はロハスコンシューマーと呼ばれている。ロハスの分析は本書第1・7章参照。
(8) 「ソシオビジネス」とは、営利組織と非営利組織の優れた点を融合した新たな組織概念であり、社会貢献を収益に結びつけていくような活動を指す。今後は、このような組織面での境界融合の促進が大いに期待されている。
(9) 「SOHO」とは small office home office の略号である。自宅に近接した小さな郊外オフィスで働いたり、自宅をオフィスにして働いたりする新しいワークスタイルの一種。自宅でも行えるクリエイティブな仕事、専門的な知的業務、あるいは出社せずにできる補助的事務ワークなど、今日では多くの仕事領域がこのワークスタイルを可能としている。
(10) 「テレワークモデル」とは、IT(情報技術)を利用してサテライトオフィスやホームオフィスで仕事をするワークモデルのこと。
(11) これは、日本の神仏習合を正当化するために構想された考え方。ある神社に祭られている神様の本地(すなわち実際の姿)はある仏様である、とする神仏同体説をいう。日本において奈良・平安初期に始まり、明治維新まで採用されていた。
(12) たとえば、顧客にレジの前で列をつくらせ注文をとる、形だけは本物のように合成されたハンバーグやフライドポテトを食べさせる、顧客に飲食物の容器や食べ残しを細めに分別させてゴミ処理の効率化をはかるなど、企業の論理によって顧客が完全に統制されること。

参考文献

Bell, Daniel (1981), *The Winding Passage*, Basic Books.（正慶孝訳（一九九〇）『二十世紀文化の散歩道』ダイヤモンド社）。

Habermas, Jürgen (1968), *Technik und Wissenschaft als "Ideologie"*, Perfect Suhrkamp, Ffm.（長谷川宏訳（二〇〇〇）『イデオロギーとしての技術と科学』平凡社ライブラリー）。

Maslow, Abraham H. (1968), *Toward a Psychology of Being*, van Nostrand Reinhold Company Inc.（上田吉一訳（一九九八）『完全なる人間　第2版』誠心書房）。

Prahalad, C. K. (2005), *The Fortun at the Bottom of the Pyramid*, Eradicating Poverty Through Profits, Person Education.（スカイライトコンサルティング訳（二〇〇五）『ネクストマーケット』英治出版）。

Ray, Paul and Sherry Ruth Anderson (2000), *The Cultural Creatives*, Three Rivers Press.

Ritzer, George (1996), *The Mcdonaldization of Society*, Revised Edition, Pine Forge Press.（正岡寛司監訳（一九九九）『マクドナルド化する社会』早稲田大学出版部）。

Ritzer, George (1998), *The Mcdonaldization Thesis：Explorations and Extentions*, 1st edition, Sage Publication.（正岡寛司監訳（二〇〇一）『マクドナルド化の世界』早稲田大学出版部。

Weber, Max (1921), *Economy and Society*, 3 vols, Bedminister Press.（世良晃志郎訳（一九七〇）『支配の諸類型』創文社）。

金丸弘美・石田雅芳（二〇〇四）『スローフード・マニフェスト』木楽舎。

辻信一（二〇〇一）『スロー・イズ・ビューティフル』平凡社。

原田保（二〇〇三）『ソシオビジネス革命』同友館。

原田保（一九九九）「デジタルワーク革命」原田保・松岡輝美編『実践SOHO・テレワーク』日科議連出版社。

細内信孝（一九九九）『コミュニティ・ビジネス』中央大学出版部。

真柴隆弘（二〇〇四）『スローライフな未来が見える』インターシフト。

山中隆次・鶴田満彦・吉原泰助・二瓶剛男（一九七六）『マルクス資本論入門』有斐閣新書。

山脇直司（二〇〇六）「新しい公共性を考える」『富士通マネジメントレビュー』No. 226、富士通経営研修所。

渡部亮（二〇〇三）『アングロサクソン・モデルの本質』ダイヤモンド社。

第一部

進化型
スロースタイル
マーケティング

第1章　こころの自己組織化
——グローカルコロニーとしてのスローシティ

辻　朋子

Summary　暮らしに必要なサービスを充足する範囲を生活領域とし、国境を越える可能性を含みながら、それが実現する機能の集合体を「シティ」と定義する。社会構造のゆらぎを宇宙生命の進化からの必然ととらえ、プラットフォームビジネスの仕組みを踏まえてシティの本質を探る。民族歴史時間の蓄積のうえに出来上がる、有機的組織としてのシティを経営体として考え、そのあり方をグローカルコロニーマーケティングとして提案する。

Key Word　●宇宙生命論●生活領域●プラットフォーム●民族歴史時間●グローカルコロニー

はじめに——シティが閾値を越えるとき

生命的モデルを範として人間を捉える新しい科学の展開に則るならば、宇宙はきわめて生命的なものである。人間が宇宙の始原から進化したことから見て、その生物、エコロジー、社会、文化的構造などの変化は、必然として起こるゆらぎが大きく育ち、ある臨界規模を超えると新しい体制に移行する生命的活動の一部であることを意味する（ヤンツ　一九八六）。

本章ではこうした**宇宙生命論**の立場から、人間が環境と交換を続けるシステムで起こるゆらぎが、均衡する瞬間で決定される領域とその本質を考察する。そして、このようにして出来上がる組織を、暮らしに必要なサービスを充足する範囲と規定し、それを**生活領域**（Living Domain）と位置づける。その場合のサービスとは、最終消費者のニーズを起点に設計された有形財と無形財との統一体である「便益の束」（Enis and Poering 1981）である。ことばを変えれば、原材料から接客に至るまでの統合された付加価値の総体がここで言うサービスといえる。こうした考えの上に立って、国境を越える可能性を含みながら、生活領域を過不足なく充たすためのサービス機能の集合体を「シティ」と定義する。

一方、このように人間に必要なサービスを充たす領域をシティとするならば、動力機械に頼らず、自らの脚力だけで世界を遡行する全長五万三〇〇〇キロの旅「グレートジャーニー」を成し遂げた探検家の関野吉晴の成果は興味深い(1)。

以前、関野からのヒアリングで、「もし、人がいない自然ばかりのところにいけといわれたら、自分の旅は続かなかっただろう」と聞いたことがある。たとえばモンゴルの道中で出会った家族は、三〇頭もの馬をなくしたばかりなのに、彼がアフリカまで行くと告げると、「今、馬が必要なのはお前だから」と、残った貴重な一頭の馬をくれたのだという（関野　二〇〇二）。

南米の先端から東アフリカまで、関野のたどったのは、見方をかえれば、人間が、何百万年もかけてつくった人の生活領域のつらなりでもある。関野はそのいくつかに居候し、組織の関係性にゆらぎを起こし、次の地域に行くための新たなつながりを創出した。彼の言葉を借りれば、「そうして気がついたら、地球を歩ききってしまっていた」という。

シティが生活領域であるとするなら、それはずっと以前には人の足で歩いて横断できる距離であったはずである。そうしてみるならば、関野は地球を歩ききるという行為によって、地球をひとつのシティに縮減した最初の人間であるといえよう。その行為によって、彼は地球を生活領域してとらえる視座を私たちにくれたのである。

ルーマン（一九九〇）はそのただなかにいると極めて主観的にしか判断できず、その限りにおいて突然の変異にしか見えないことが、事象を客観的時間の軸のなかにおき、ある程度の長い、時間経過の中で見直すと、ある法則に則った論理が現れるという。それはつまり、時間や空間を測る新たなモノサシを持つことによって、より大きくモノをとらまえるという人間の知恵でもある。この考え方に基づけば、これまで当たり前と考えられてきた「シティ」という、目に見える地域に限定された生活のためのコミュニティは、既存の閾値を越えて、ヒトの連環としてどこまでも広がっていく。

このような考え方に拠るなら、関野が地球をシティとして見せたように、蟻として地上にいれば偶然にできた、暮らしの営みにしか見えないものが、宇宙から俯瞰的にみれば青い星の一部としてその必然の全貌が把握できる。また太古から未来に続く時間の中に地球を置けば、都市の進化を早送りで展望することができる。本章ではこうした視座からの作業を試みることを通して、社会、文化システムの進化プロセスをシティとして追究する。そして、シティが閾値を越えて新たな進化への協働フェーズ（局面）に、どう突入していくかを、[2]事例を通して検証する。

一　有機的なプラットフォームとしてのシティ

プラットフォームビジネスとしてのシティ経営

研究を進めるためには、生活領域の構造をどのようにとらえるかは大切な問題である。生活領域を経営という視座から追究する本章においては、そのビジネスのモデルはインターネット上での取引の生販統合システム機能を果すプラットフォームビジネスの構造に置き換えられる点に留意する。レイポートとスビオクラ（一九九四）は、電子市場はコンテクスト、コンテンツ、インフラストラクチャの階層構造として捉えることができるとしている。たとえば、新聞はアナログな状況下では記事の内容がコンテンツ、紙面のフォーマットがコンテクスト、印刷や配送システムがインフラストラクチャであり、そのパッケージとして売られてきた。一方、そのデジタル化にともなって、パソコン通信でニュースを配信することを例にとると、記事の内容（コンテンツ）の提供者と、パソコン通信のインターフェース（コンテクスト）の提供者、パソコン通信の事業者（インフラストラクチャ）が同じである必要はないという。

こうしたアナログ、デジタルのサービスが混在するのが現代の都市であるが、いずれの場合においても重要なのは、第一に市場取引を希望する相手とのマッチング機能、信用担保機能、財の価格評価機能、標準取引手順の提供機能、物流などの資源循環の統合機能である。さらに、第二の重要な機能として、取引参加者に相互に関わる場を提供する機能がある。これはプロ並みの実力を持った個人に自己表現の場や市場を与える機能をその可能性として示すものである。こうした取引仲介機能がプラットフォームビジネスというシステムの中核としてのプラットフォームの役割である。

この関係をシティに置き換えれば、生活領域において必要なサービスを充足するための取引仲介構造そのものがプラットフォームであり、それはそのまま、組織の機能としてのシティの実体であると言い換えることができよう。

プラットフォームの三層構造とその領域

そこでこうした前提のもとに、生活領域における**プラットフォーム**構造について具体的に検討してみることにしよう。レイポートとスビオクラ（一九九四）は取引仲介型のプラットフォームビジネスは取引のコンテクストを提供する存在であるととらえる。そしてこの場合の顧客の忠誠心はコンテンツより、コンテクストのレベルで確立したほうがうまく確保できるとしている。顧客がいったんコンテクストに忠誠心を持てばコンテクストというアンブレラともいうべきブランドの下でビジネスチャンスは広がっていくというのがその理由である。

このことをシティに当てはめるならば、命を継承する場としての共同体のコンテクストは有機体のように内部では細胞の生と死を繰り返しながらも客体的な不死性を維持することにある（ホワイトヘッド　一九八四）。しかし生活領域の経営を資源循環論という立場からみれば、それは物的資本、人的資本、組織資本、財務資本を加えた経営資源の適正配分によって成り立つ。こうした前提に立てば、まずシティのコンテクストの領域とは、マクドナルドの世界において優位の源泉であった経済価値と、非マクドナルドの世界にあって優位を主張される生命価値を両極とする領域のなかでいかに設定されるかが重要である。

ハメル（二〇〇二）によれば、戦略的経済性とは業務上の効率化の事を指すのではなく、資産の効率的活用方法をどのようにしたら、ビジネスコンセプトそのものを達成できるかという柔軟な資源配分を指すとしている。この考えに基づけば、ポストマクドナルドの世界での経済性とは、成長率や市場占有率を第一義とするのではなく、人が充足して暮らし、生きていくことそのものを富としてとらえて適正に資源配分し、経済的な利益が多少減ったとしても、人間が生存し続けるために必要な社会環境に投資する仕組みを、生命価値と経済価値のベストバランスにおいて実現する資源配分ということができる。

第二にコンテンツの領域であるが、それは本書で検討している「フード、ファイナンス、ツアー、リビング、ファッション、メディア」といった生活の要素であるといえよう。これを本章に即していえば、消費者が購入し経験する中身がコンテクストの価値をどう反映しているかが問われるといえる。

第三にインフラストラクチャの領域は、コンテンツのサービスの流れの方向として、その価値の積み上げの流れに着目したい。コンテンツが顧客に届くためにはインフラストラクチャがなければならないが、たとえばフードを例としてこの流れを考えてみよう。飲食サービス業において、顧客の充足感の高いサービスを届けるには、海洋牧場、実験農場などによる環境との良好な融合を図る視座からの原材料の調達、こうした材料による蓄肉や地ビールなどの製造工場など、製造段階の仕組みがまず必要である。さらに獲れたその日に行われる配送システム、生産者名の明示、素材の味を最も引き出す調理法による料理と、ベストの状態で食を楽しんでもらうための店舗での接客など、流通段階の仕組みを加え、その統合がインフラストラクチャとして求められる。

そこで重要なのは、価値連鎖が顧客起点に発想されており、「顧客のニーズ→サービス授受方法→物流→製造方法→原材料調達」と考えられ、それが顧客にフィードバックするという循環の構図を形成しているか、その逆の循環をなしているかということである。インフラストラクチャにおけるマクドナルド化とは製造から顧客へコストを積み上げていくことによる効率性最大化への試みである。ポストマクドナルド化とは顧客から製造へ向けて価値を

図１　生活領域としての「シティ」の定義

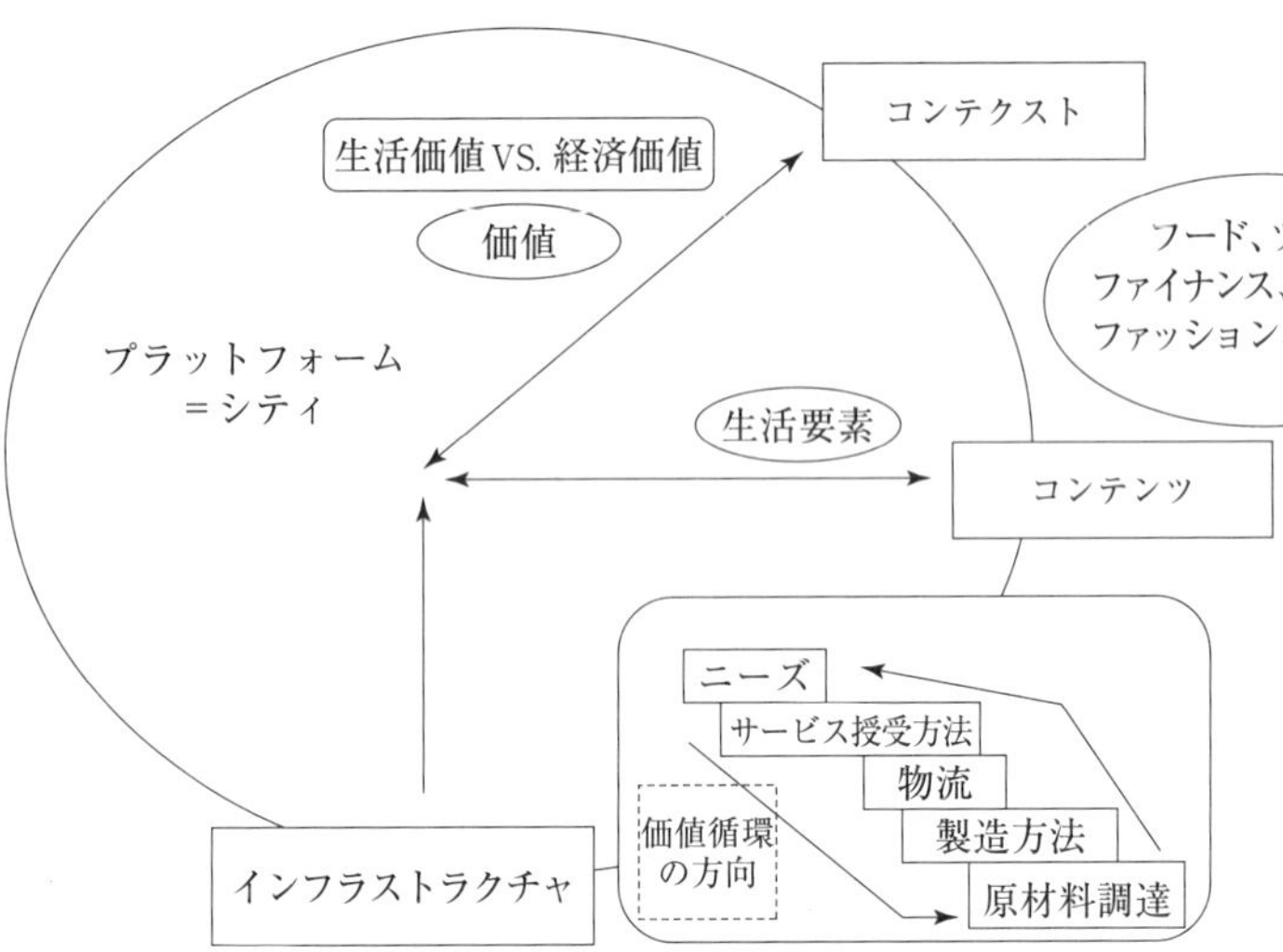

積み上げていくという連鎖である。インフラストラクチャとして、こうした価値連鎖の方向をいかに設計するかがシティにおける領域の設定として問われている。

以上を包含して表したものが**図1**である。これはコンテクスト、コンテンツ、インフラストラクチャを実現するためのビジネスプラットフォームとしてのシティの機能構造を、経営体としての全体像から概観したものである。

三つの健全性評価基準のフェーズ

生命価値と経済価値を両極としてシティの領域を設定するという作業において、その経営行動の原点はコストや利益という二元論的な機械論に置かれるのではなく、経営体の価値は複雑、雑多、異質な要素が渾然一体となった生命維持装置として、その存続を可能にすることに置かれる。

そうした視座に基づくならば、企業を生命体のひとつとしてとらえ、組織の健全性評価基準の設定を試みる先行研究は参考に値する[3]。そこにおいては、その命題から導かれる価値基準は単純な経済価値をいかに超えるかに置かれる。こうした概念のうえに、この研究では組織の健全性の分析基準をとりあげ、分析枠組を主体フェーズ、空間フェーズ、時間フェーズに置いている。その分析指標は、主体フェーズ＝サービスする主体は誰か、空間フェーズ＝環境との動的均衡を実現できているか、時間フェーズ＝過程を重視し、長期持続性を意識できているか、となっている。これらが生命有機体としての企業組織を診断するための基本概念であるとされる。そうであるならば、人の誕生、育成、死をつかさどるシティという共同体組織も、経営という視座から持続的成長可能性を求める限りにおいてこの分析基準を援用することができる。そこで本章ではシティという組織の存在可能性を探るための評価枠組みとして、この三つのフェーズに加え、主体の自己組織化の程度はいかなるものかという視点を付加し、それらをさまざまに意識したポジショニングを展開する。

そのなかで、コンテクスト、コンテンツ、インフラストラクチャの関係性を比較し、国という大きなくくりから、そのなかの都市というくくりへと生活領域を絞り込みながらシティの実体を探っていく。

二　国を空間フェーズでポジショニングする

分析体系について

国は多数のシティから構成される複合組織である。そこには、影響を与え、かつ、与えられる主体として生産活動、消費活動、金融活動、広報活動、物流活動、販売活動などに従事する組織が含まれる。それらの活動を経営としてとらえると、相対的な範囲であるが、単純から複雑への連続体であるという考え方を提示することができる。これを踏まえて、二〇世紀という同一空間のなかでシティの属性を包含する上位の概念としての国という領域に照準をあて、水平的にポジショニングすることを試みるのが図2（次頁）である。

その分類の体系としては、コンテクストの特性としての経済価値重視＝マクドナルド的世界か、生命価値重視＝非マクドナルド的世界かというくくりをひとつの軸とする。そして、もうひとつの区分には国の年齢の長短を軸としてみる。これは相対的にみた民族歴史時間が数百年単位か一〇〇〇年単位かという分類でもある。こうしたポジショニングマップのうえで、マクドナルドの発祥地である、アメリカ、スローフードの言葉を生んだイタリア、そ

図２　空間フェーズ（国の位相における相互比較）からのポジショニング

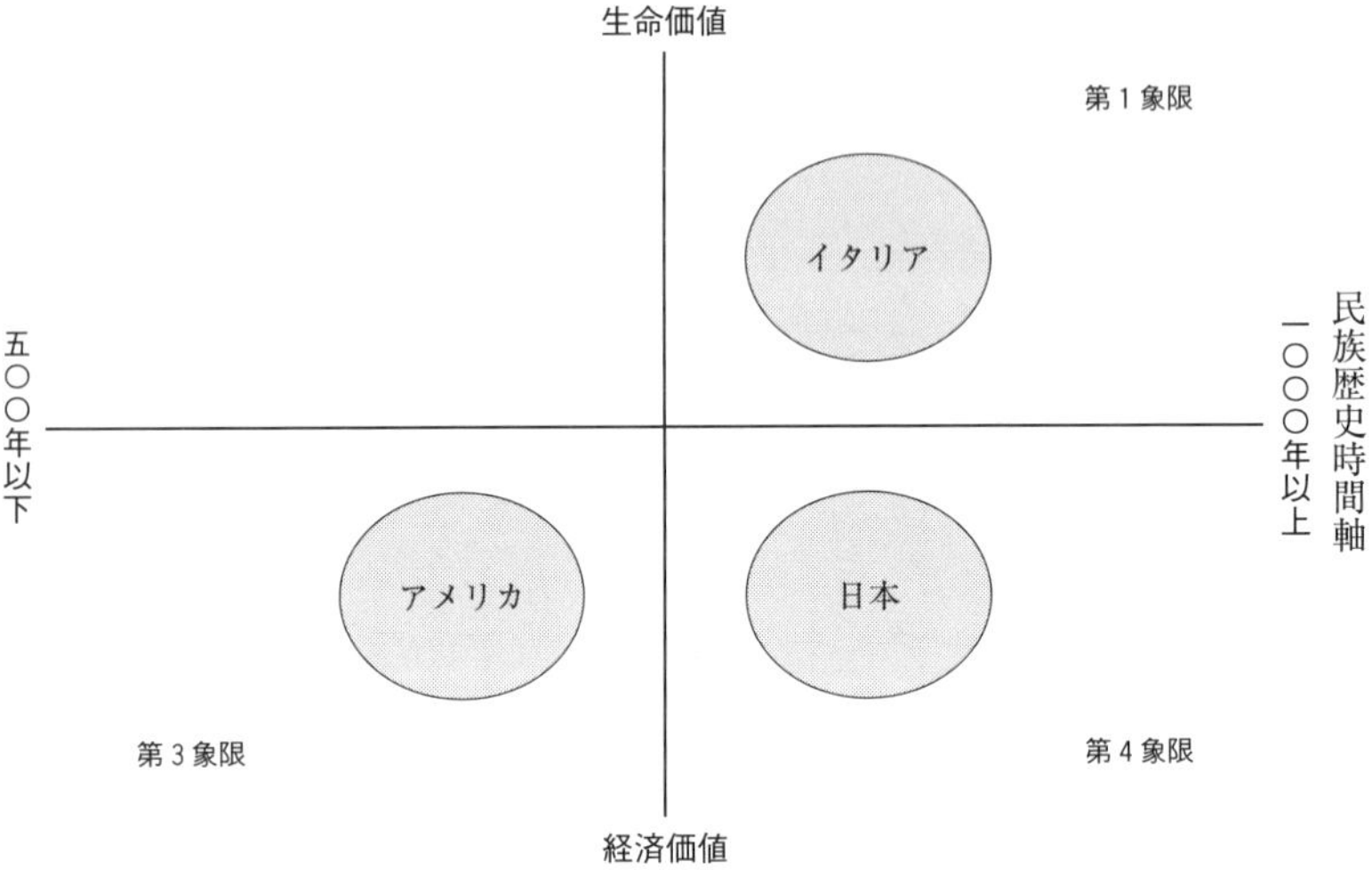

して日本を事例に、社会的、文化的、経済的要因などを踏まえた相対的な関係性を整理する。

フードにみるマクドナルド化と非マクドナルド化のせめぎ合い

マクドナルドという企業は、その生産方式に経済価値を第一義にとり、アメリカという年齢が二〇〇余年の幼年期の国において誕生した体系から見て、単純の起点といってさしつかえないビジネスモデルである。ここではそうした切り口から、まず、生活の基本であるフードというコンテンツにおいて、アメリカ生まれの「マクドナルド」という企業そのものがイタリア、日本でどう変容しているかを検討することから始めたいと考える。

景観を意識した比較から入ると、ローマのヴィットリオ・エマヌエール通りのマクドナルドは基調色が白である。アメリカのマクドナルドが建物の壁面の取り付け看板、バナー（旗）、そして広告部物や指示板など、ともかく赤だらけであり、満艦飾を呈しているのと著しく異なる。石造りの壁面に白布のひさし（オーニング）をおろし、ライトアップされると、マックと判別できるものはほとんど外部からはみえない。ミラノのガレリアのマックはもっと極端である。一八七〇年にできた丸天井のガラス張りのガレリアの一角、高級店の並びにあるマックは三原色のうち、赤色は一切使っていない。金色のM字と「マクドナルド」の文字だけが描かれている。さらに日よけをおろすと、イメージが一変する。その下に椅子とテーブルが並べられ、先ほどの金色の文字と白く描かれたマクドナルドの文字は一切、覆い隠されてしまう。街並みや使用できる色や素材の規制を踏まえたうえでも、文化としてのアメリカ的経済価値とイタリア的生命価値とのせめぎ合いの構図が見られる景観である。

昆虫などが、周りの環境に体色などを一体化させて、生存をはかることを擬態という。イタリアにおけるマクドナルドはこのように擬態することで浸透の最前線を維持しているとも考えられるが、見方を変えれば、マクドナルド的な標準化を志向する生活スタイル、経済価値がイタリアには受け入れられない限界を持っていると考えることもできる。

アメリカの歴史学者キセルは、食文化の中心性とマクドナルド化によるその土地独自の形態に対する脅威をフランスの場合において強調し、アメリカの経済支援や指導を受け入れ、アメリカの技術や経済運営を借用し、アメリカ製品を買い、アメリカ人のように食べたりしながらも、フランス人らしさを失わないでいることができるだろうか、という疑問を提示している（リッツァ　二〇〇一）。それは、多くの場合、良質な材料と洗練されたレシピで調理したたくさんの皿を、時間をかけて食べるという文化の枠が守り通せるかという危惧である。しかし同じヨーロッパにおいてイタリアに関する限り、こうした質の高い食文化を支える消費者の判断力は、マックが擬態をしても、なお十分な浸透を図れない状況を見る限りにおいて健在性を主張している。

擬態は同様に日本のマクドナルドにおいても発見される。仙台では赤を使わないマックが現れた。ここでは「マクドナルド」の文字が白で描かれている。また、京都市烏丸今出川通りのマクドナルドも文字は赤だが、看板は白地である。しかしどちらも文字や看板の色を変えた程度で、イタリアほど明確な主張はなく店舗施設の基本コンセプトはアメリカのマクドナルドと変わらない。日本の顧客に受け入れられるために醤油と生姜で味付けされたチキンタツタが開発されはしたが、それは日本人の口に合うということであって、素材からの健康志向とは無縁のものである。その限りにおいて日本のマクドナルドは、イタリアのそれよりは経済価値を受け入れる領域の大きいことを示すものである。

国ごとのマクドナルド化の度合いを類推するために、家計の最終消費支出に占める「食品・飲料・タバコ」の割合を見てみると、一九九二年において、イタリア二〇・四％、日本二〇・四％、アメリカ一二・一％となっている（日本銀行国際局　一九九二）。この数値からもフードに対する国民性とこだわり方の強弱が推測できよう。白いマックを生むほどの非マック化の土壌でもなく、赤の氾濫に多い尽くされるマック化の土壌でもなく、日本のポジションは両者の中庸でもあり、あいまいでもある。

ファッションにみるマクドナルド化と非マクドナルド化のせめぎ合い

ファッションにおける国相互の相対的な比較を試みると、特にイタリアは生命価値を明確に主張する点で興味深い。この国にも流行はあるが、ファッションにおけるそれは消費者の服装からみるとアメリカや日本のように消費者が一斉に流行を追いかけるようなことはない。多数のブランドを生み出す国でありながら、ブランド品に固執する現象がほとんどないのも特徴である（岡本　一九九四ａ）。日本では流行を予測することがマーケティングの重要事項であるが、イタリア国内のマーケティングに関する限り、消費者への個別対応度こそが重要である。衣料はイタリア人にとって個の主張の象徴であり社会階層を表現するものである。一人当たりの年間衣料の消費額をみると、イタリアは一二五一ドルと、日本の九七二ドル、アメリカの九一〇ドルに比較し、四割近く高額である（日本銀行国際局　一九九二）。イタリアはブランド品購入にこだわることはないのにもかかわらず、高付加価値商品、ないし、衣料品そのものへの購入関心が高いことがこの数字からも伺われる。フードの数字と連動し、日本がそれに次ぎ、アメリカはこだわりの少なさを表す数字となっているのも着目に値する。

イタリアの製品というと高付加価値衣料品がまず念頭に浮かぶが、実はその背景にはイタリアがヨーロッパにおいてドイツと肩を並べる工業製品の輸出国であることを忘れてはならない。わけても良質の繊維機械の産地である事情は重要である。イタリアの輸出品の構成品目は第一位が機械類、第二位が繊維・衣服、第三位が靴、皮革、である（岡本　一九九四a）。そして機械類のなかでもそれは日本と競合するような汎用の大型機ではなく、特殊な用途に向けた小型の産業機械であり、これが輸出構成比の多くを占めている。つまり、「規模の経済」が働かない、機械の一分野、そしてその一部としての繊維機械による衣料品用生地やニット用毛糸の原材料からの調達によって、繊維や衣類といった産業部でイタリアは強い競争力を発揮してきたのである。

これらはそれぞれに地域共同体からなる産地で生産されており、その価値観は「カンパニズモ」といわれる行動の原理で成り立っていることは有名である。自分の出身地に強い愛着を持ち、家族、親類などの人間関係中心の職場で、機械類と衣類を双璧とする、多品種少量生産を可能にしたのは、この生活領域を中心とする組織構造にある。こうした産業風土にあってイタリア人にとってデザインは見た目ではなく、機能に裏打ちされたものである。故にイタリアの良品とは見た目が美しいばかりでなく、着心地がよく長持ちするのである。消費者は愛顧度の高い、いわゆる「いつも買う店」にいけば、そこで気に入りの商品に出会うことができる。価格は高くとも感性にあった、ブランドではなく商品を手に入れることができる。イタリアでは生産流通、消費までの段階が多様性をもとにつくられている。日本では消費の個性化といっても、流行に追随することが多く、本質的な価値を見極めている消費者は少ない。したがってトレンドに定見がなく、個別対応度の低い見込み生産しかできず、大量生産大量消費のシステムに頼らなければならなかったのが実情である。その思考メカニズムはブランドを追い求める日本人の若い女性の行動や、量販タイプの紳士服チェーンに吸引される行動、アウトレットモール（主にメーカー品や、いわゆる「ブランド品」（通常高額で売られているもの）を低価格で販売するショッピングセンター）に群がる消費者行動に顕著に現れている。

そうした製造、流通はインフラストラクチャの視点から見ると、基本的に生産者を起点とするコスト積み上げの価値連鎖の構造を持つわけで、この仕組みのもとに生まれるコストは消費者が負担しなければならなかった。アメリカ的経済価値とイタリア的生命価値のせめぎ合いの構図と、はざまでゆれる日本のポジションはファッションというコンテンツにおいても同様にみられるのである。

その他のコンテンツにおける位相

リビングについてみると、イタリアの生活者にとって居住への関心度の高さは持ち家比率が七〇％を超えていることに象徴的に現れている（岡本　一九九四a）。同書によると、家屋の外壁は古いが内部は床の大理石や手すりは磨き込まれ、居住者のセンスに合わせて統一された絵画や装飾品が家族にとって大切にされている。一九九一年における家計の最終消費支出に占める「家具・家庭器具」の割合はイタリアが九・六％と先進国の中で一番高い。日本は六・三％、アメリカは六・一％である（日本銀行国際局　一九九二）。この国の属性の並び順は、ファッションに対するそれとほぼ、同様である。

また住宅一戸あたりの面積は一九八八年においてイタリアでは一三一平方メートルと、アメリカの一三六平方メートルに次ぐ広さである（岡本　一九九四b）。このことをそれぞれの国土面積を勘案すれば、アメリカに比べ、イタリアにおける住宅そのものへの関心度の高さが類推される。

ツアーへの関心もイタリアにおいて非マック化現象として見ることができる（岡本　一九九四a）。同国にあっては無数の歴史的遺産を通しての経験はツアーの対象でもあり、同時に、日常生活の延長でもある。暮らし自体が貴重な彫刻、絵画、建築物に囲まれた領域にあって、その保存には大きな課題がつきまとう。修復を待つ遺跡や美術品は膨大である。岡本（一九九四a）によると、これに対し、イタリアは一九三九年に文化財保護を目的とした当時としては斬新な「文化的遺産保護に関する法律」を制定した。これによって、内部を改造して図書館、研究所、美術館などの公共施設へと改装された多くの遺跡が都市と共存することになったとされる。

しかし一方で、こうした生産、消費行動を支えるイタリアの国内総生産（GDP）は一五〇七兆リラ（一九九二年）であり、アメリカ、日本、ドイツ、フランスについで、世界第五位である。一人当たりの国内総生産は一万八五六六ドル弱で、アメリカ、日本に比べるとはるかに少ない。一九八〇年代後半からは高い経済成長率を保ったが、輸入が増加して対外経常収支は赤字が拡大した。経済成長率は一九九二年の場合だが日本が三・五%であるのに対し、一・四%である(OECD 1994)。こうした数値は生命価値に投資することの成果と経済価値の損失との微妙な二律背反性を意味しよう。経済価値を超えることの意義をことばのうえで提示し、あるいは経済性を無視して生命価値に投資することはたやすい。しかし、両者のベストバランスを求めるというビジネスコンセプトを、経済価値と生命価値の均衡のうえで成立させて初めて暮らしの快適性を追求することができる。イタリアを経営体としてみた場合の前出の経営指標の数値はこうした矛盾の解決が、同国の生活領域にとっての課題であることを示している。

日本はどこへ行くのか

経済価値と生命価値との連続性の旅として、アメリカ→日本→イタリアの関係性を検証した。それらを図示したのが前掲の図2のポジショニングマップでもある。アメリカは経済価値重視×短い民族歴史時間の体系として第3象限にポジションする。計算可能性、つまり、数量化可能な事象を強調し、質より量が強調されることがさまざまな形でアメリカ社会学研究の主流となっている(リッツァ 二〇〇一)。それがアメリカの価値観の源である。ビッグマックは大きければいいのであり、マクドナルドは数百万のハンバーガーを売っているからいいにちがいないと判断されてきた。国年齢が若く、民族としての経験知が少ない土壌のうえに単独の大規模資本によって構築されたマクドナルド的風土は、建物はテーマパークのそれのように、即時にできて、目だつけれど、恒久的に保存する意味はないし、彼らはそうしようという意図はない。

一方、イタリアは生命価値重視×長い民族歴史時間の体系として第1象限にポジションする。マクドナルドの店舗でさえイタリア化してしまったこの国には、遺跡を新たな機能の中に取り込んで再生させるという文化、歴史の蓄積と継承の風土がある。人や自然や文化が渾然一体となって恒久性を楽しみ、その先に移行する過程には数値では測れない価値や複雑さが発生する。

そしてこうした複雑さを支えるのは、複数の主体による自己組織化構造である。文化遺産の保存を資金面で支えてきた、いわゆるメセナ事業の担い手は主に民間企業である。たとえば岡本（一九九四a）によれば、ミラノのサンタマリア教会にあるレオナルド・ダ・ヴィンチによる「最後の晩餐」の修復はオリベッティ社がスポンサーとなっている。フィアット社はベネチアのグラッソ宮殿を修復した(4)。

業種別にみるとメセナ活動の最大のスポンサーはファイナンスの担い手である銀行をはじめとする金融機関である。旧銀行制度のもとでは、貯蓄銀行は地域の公的目的のために最終利益の五〇％を営業地域の自然保護、文化資産の保護と修復、文化活動育成のために拠出することが義務となっていた。一九九〇年に銀行法が改正されたが新法のもとでも株式会社化した旧貯蓄銀行は引き続き文化事業への資金参加をおこなっている。

国家レベルにおいても、観光、映画、演劇、スポーツなどの振興は盛んである。ミラノのスカラ座、ナポリのサンカルロ劇場始め、全国で一一カ所のオペラハウスが観光・文化庁の補助金で運営されている。またベネチア・ビエンナーレ、ミラノの国際工業デザイン・建築展であるトリエンナーレ、サンレモ音楽祭などに多額の財政資金が援助されている。ちなみにイタリアの文化・環境庁予算は日本の文化庁予算の約五倍である（岡本　一九九四a）。

一方、民間レベルの文化推進にかかる活動もさかんである。イタリア文化レクリエーション協会（ＡＲＣＩ）がその中心であり、約一二〇万人、一万以上の団体が参加している。構成グループは自発的に生まれたスポーツ、演劇、ダンス、写真、狩猟、レクリエーション、旅行、チェス、音楽などのグループから成る。そうしたコミュニティが自己組織化し、連合体として活動するが、参加者の年齢も職業も多様であるという。会員からの会費で運営され、自前の劇場を保有しているサークルもある。自治体レベルの文化やスポーツ活動を運営しているコミュニティもあるという。

アメリカのマクドナルド型のビジネスモデルが大企業という単一主体による供給サイドからの経営であるとするならば、イタリアのそれは複数主体の自己組織化による需要サイドからの経営といえる。では、その狭間にあって経済価値重視×長い民族歴史時間の体系で第4象限にポジションされる日本とは何者で、そして未来に向けて一体どこへいくのだろうか。第二次世界大戦後、経済的にアメリカの傘下に入った日本はまさにアメリカにとっての

「マック日本店」として発展してきた。日本における大量生産大量消費のシステムによる経済大国への道は記憶に新しい。

イタリアと同じに民族の長い歴史を持ちながら、敗戦によるアメリカ経済の流入のなかでの進化プロセスをたどった日本のポジションは微妙な位置にある。そのポジションをあるがままに客観視したうえで、私たちは次にどのような進化を待たねばならないのだろうか。また、日本の一〇〇〇年の民族歴史時間はそこにどう作用していくのだろうか。次節ではこのような問題意識を抱え日本の属性を存分に表出するシティとして、首都、東京にフォーカスし、そのいきつく先の姿をプロファイリングしていく。生活領域とは固定してあるものではなく、どこから始まりどこへ行くのかを問われ続ける行動過程（プロセス）としての連続体である。このことは、「シティ」が既存の閾値を越え、空間的、時間的に広がりつづけ、進化し続ける概念であるとする本章冒頭の定義において既に述べた。国というくくりによる水平的な分析に加え、その進化プロセスを時間というフェーズのなかで垂直的な切り口からとらえ、そのクロスにおいて都市の本質を再考してみよう。

三　都市を時間フェーズでポジショニングする

分析体系について

東京というひとつのシティが閾値を越えて未来への連関のなかでどう変容するのかを知るひとつの方法に、ひとつのシティを過去→現代→未来に抜ける時間軸のなかで連続体としてとらえる俯瞰的なパースペクティブが考えられる。前出のルーマンの論理に基づけば、前近代化社会から超近代化社会に抜けるまでの東京を、高い位置からのパノラマ的視座を通すことで、進化プロセスとしての組織の変容の全貌がとらえられるからである。

そこで、ここでは、仮に江戸時代の江戸をプレマクドナルドの世界、二〇世紀型東京をマクドナルド化の世界、未来として洞察すべきネクスト東京をポストマクドナルドの世界として設定し、そのポジショニングを試みながら

図3　時間フェーズ（江戸→東京→ネクスト東京への変容）からのポジショニング

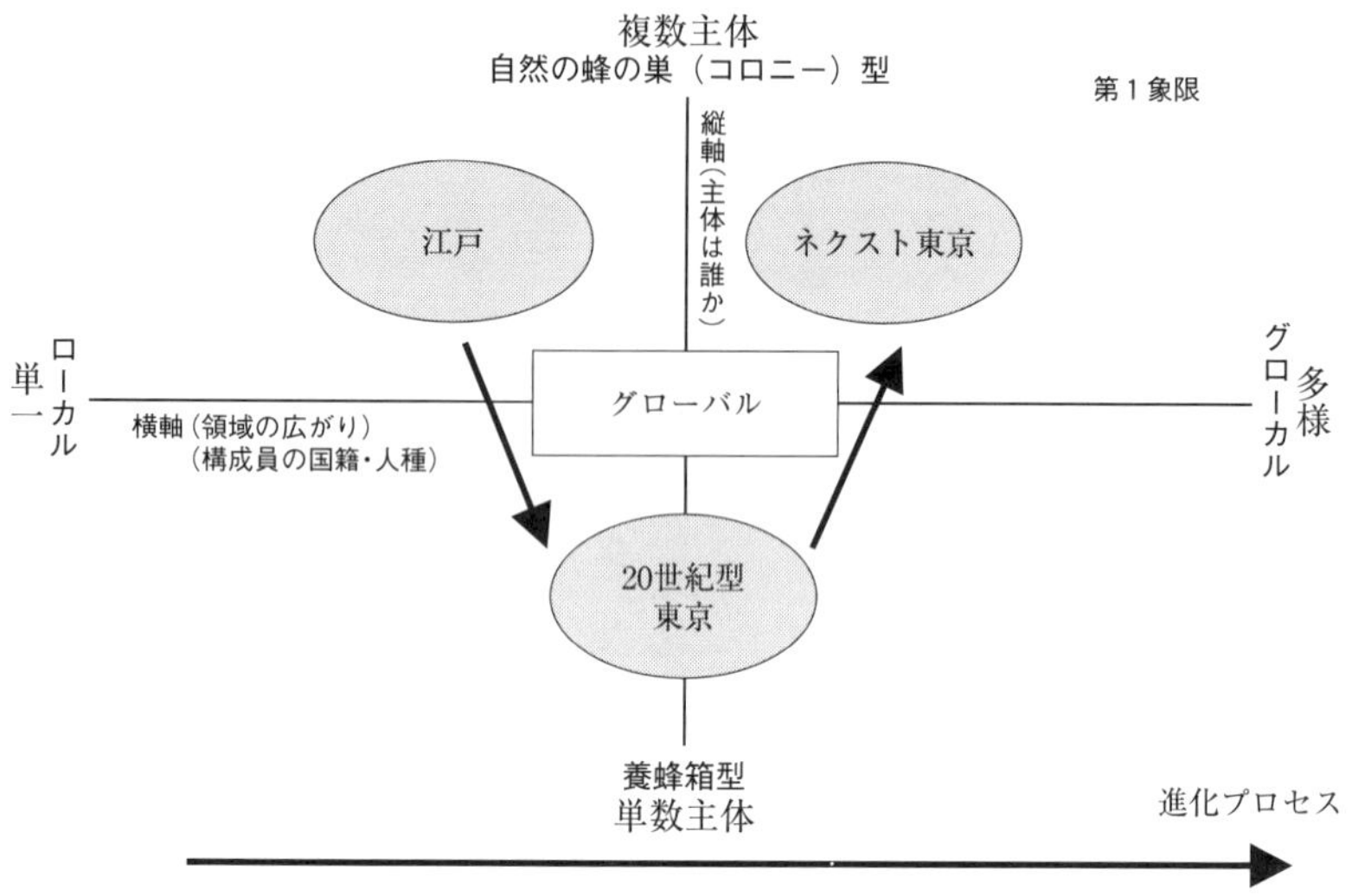

進化プロセスを分析する。それを進めるための第一の軸としては、生活領域の空間的広がりから、ローカル、グローバル、さらに核としての独自性を主張しながらグローバルなつながりを想起させるグローカル（序章参照）という三つのくくりを提起する。第二の軸はシティの有機的な構造を昆虫のコロニーにたとえ、両軸の体系で進化プロセスにともなうシティの機能の変容を図3のように提起する。

ローカルな世界としての江戸

二〇世紀型の東京がマクドナルド化された世界とするなら、江戸はその同じ土地がプレマクドナルドの世界にあった時間であるという考え方がある。(5) 林（一九八二）はそれを西欧文化と日本文化の違いから説き起こして、西洋の輝かしき進歩、はつらつたる知性、戦争、悪魔のごとき武器といったものとはあまり縁のない、根本的に子どもじみてみえる人間として日本人を表している。そして人生において重要なのはいかに進歩すべきかを知ることではなくて、辛抱強く、そして幸福な生活ができるように、われわれの人生をいかに整理すべきかを知ることであると結論する。江戸というプレマクドナルドの世界に生きる江戸人は、ものはなくても、あるもので充足感ある生活をつくる術を知っていたといいかえてもいいだろう。

品川宿が江戸を出る最初の旅籠だった江戸の世界は、空間的にいえば現在の東京の数分の一の面積に限られたローカルな世界である。そのなかでの日本人の暮らしを描写するシッドモア（一九八六）は、フードは穀類、魚、海草で足り、これは貧しい者にも欠けはしないと記述している。そんな食を中心にまわる暮らしが、春の朝、大人も子どもも、海につかり海草を採集し、浜辺に干す情景として外国人によって書き残されている。子どもたちは浅瀬を歩き、ずぶぬれになって楽しそうに転げまわる。働き手に届けられるご馳走はむしった魚とお茶である。そこでは労働がある意味のエンタテイメントと一体化して日々の糧をつくっていた。

また、当時江戸を訪れた西欧人の記述によると、庶民にとっては「外国人を観る」、という行為そのものにおけるエンタテイメント性が特筆されている（渡辺　二〇〇五）。通りを外国人が通ると、風呂屋から男も女も素っ裸のまま飛び出し、あるいは家から裸のまま飛び出し眺めたとある。そしてファッションは西欧にはない独特の美意識で表現されていた。色は複雑で地味だが、裏の刺繍やかんざしや小物類の凝った細工に見られる、見えない部分へのおしゃれや目立たない粋、そして庶民の労働をする際の裸に近いかっこうは外国人には驚きとともに、過不足なく鍛えられた肉体による労働着と映ったようである。

さらにリビングの要件について、シッドモア（一九八六）は江戸庶民の住・居・寝の三要件として、「草ぶき屋根、畳、木綿布団数枚」が充たしてくれると言っている。しかしそれは貧しいばかりでなく、その美意識はボーヴォワール（一九八四）によると小屋や農家の青いいちはつで飾られた屋根の美しさが記されている。当時、わら葺の屋根にいちはつを植える農家が多かったのだが、つつじや椿の茂みの間に散在するこうした家はわら屋根の上の部分が土の軽い層で覆われ、そこに濃い毛の冠りもののように花飾りの青い花が栽培されていたという。それはさながら「空色の光輪さながらの空中庭園」のようであったと記述されている。

ローカルな領域の社会、文化の中に住むなかで、充ち足りる価値を自給自足する日本人とのコミュニケーションからは「むきだしだが不快ではない好奇心」「貧しいが貧困な者はいない」「簡素でゆたかなおおらかさ」を感じたと、江戸を来訪した多くの外国人が書き残している。

グローバル世界としての二〇世紀型東京

いちはつの植えられていた棟がコンクリートの住宅に、人々が魚を追った浅瀬が埋め立てられた工業地帯と臨海新都心へと変容した東京は、分かち合うコモンズから奪い合う私的所有地の集合へとシフトした。江戸庶民が持っていた自然の助けあいの仕組みとしての講や座といった自己組織化する共同体組織に代わって、効率性を第一義として国の内外を領域に緊密関係を築くことの必要性が強調された。こうして江戸における非マック的な価値の上に、接木されたマック的価値によって、ちぐはぐに骨折治療をなされたのが二〇世紀型東京のコンテクスト、コンテンツ、インフラストラクチャの領域といえる。

長い歴史をかけて形成された複雑な生命体に人工的な手足を縫合しても、なじまずに落ちてしまう。戦後移入されたマック化によって東京は経済成長率、市場占有率などの数字で計算できる経済価値をほとんど極みまで上げたといえよう。しかし、すでにアメリカから上陸したマック式の量販店は、経営学的に見て通常約三〇年といわれる企業の寿命を使い果たし、スーパーマーケット、アウトレット、デパート、パック旅行、ファミリーレストラン、ディスカウントストア、テーマパークまで、フードからエンタテイメントに至るほとんどのコンテンツを包含しつつ、撤退または、個別顧客対応度の高い業態へと転換を余儀なくされている。

グローバル企業と呼ばれてきたマック化企業のもたらす国際分業の目的は、地球としての存続性を高めるものではなく、個別企業の利益を追求する狭量のマーケティングであることを消費者が気づき、手を切りはじめたのである。

ミラノで白いマックが誕生したのは、ミラノがマック化されるのではなく、マックがミラノ化されたというメカニズムによる。長い民族時間に裏打ちされた経験知がマックをミラノのフード、リビング、ファッションなどに同化させるベクトルとして働いた。マクドナルドはグローバルに広がったが、アメリカの民族時間の短さのゆえに、ミラノが持つような、核とすべき、拠って立つ社会の文化や生活経験の厚みを持ち得ない。ゆえにマックは拠点がない世界文化なのである。二〇世紀型東京の限界も、こうしたマック的グローバル化を鵜呑みとして、接木をするには合理性にかけるアメリカ的同質性、効率化を、イタリア文化にも似た江戸文化のうえに乱暴に移入したことにあるといえる。

グローカルな世界としてのネクスト東京

ここからはまだ誕生していない未来のシティのありようを記述する。しかしそれは、本章が拠り所とする有機体哲学に基づく組織論に則る限りにおいて、単なる空想やエッセイとは異なる未来への予知である。

ホワイトヘッド（一九八四）は目的論的な過程という概念を提唱し、現実的事物の共同体は有機体であり、それは静的な有機体ではなく算出過程における未完成であるとする。つまりそうした組織体では目的は明示的である必要はなく、共同体は誰に支配されるのでもない、今の状況をより良好な状況に変えなければならないとする、さまざまな主体による試みの絶えざる過程であると考えられる。

そこにおいてはむしろ価値を創出するようなプロセスが重要だとされる。時間の経過とともに次々にカオスの状態が生じ、それによって問題が解決され、さらに次の新たな問題が発見される。そうしたゆらぎの創出はさまざまなコミュニティに参入を促す動機となり、複数の主体の自己組織化が進む。このことは、宇宙が膨張することを前提とし、その存在は常に過程であるならば、宇宙の万物のひとつとしての人間の組織であるシティの組織も、有機体としてその膨張の一部であり、大宇宙のメカニズムを小宇宙において繰り返すことを示唆している。

そうであるならば、経済価値と生命価値との狭間に、両者の融合を求めることを目的とした組織はそれ自体が拠点となって、単独というよりは複雑で多様な複合主体による自己組織化を誘発する可能性を否定することはできない。江戸がそれ以前の民族歴史時間の蓄積のうえにあるとするならば、それが誘引となって、江戸はローカルな範囲での自己組織化を成した。そして、ネクスト東京はさらに、江戸、二〇世紀型東京までの経験知をも蓄積したその歴史時間を誘引にして、ローカルからグローカルへその範囲を広げる潜在的な可能性を有する。

民族歴史時間がもたらす経験知が求める次なる次元への突破として、国境という域に躊躇することなく社会、文化的レベルにおいて、世界から組織を惹きつけ、自己創出システムとの共生への関心が高まる余地が生まれる。ヤンツ（一九八六）はそれをユートピア的な世界政府や世界文化の建設といったことではないとする。そうした前提に立つなら、私たちはもっと身近な東京というシティの生活領域を過不足なく充たすサービスの循環のつらなりとして、国境を越えるコンテンツ循環の構図を想起することが可能となる。それは空間軸のうえでの行政区としての領域を超える、アナログ、デジタルのふたつの領域で新たな構造の出現を展開する余地を含むシティである。ここではそれを世界的な循環の機能を備えながら、ローカルな拠点を持つ都市という意味でグローカルシティと定義する。

そして本章の冒頭で提示したようにシティを**プラットフォーム**とするなら、その取引仲介機能は人を惹きつけ、場の創造性を高める演出があることが重要となる。すなわち、連想領域が大きいことで複数のコミュニティが引き込まれ、ひとつの有機体として活動する機能構造を持つことがなにより求められる[6]。経済価値第一主義の経営において、サービスのインフラストラクチャの価値連鎖の多くは、生産する側、すなわち供給サイドという単体からのコスト積み上げによって決定されてきた。

しかしその後、生命価値の達成をビジネスコンセプトとし、消費者起点の需要サイドから価値を積み上げる経営へのシフトや生産者型消費者の発生が現れるにおよんで、ボトムアップの複数主体によるプラットフォームへの参入が活性化しつつある。大量生産大量消費の二〇世紀型東京が、主体である「誰か」に搾取されていたシティであるなら、ネクスト東京はそれぞれの主体が適正利益をみずからに適正配分するために複数のサービスの主体が自在に自己組織化する、行政区や国境を越えた組織の機能構造そのものであるといえる。

それは経済価値と生命価値との融合のなかで成長する、進化型スローモデルというべき機能構造を持つ組織体であり、ことばを変えればマック化と非マック化の融合によって創出される社会である。

四　自己組織化するグローカルコロニー

マクドナルド化が非マクドナルド化を創出するメカニズム

こうした組織構造の創出過程を知るためには、プリゴジーヌ（自己秩序形成における物理学的基礎を築いた散逸構造論の権威）らが開発した都市進化の研究（ヤンツ　一九八六）は有用である。そこにおいて、もっとも多くの住民を惹きつける地区とはより発達した経済機能を有しているところであると仮定する。経済機能とは経済価値唯一主義を指すものではないが、それが自己触媒的な働きをすることで同時に地域の需要条件や隣接地域との生産能力競争にも影響を与える機能を指す。たとえば輸送条件として距離の増大にともなって輸送コストが上昇するなら、求心性に限界はあるものの経済機能は均一な人口配置を著しく不均衡なものへと変化させるゆらぎとみなせるのである。ゆらぎを起こしうる、どのような経済活動が打ち勝つかはさだかでないので、どんな構造が次に現れるかは予測できないが、こうした輸送条件の改善による地域間の発展と連結のモデルはすでに一九五〇年代にミュルダール（Myrdal, Karl Gunnar）によって提案されている。

この理論をシティにおいてなぞるためには、たとえばこれを軽井沢という山岳型リゾート地の進化に置き換えることができる。(7) 軽井沢は開村一二〇年の歴史を持つが、それは次の三つの時期に分けることができる。（1）第二次大戦までを外国人宣教師と皇族、華族の別荘地として開拓されたオールド軽井沢、（2）戦後サクセスストーリーを担う別荘族と大手デベロッパーによる開発及び二泊三日の観光地化が進むミドル軽井沢、そして（3）新幹線の開通とともに東京、新潟に通勤する常住型の新住民・住宅の増加が目立つネクスト軽井沢である。オールド軽井沢はプレマクドナルドの世界、ミドル軽井沢はマクドナルドの世界、ネクスト軽井沢はポストマクドナルドの世界に相当する。

ネクスト軽井沢においては、旧来の大型別荘の相続にかかる売却後の土地が分筆されて建設された、東京に点在するような中産階級のごく普通の住居が自然の林の中に点在し始めている。そこにおけるシティのコンテンツを見てみると、たとえば新住民と旧来の別荘住民の胃袋を充たすフードは、ミドル軽井沢の開発を手がけた大手デベロッパーの傘下にあった量販店が淘汰され、勝ち残った信州ドミナント（地域内多店舗展開）型の食品スーパーによって担われている。その営業形態は、鮮度第一、食品の安全第一、地域特産品優位によって顧客対応度の高いものを志向するが、それを支える輸送手段はマック化の迅速、低コスト物流とアメリカ型のいわゆるSSM（サプライチェーンマネジメント）といわれる低層型巨大店舗施設である。

このように生活領域としてのフードの拠点ができたことは軽井沢が旅先としてのリゾート地ではなく、住むためのアナザーリゾートへと変容したことを意味する。軽井沢は都会に居住し、ツアーとして「行って帰る」土地から「そこで暮らす」場所へと、またリビングは「デベロッパーが都会につくった坪庭の、薄い竹やぶを眺める住居」から「本物の森のなかで暮らす家」へと、またエンタテイメントは「劇場や観光に出かけること」から「家のすぐ前の小路で歌舞伎俳優に遭遇すること」へと変貌したことを意味しつつある(8)。

ここで着目すべきなのは、森のなかの文化や風俗の歴史を土壌として誕生したポストマクドナルドの世界は新幹線とアメリカ的な物流の近代化というマクドナルド化に下支えられて成り立っていることである。この関係性は軽井沢という小さなまちの機能構造を巨大シティとしての東京に移し変えた時により明確になる。

有機的な組織としてのシティ

以上の考察を踏まえた、江戸からネクスト東京に至る系譜はローカルからグローカルに至るシティの進化へと一般化しうる。それを説明するための体系の横軸はローカル、グローバル、グローカルという空間軸に置く。一方、縦軸は、フードからメディアに至るコンテンツがいかに主体的に動き、シティの機能を創出しているかという主体軸における自己組織化のメカニズムでくくる（前掲図3参照）。

縦軸についてさらに説明すれば、シティはどのような組織であっても、複数のコミュニティが相互に自由に参入するという意味で有機的組織としての構造を持つ。有機的組織をヤンツ（一九八六）は昆虫のコロニーにたとえている。無数の昆虫が自分勝手に脈絡なく動いているように見えるが、実は少し長い時間の中で見てみると、それぞれが営巣のためのさまざまな役割を担い、おそらく個体はそれを意識しないままに次世代の育成を通して合理的に巣の継承を進めている。本章ではこうした視座から、シティのありようをハチの営巣行動に置き換え、自然の蜂の巣型と養蜂箱型としておいてみてみることを提案する。

養蜂箱とはマック化された社会で、供給サイドが独占してきた私的所有権の主張と最大利潤の追求を可能にする社会メカニズムである。そこでは営巣そのものが養蜂業者という供給サイドによって管理されている。蜂は一見自由であるが、実は四角い巣箱という規格化されたプラットフォームのなかでの活動を余儀なくされており、集めてきた蜜の大半は養蜂業者によって搾取されるのである。一方、自然の蜂の巣はまわりの環境と自在に融合をはかりながら、最適調和をもたらす形へと不定形に拡大成長を続けていく。しかしその形は単体としての蜂の意思を超えて、蜂の生活を過不足なく充たすための、あの六角形の生活領域を形づくる。そして、主体である蜂は成果としての蜜を次世代の育成のために応分に分け合うのである。

これを自然の昆虫の営巣の代名詞としてコロニーと呼ぶなら、シティとしての江戸はローカル×自然の蜂の巣（コロニー）型の体系で、二〇世紀型の東京はグローバル×養蜂箱型の体系で、そしてネクスト東京はグローカル×自然の蜂の巣（コロニー）型の体系で描くことができる。そして本章ではこの第1象限のシティモデルを「グローカルコロニー」と呼びたいと考える。

こころのある生命体としてのシティ

現在の私たちにとって未知のグローカルコロニーは、ネクスト東京の予知にとまらぬ無数のシティの予知につながる。それは進化の連続体として、常に未完成の過程の連なりのなかにあるが、ではその過程価値の本質とは何だろうか。それはつきつめてみれば、人と人との接触面で起こる一期一会のコミュニケーションの連続体でもある。

そこで注目すべきはこの最小単位である、ＤＨＩ（Dyadic Human Interaction）と呼ばれる組織であり、それが生み出す「一対の人間から発生する相互交流活動」として、この接触面の時間的・空間的プロセスはサービスエンカウンターと呼ばれる。その真価は大きくまとめて、マーケティングのあり方と、マーケティングをつくりだすための組織融合の過程において問われる（東　一九九七）。前者においては、生命を生み、育て、ここちよく暮らすためのニーズを原材料調達や製造の段階にまでフィードバックし、流通に乗せ、人的接客の瞬間に最高の充足感を持って、財物と活動の総合体として手渡すというサービス提供過程の価値によって決定される。

サービスエンカウンターにおいて、それが受け手の期待を超えたレベルに達することで、受け手の予測可能な範囲を超えると、サービスへの充足感は著しく増大する。基本的サービスが不満足解消要因になるのに対して、付加的サービスは顧客の満足上昇要因を生み、その充足感はサービス提供者と受け手の間のコミュニケーションが良質であるならば、相互作用のなかで無限大にまで上昇するからである（嶋口　一九九四）。こうした相互交流活動の過程で調整された人のこころは非生命的世界を制御し、また生命的世界をも制御する。

また後者の組織融合の過程における真価は、テネシー渓谷開発（ＴＶＡ）の研究に見うけられる（Selznick　1949）。公社として設立されたＴＶＡの目的は電源開発、農業指導、森林農業資源保護など多岐にわたっていた。しかし、地域住民のイデオロギーを尊重し、意思決定機関に民間の住民を参加させ、知恵やアイデアを反映させた結果、公式組織の目的の見直しや変更を誘発し、あつれきやコンフリクトを生み、当初より時間はかかったが、組織の目的を変更することなく目的を達成した。それによって組織の存続と生存の可能性を高めることに成功したのである。

このように都市の形成において経済を基盤としつつも、生命価値を達成するために、人の連環の均衡がゆらぎによって不安定化し、ある閾値を越えて次々に新たなフェーズに突入する自己組織化の有様はそのまままこころの境界融合に置き換えることができる。こころとはこうして個人のなかにあるだけではなく、自身を進化させるプロセスのなかに内在するものであり、構成員の相互関係が示すダイナミクスこそ生態系のこころにほかならないという

図4　グローカルコロニーとしてのシティモデル

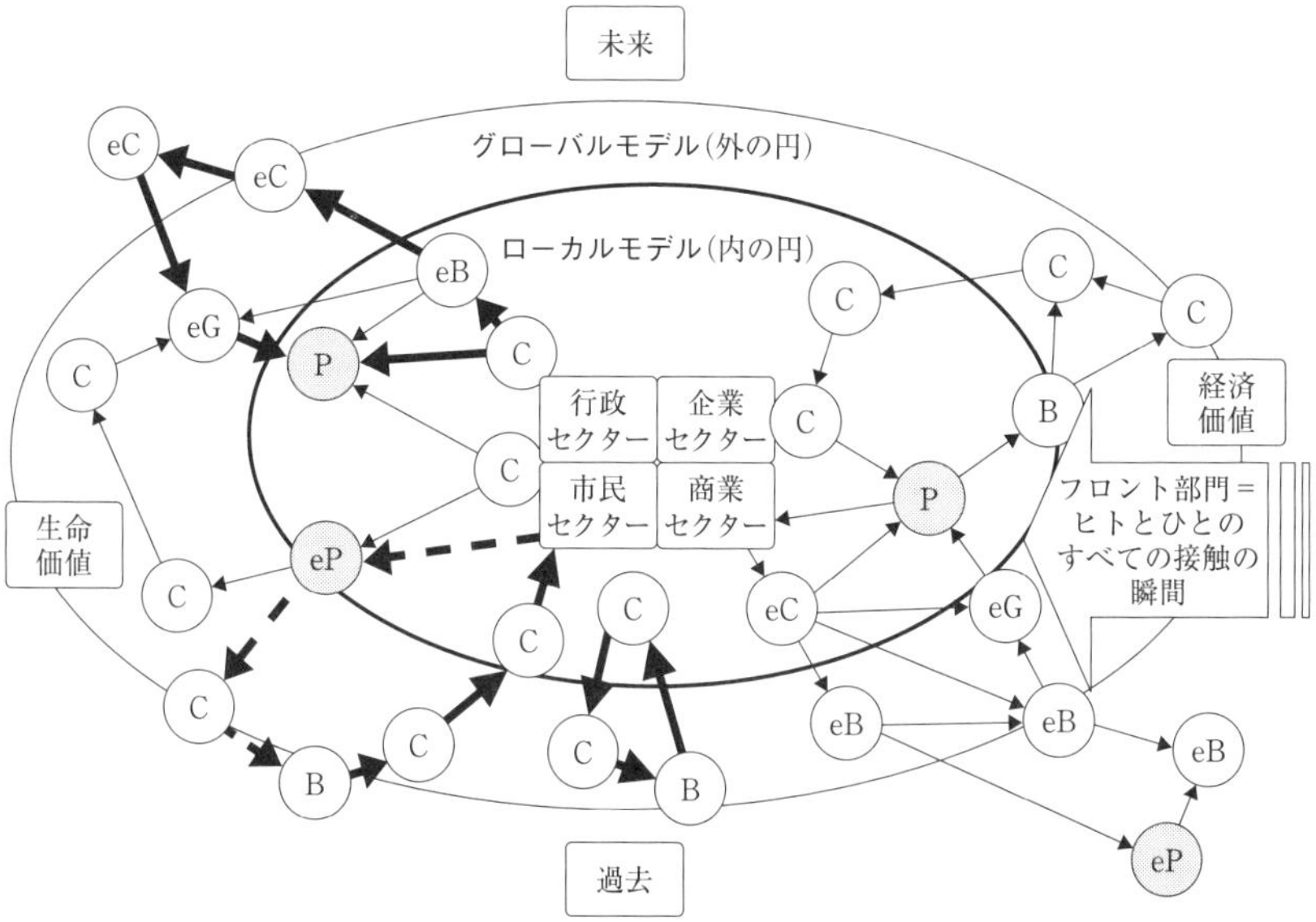

注：C＝生活者、サービス需要者、サービス提供者、コミュニティ。B＝商業、企業セクター。G＝行政セクター。
P＝ローカルプラットフォーム。矢印＝インフラストラクチャの循環。
出所：辻（2005）P.134に加筆。

（ヤンツ　一九八六）。それがDHIの間で良質の循環となって繰り返される時、人間の精神に柔軟性、想像力が増し、強さ、思いやりが生まれ、発想の豊かさが育まれる。

プラットフォームにおいて展開されるそうした生命体のような関係性が人を惹きつけ、パワーが一定の域を超えることで形成される領域は、ローカルモデルからグローバルモデルへと進化する。そして、さらには社会や文化の知のうえにローカルを拠点としながらグローバルを意識して連結する**生活領域**づくりへの展望をもたらす。それはグローカルなサービス領域の形成であり、そこに複数のコミュニティが引き込まれ、ひとつの有機体として活動を始める。それは「受容生命体」と呼ぶにふさわしい構造を持つビジネスモデルとして**図4**のように表出される（辻　二〇〇五）。

スローライフの本流に向かって

社会組織論にかかる研究者フォレットは、さまざまなコンテンツを組織と言い換え、それらが複数の主体として自己組織化することでできる機能構造を統一体と表現したうえで、複数リーダーシップという概念を提示する（Derek and David 2003）。それぞれの組織の指導者は、彼らがそのなかで働いている集団に気づき、個々の構成員から能力を引き出すことが自分の使命であると心得ねばならないという。彼らは個人的権力を誇示するのではなく、むしろ集団的能力を生み出すノウハウを知らなければならないとする。フォレットの考えの根底にあるのはパートナーシップの考えであり、リーダーの主要任務は人々が自由意思に基づいて進んで協力し合うような状況を作り出すことであると提言している（ピュー他　二〇〇三）。

経済的価値と生命価値の間で均衡と非均衡とを繰り返しながら、人が自由意思のもとに相互コミュニケーションを繰り返しつつ、過去から未来へ向けて、個体が生きて、死に、次の命に継承されて**生活領域**そのものが生き続ける、そのありようそのものがシティである。そしてヤンツ（一九八六）は昆虫たちの調整されたダイナミクスがそのコロニーのこころであり、その構成員の示すダイナミクスこそ生態系のこころにほかならないという。企業、商業、市民、行政といったシティを構成するさまざまな組織が、つきつめていえば、一対一の人の接触の瞬間を繰り返しながら、こうしたこころの生態系のもとに国境を越えて地球をひとつの領域として自発的なパートナーシップの重層構造をつくり続けるのが**グローカルコロニー**である。

スローライフの定義はカルチュラルクリエイティブスによって実行されるロハス的生き方とされる。しかし、カルチュラルクリエイティブスが持続的な世界のためにこれまでの文化や経済を変えようとする一部の先鋭的な人々である限り、また、彼らによる健康や環境を指向するライフスタイルのみがロハスと呼ばれている限り、それは地球を上位から縮減することで見えてくる真に健康な環境を指向することには距離がある。確かにそれはグローカルコロニーに向けての一つの潮流ではあるが、本流には遠い。本流はより広範な、おそらく地球のすべての異なりを包含し、大きな自己創出として次に行かせるためのムーブメントになってはじめて普遍的な力となる。

おわりに――楽園は足元にある

東京というシティの未来形の予知を通して、シティそのものが健全なあり方を模索した。そこで着目すべきは、西欧人は価値を精神と物質的にわけるが、江戸人はそれをひとつのものとして統合し、何らそこに衝突しなければならないものを感じない、という日本人観である（林　一九八二）。マクドナルドの世界における経済価値と非マクドナルドの世界における生命価値の融合を抵抗なく受け入れられるのが日本人の特質とされる。それはイタリアにおける複数主体による自己組織化のメカニズムを国境を越えて展開し、アメリカが知る資産の効率的活用方法とのベストバランスを生む知恵である。江戸の民衆が体内に持っていた「異なりを超える融合の民族性」と「カオスとをつくり続ける才能」をネクスト東京に継承していかねばならない。東京を拠点として、たとえば居住の場、旅の場、学びの場、食卓の場等々を世界に広げ、同時にそれを世界から受容することは、シティをシステムとしてのサービス・ビジネスとみれば、裏舞台としてのマクドナルドの世界のオペレーション戦略と表舞台である非マクドナルドの世界のサービスデリバリー戦略との共存において可能となる。

冒頭でふれた関野は、ある高校を訪れ、生徒たちから「多様な世界や自然と出会ってきてユートピアはどこにあったか」という質問を受けて、「楽園は足元にある」と答えている（『朝日新聞』二〇〇六年二月一七日付）。

さまざまなものを経験した旅の果てに、「好きなことが言える」「好きな仕事を選べる」「好きなところに住める」「空気がきれい」という当たり前のことが保障される社会こそ限りなくユートピアに近いと思うようになったと彼は話す。そして、「楽園はよそに探すのではない。自分の居場所で当たり前のことを失わないようにすることが大切」と締めくくった。日本人にとって、江戸の空中庭園に咲いていた青い花の連なりを、ひとつの青い地球へと連環させる**プラットフォーム**をどう創るかが問われている。次世代がそこに参加したくなるような**生活領域**を、地球をひとつの組織体としてとらえ、グローカルに再生し続けるという進化プロセスそのものがシティの実体であり、過程価値としての都市経営のあり方なのである。

注

(1) 関野吉晴は探検家・医師・大学教員。一九四九年東京生まれ。大学在学中、探検部を創設しアマゾン全流域を踏査。その後も南米高地を中心に各地を探査。外科医として勤務しながら、一九九二年から二〇〇二年にかけて「グレートジャーニー」を敢行。二〇〇二年四月より武蔵野美術大学教授。

(2) ヤンツはそれを活性化させ、動かすのはヒトのこころとこころの相互作用としてのコミュニケーションであるとしている。

(3) 健全性研究プロジェクト（代表・海老澤栄一）は、生命有機体としての組織行動を診断するための健全性の規範理念を定めたうえで、主体軸、空間軸、時間軸を分析基準に、一一五社からのアンケート回収サンプルをもとに企業における健全性評価指標の分類をおこなっている（海老澤他　二〇〇〇）。

(4) 企業によるメセナ活動の目的は、大きくまとめると、第一に建築物や文化財の保護修復、第二に展覧会、音楽会、演劇、シンポジウムなどの実施、第三に文化や科学研究に対する賞罰の創設、第四に音楽や演劇の活動支援、第五に若手芸術家の育成などがある。この点については参考文献に掲げた岡本（一九九四b）に詳しい。

(5) 江戸を前産業化社会と置いたうえで、情報ネットワーク社会における楽園は北欧にシフトするという比較論は、真柴（二〇〇六）による。

(6) ヤンツ（一九八六）はこのことを、相互に関係しあい、循環的に組織化されたプロセスを経験するなかでしか現実を超えることはできないとしている。生体段階の精神作用では模倣であったものが、この段階では創造的実験過程となる。「やりながら習う」のであり、これを内世界、外世界の相互作用と呼ぶことも可能であるとしている。

(7) 参考文献は、朝吹（一九八五）、軽井沢文化協会創立五〇年記念誌編集委員会（二〇〇三）。Tsuruya インターネット店（http://www.tsuruya-corp.co.jp/）及び住民へのヒアリング。

(8) これらのコンテンツのいくつかを示すなら、軽井沢や沖縄に住居を構えて東京で仕事場を持つリビングスタイルとワーキングスタイル、東南アジアや北欧に終の棲家を求め、そのまま人生の終わりまでをつかさどるというツアーのあり方などがある。

参考文献

Derek, S. and J. David (2003), *Great Writers on Organizations The Omnibus Edition*, Great Britain at the University Press.
Enis, B. and K. J. Poering (1981), *Service Marketing : Different Products similar Strategy*, in Donnelly George.
OECD (1994), *Main Economic Indications*, June, OECD.
Selznick, P. (1949), *TVA and the Grass Roots*, University of California Press.
"The Gallery of McDonald's in the world", http://www.nagoyanet.ne.jp.mcdonald's/（二〇〇六年三月五日）。

朝吹登水子（一九八五）『私の軽井沢物語』文化出版局。

東徹（一九九七）「マーケティング論におけるサービスの概念と位置づけについて」『北見大学論集』第三八号。

海老澤栄一・堀田和宏・吉田忠彦・森博隆文（二〇〇〇）「組織の健全性」『日本経営診断学会年報』（第三二集）日本経営診断学会。

岡本義行（一九九四a）『イタリア中小企業戦略』三田出版会。

岡本義行（一九九四b）「イタリア企業のメセナ活動」『日伊文化研究』第三二号、日伊協会。

軽井沢文化協会創立五〇年記念誌編集委員会（二〇〇三）『軽井沢一一〇年』軽井沢文化協会。

シッドモア、E・R（一九八六）『日本・人力車旅情』恩地光夫訳、有隣堂。

嶋口充輝（一九九四）『顧客満足型マーケティングの構図』有斐閣。

関野吉晴（二〇〇二）「グレートジャーニーを終えて」（如水会定例晩餐会講演要旨）一橋大学同窓会誌『如水会報』No. 869, 二〇〇二年九月号。

辻朋子（二〇〇五）『サービスコミュニティのデザイン』白桃書房。

日本銀行国際局（一九九二）『国際比較統計』。

ハメル、G（二〇〇一）『リーディング・ザ・レボリューション』鈴木主悦・福嶋俊造訳、日本経済新聞社。

ピュー、D・S&D・J・ヒクソン『現代組織学説の偉人たち』北野利信訳、有斐閣。

ボーヴォワール、L・de（一九八四）『ジャポン1867年』綾部友治郎訳、有隣堂。

ホワイトヘッド、Ａ・Ｎ（一九八四）『過程と実在（上）』山本誠作訳、松籟社。

真柴隆宏（二〇〇六）「パラダイム〝ス〟シフトへの道」スローライフ研究会、二〇〇六年一月二三日、研究会発表資料。

ヤンツ、Ｅ（一九八六）『自己組織化する宇宙』芹沢高志・内田恵美訳、工作舎。

リッツァ、Ｇ（二〇〇一）『マクドナルド化の世界』正岡寛司訳、早稲田大学出版部。

林語堂（一九八二）『支那のユーモア』岩波書店。

ルーマン、Ｎ（一九九〇）『目的概念とシステム合理性』馬場靖雄・上村高広訳、勁草書房。

レイポート、Ｊ・Ｆ＆Ｊ・Ｊ・スビオクラ（一九九五）「情報流通がビジネスをつくる『空間市場』」樋口泰行訳『ハーバード・ビジネス・レビュー』九月号、ダイヤモンド社。

渡辺京二（二〇〇五）『逝きし世の面影』平凡社ライブラリー。

第2章 国家的イデオロギー装置の脱構築
――「知のツール」としてのスローメディア

青山忠靖

Summary メディア領域は無意識のうちに、マクドナルド化がもくろむ、バリュースペーステスマーケティングと呼ばれる、価値単一化のための価値領域創造戦略に蝕まれている。それはメディアが有する装置性が、極めて有効に活用されやすいからに他ならないからだ。スロースタイルという様式の枠組みの中から考えられるメディアマーケティングとは、まずメディア自体の操作的装置性を再認識することから、はじめなければならないのである。

Key Word ●操作的 AIE メディア●優越的消費主義●ペルソナ●ロールプレイング●自律的 AIE

はじめに――ミラボーとジョン・トラボルタ

あたりまえのことではあるが、恒常的なトランス状態にあることを前提としたメディアの基本概念（メディアの語源は霊媒者を意味する）にあって、メディアとは何らかの第三者による情報伝達の介在のためにのみ存在する、単なる媒介物であって、断じてそれ以上でもそれ以下でもあってはならない。つまりメディア自体は、本来的に特別な主体的意思が宿っているものではない。

ゆえに、メディアとはあくまでも自己の主体とは異なる第三者的意思が、特定された受け手に対して意思疎通を行為する際の物理的なビークル（乗り物）にすぎないものと、ここではあえて規定しておきたい。メディアとはいわゆる装置以上に、取り扱われるべきものではないものであり、そうした概念のもとにあらゆる議論が進められるべきでなければならない。

そこで印刷メディアである書籍と映像メディアである映画を参考ケースとして、ここでは操作装置としてのメディアに関して少し考察をすすめてみたい。

なお操作装置という概念に関しては、別項にて詳しく論じることにする。

近世以降の清教徒革命から近現代のロシア革命までの、あらゆる革命運動の遂行に関して最も有効に活用されたメディアとして、書籍刊行物をはじめとする印刷メディアが大いに機能したことにおそらく誰も異存はないだろう。

仮にフランス革命を例にとるならば、堕落した貴族出身でありながら非凡な政治家でもあったミラボーの手による刊行著書と膨大なパンフレットが、大革命初期の火付け役であり油の注ぎ役であった事実は否定できまい。ミラボーは一七九一年の死後、王党派と密かに内通していた過去を公安委員会に暴かれ、反逆者としてジャコバン派から徹底的に糾弾されることになり、現代でもその歴史的な評価は極めて不当なほど低い。

しかしながら、ミラボーの多くの同志や友人たちが反逆罪に問われギロチンの露と消えていったなかで、彼の著書の出版に関わった書籍出版社の事務員や書籍売買取次ぎ商人、あるいは印刷工場の植字工や製紙業者の使い走りといった人々のうち、果たして何人がこの当時の恐怖政治に連座して処刑されたものであろうか。おそらく、不当なまでに高利を貪ったかもしれない書籍出版社の代表者から印刷工場の経営者、さらに書店店主といった上階層から末端に位置する製版所の清掃人に至るまでの誰もが、処刑はおろか罪に問われた形跡すら皆無のはずである。こうした書店、売買人、書籍出版社、印刷所、製版所、版下職人、製紙業者、インク製造業者等々で構成される物理的なメディアとしての書籍製造販売システム自体が、そのコンテンツに関して何らの主体的意思を微塵も持ち合わせていない事実は、メディアの装置性を如実に示していると思われる。

早い話がメディアという合理的かつ迅速な媒介システムとは、それが内包するコンテンツの表現手法なりクオリティの監理進行に関してあまりにも無責任すぎる上に、その主たる関心はもっぱら商業的利益の追求のみに忠実に振舞うだけの、実際には困った存在なのである。

それゆえに、怒り狂ったロベスピエールらが憎悪の矛先を向ける範囲とは、とうに死んでしまったミラボーか、せいぜいのところ書籍出版社の事務方である編集者あたりまでが限界であろう。そして、もしこの哀れな編集者が罪を問われたとしたならば、それは書籍製造販売システム内に於いて、極めて従事者の数が少ない稀な業務であるメディアコンテンツの開発に、彼がたまたま当事者として係わっていた不運に他なるまい。

このような基本的なメディアの官僚制的ヒエラルキー構成と運営システムは、一七九〇年代のフランスも二一世紀のグローバルマスメディアも基本構成要素にその違いはない。

もし大きな変化を挙げるとするならば、二一世紀のメディアとは一八世紀のそれと比べてよりクオリティが洗練された上に操作性が強まったことと、操作を企む恣意的主体の本質的な正体と目的が、ほとんど見えなくなってしまったという二点に問題が絞られることだろう。とくに映像メディアの登場は操作的主体の存在を、その完璧なまでの巧みな隠蔽行為によってオーディエンス（メディアの受け手）から完全に遮断することに成功している。

ジョン・トラボルタが民主党大統領候補ジャック・スタントン（もちろんモデルはビル・クリントン）役を好演したハリウッド映画『パーフェクトカップル』（一九九八）では、ポーツマスでの民主党系労働組合集会をシチュエーションとしたシーンでの、以下のようなスタントンの演説シーン（筆者による概略描写）が観客を感動に包む。

私はみなさんに、確かな雇用を約束するためにここに来たのではありません。（ここで組合員からのブーイングが沸き起こる。選挙スタッフたちの落胆の表情が交差する）。私には衰退した合衆国の造船産業を再生する手立てなど、まるで思いもつかないからです。（ブーイング）さらに申し上げるならば、この国ではもはや肉体労働によってのみ雇用を確保することは、すでに不可能な現実となっているのです。私がみなさんに約束できる唯一の公約とは、頭脳で働くために教育制度の拡充をはかることだけです。みなさん、何も行動せず、ただ結果だけを待っていても事態は悪化するだけです。私はみなさんがあらゆる再教育を自由に受けられるように、最大にして均等な教育制度の実現を約束します。大切なことはわれわれ自身が変わらねば、なにひとつ状況は変わらないということなのです。みなさん自身のチェンジのために、私はホワイトハウスを目指すのです。（盛大な拍手と歓声。選挙スタッフの安堵と感動の表情がそれにかぶる）。（映画『パーフェクトカップル』一九九八）

映像の優れた演出力は、筆者も含めたオーディエンスをいつの間にか感動へと巻き込んでしまうが、ここでのジャック・スタントンの台詞に込められたコンセプトそのものが取り立てて目新しいものではなく、すでに一九九〇年代末以降の支配的雰囲気の概念をより具象化した切り口であることに疑問の余地はあるまい。これは自助努力を訴えかける、当時のクリントン政権による間接的なメッセージの伝達行為であり、ハリウッド映画システムとは支配的主体にとってグローバルで効率性の高い、またとない操作に適した装置なのである。

こうした例からも推測できるように、映像メディアは舞台演出よりも大胆で自在な視覚演出を通じて、あらゆる支配的な操作の試みを感動のオブラートに包んでしまうことが可能なのである。記憶に新しい、湾岸戦争時に於ける原油まみれの海鳥の映像カットを思い出すまでもなく、映像メディアの精緻で技巧的な演出力は、すでに多くの視聴者である生活者の冷静な判断力と認識力を充分に狂わせてしまっている。

しかしながら現実には、他ならぬ多数の巨大メディア産業の官僚機構に属する文化的企業家自身が、ほとんどその操作装置性に気付いていないという喜劇的な真実は、一八世紀の無頓着で商売熱心なメディア従事者に対する指摘以上に厄介で困難な問題なのである。

一　メディア様式の模倣という様式の再生産

メディア様式の起源

ホモサピエンスのルーツが人種を問わず南西アフリカの原生人類[1]にあるように、近代メディアの起源も集中的な地域的特性を有している。

純然たる情報価値のみに比重が置かれた新聞の発祥に関しては一八世紀のイギリスにあり、政治的イデオロギーの伝達ツールとしての新聞の発達も、同時期のアングロ・アメリカ[2]にある。印刷業者と近代的な広告代理店の分岐も、ほぼ一八世紀中にニューイングランドで整えられた。意外にもジョージ・ワシントンが、コピーライターとしての才能を発揮したのもこの頃である[3]。雑誌メディアの登場はアングロ・アメリカでの新聞と同じように、政治的イデオロギーの流布が当初の目的であったが、それ以外の雑多な動機と複雑なイデオロギー事情から、大衆向けに編集された三面記事的な雑誌が文字通り百花繚乱に創刊されたのは、自由帝政[4]と称された第二帝政下（一八五一～七〇年）のパリがその起源といえよう。

革命的ともいえるテレビメディアが歴史的舞台にデビューしたのは、それから一世紀近くを経た一九三六年のベルリンオリンピックに沸くドイツである。そして報道専門の独立したテレビ局としてＣＮＮが誕生したのは、その半世紀後のアトランタであり、いまではワシントンから平壌まで、ＣＮＮは各国政府高官によってあまさず常時モニターされている。

さらに革新的と位置付けられたインターネットは、一九八〇年代のアメリカ東海岸のＮＳＦネット[5]が由緒正しい系譜とされている。理由のひとつは、最初に「インターネット」と名乗ったからである。旧ソビエト連邦でも類似の通信用コンピュータネットが、すでに七〇年代には存在していたが、ロシア人はとっくの昔にそんな事実さえ忘れているようだ。

一方通行のメディアではあるが、一五世紀のインカ帝国では皇帝の命令を伝えるための便利な人間伝言メール便のネットワークが、南北四〇〇〇キロメートルに網羅されていたが、情報量の問題と伝言ミスが重なったためか、このシステムを継承する文明は現れなかった。

こうした、さまざまな地域的コンテクストに根ざした多種のメディアは、世界各地で無数に存在したが、いつの間にか淘汰されてしまったのである。つまり、有力なあらゆる近代的メディアの起源はアメリカを含めた西欧に集中し、他地域に於いては先進地域ですでに確立された様式の模倣を重ねているだけに過ぎない事実が把握できるだろう。

これはメディアマーケティングに関しても同様である。

画期的なアドバタイジング・エージェンシーとしてのサイバーエージェント(6)が、依然として東商マザーズの優良上場企業であることに異存はないが、二〇〇六年の同社のビジネスモデルが、一九九三年のサンフランシスコのオーガニック・オンライン社(7)のビジネスモデルと、基本構造がどう異なるのか、そして結果的にどちらがどちらを模倣したのかは、言わずもがなの明らかな事実である。

日本のメディア特殊性——公的なるものと資本的なるものによる無差異性

先行事例が様式を確立するという法則性に従うならば、広告も含めた広義のメディアマーケティング領域に於いて、模倣以外に新しく生産できる様式はすでにもう存在していないに等しい。だがこの模倣こそが、逆説的ではあるがメディアが果たすべき役割である拡大再生産行為そのものにつながる働きなのであり、模倣による様式の確立はけして否定的に扱われるものではない。メディアはしばしば自らの差別化について、字義的に多くを語り過ぎる嫌いがあるが、メディアはそもそも（ありふれた物の例としてだが）釘や金槌と同列にあるものではない。

メディアとは存在意義自体が、すでに差別化されたものであるからだ。

テーマはむしろ模倣のスタイル、すなわち模倣の構成様式にあるのであり、日本における様式の特殊性を議題とするならば、他国では例を見ないテレビメディア資本に占める新聞社資本による独占性と、そのネットワーク性という、資本形態の在り方についての問題に絞られてしまうのではないだろうか。日本の新聞資本勢力は往々にして、国家に代表される公的権力による、メディア介入への関心に対して必要以上の批判を浴びせるが、公的権力の行使力と、自らが拠り所とする資本的権力の支配的関心による行使力との間に、実は大きな差異など端から存在していないのである。仮に、日本国内のメディア領域での、マクドナルド化の正体をここで明らかにするならば、公的あるいは資本的を問わず、こうしたあらゆる権力行使による抑制機能が介在するフレームの設置が、それに当たるものと考えられないこともない。しかしながら複雑な現在の消費とのバランスがもたらす実態は、それから類推できるほど簡単なものではない。

二　国家的イデオロギー装置としてのメディアと生活者との相互関係性

生産システムとＡＩＥ

ここでメディアと生活者の相互関係性について考えてみたい。

そこで、分かりやすくそれぞれの役割を要素化し、そのうえで通貫したシステムとして捉えてもらうために、経済的生産性という視点からマルクス主義的アナロジーを『資本論』ではなく、現代フランス思潮をテクストとして、ルイ・アルチュセールとジャック・ランシエール(8)を参考に用いて、その考察を論じてみることにする。

まず、できるだけシンプルに、経済生産システムの概念フローを構築してみよう。必然的に強過ぎる字義を持つ語も多発するが、そこは容赦願いたい。たとえば、「搾取」「抑圧」「操作」という語の積極的な使用に、意趣ある悪意を含んでいるつもりはない。単純に「結果的意味」として捉えた、「搾取の状態」または「抑圧の状態」あるいは「操作の状態」という、物理的な観点として認識してもらえば幸いと考える。

現実事象として、大半の生活者は職場という労働対価生産の場で、従業員としての時間的勤務拘束を余儀なくされている。これは、ほとんどの生活者が何らの生産手段を所有せず、さまざまに資格づけられた自己の個人的労働力を提供せざるを得ない状況がもたらす、労働使用権の売買行為とも受け取れるし、実際はまったくその通りなのである。だが、その拘束時間に見合った労働対価とは、従業員である生活者個人が納得しようがしまいが、冷静に分析した場合、それが何者かによる搾取の対象であることに間違いはない。

この場合、搾取する側の主体とは、企業利潤を追求しなければならない企業家（あえて一般企業家と区分するならば戦略的企業家）と、株式配当によって利益を得る投資家をさす。勤務を終え、職場での時間的勤務拘束から一旦解放された生活者は、今度は消費者として様々な商品交換価値を得るが、ここでも企業家やその背後にいる投資家からの搾取にさらされる。なぜならば、労働対価による賃金取得者であり消費者でもある生活者に対して適用される商品価格とは、彼ら自身の労働対価を抑制させられることで企業家の得られる剰余価値が増幅するという冷徹な現実が、色濃く反映されたものであるからだ。つまり、ほとんどの生活者が置かれているポジショニングとは、労働対価をでき得る限り低く設定された上に、必要以上の個人的出費で企業収益率の高い商品を買わされるためだけの、生産と利潤に都合の良い、搾取対象の存在以外の何者でもないことになる。

しかし、生活者に課せられた酷な役割はそれだけではない。

その上に生活者は、労働者としての雇用確保を維持するために、企業家の要求に対して自らの労働生産性を、雇用期間内に一定の水準以上に上げなければならない立場にもある。

そして、この生産性の絶えざる向上（＝拡大再生産）こそが、資本主義を健全な成長に向かわせるべき、駆動力でもあるとされているのである。もちろんこれは、支配的主体である戦略的企業家や投資家の一方的な主張ではあるが、誰もがこれには反論できない空気がすでに恣意的に醸成されている。仮に、成人したまったくの自然人に対して、こうした生産システム内に於いて単なる搾取対象に過ぎない生活者の役割分担を充分説明した上で、生活者としての生涯をいきなり強要するとしたならば、彼はどう反応するだろうか。恐らく彼はそれを即座に拒否し、また自然状態に戻ることを望むだろう。これは国家と国民の関係にも当てはまる。一定数で成長する若年国民層に対して、国家は固有の生産システムに伴う独自の生産的イデオロギーを、彼らの頭脳に刷り込みをはからねばならない。

もし若年国民層の多くがそれを拒否し、自然状態もしくは被保護状態への引きこもりに走ることになれば、それは国家にとって最も恐るべき事態となる。そのために国家は、自由人として生まれてくる国民に対して、段階的な

〈国家イデオロギー諸装置／ＡＩＥ＝Appareils idéologiques d'État〉を通じて、生産システムに適応した振る舞い方に即した、極めて恣意的な情報操作をしていくことになる。

ルイ・アルチュセールによれば、こうしたＡＩＥ（国家（的）イデオロギー装置）の具象化されたものとして、次の八項目を暫定的に列挙している。

1　〈学校装置〉
2　〈家族装置〉
3　〈宗教装置〉
4　〈政治装置〉
5　〈組合装置〉
6　〈情報装置〉
7　〈出版・放送装置〉
8　〈文化装置〉

アルチュセールはこれらの項目が暫定的なリストである理由として、あくまでもこの列挙項目が概観であって必ずしも網羅的ではないことに加えて、たとえば7の〈装置〉と8の〈装置〉が一体をなすことがありうる可能性をあげている。具体的には読売新聞グループと、読売ジャイアンツとの関係を想定してもらえば良い。この場合、スポーツ興行という見世物的な営為が、7とのインタラクションにある、8のイデオロギー文化装置であることに異論はあるまい。同様に、電通、ＴＢＳ、劇団四季のコラボレーションによる、ミュージカル『ライオンキング』の興行的な成功も、それが表現しようとする文化的イデオロギーは、舞台という単体の美的実践あるいは身体的実践のみで、それ自体が装置としての機能を充分に果たせるものとは言い難い。つまるところ、6・7・8の諸装置による過剰な大衆操作が及ぼした結晶の賜物なのである。

また2の〈家族装置〉とは、家族そのものを装置として示しているものではない。これらは具体的には、幼稚園から高等学校までの父母会組織や、地域の家庭に根ざしたあらゆる組織体を意味している。こうした組織体が結果的には、一定の規範に反するある一部分の行為を、集団的に抑圧するものに違いはないからだ。

1の〈学校装置〉には初等教育から大学院・研究機関までが含まれるが、経営環境的視点から捉えたとき、アメリカ合衆国に於いては〈学校装置〉自体が個人の社会的資格、あるいは社会的地位の取得に直結しているのが特徴的である。すなわちアメリカの場合〈学校装置〉は、MBA（経営学修士）や専門弁護士といった社会的有資格を得るための場であり、さまざまに資格づけられた自己の個人的労働力の商品力を高めるための、避けては通れない装置としての機能を有しているからだ。

ひるがえって日本ではどうだろう。

圧倒的多数の人間が、企業という組織体に好んで所属する日本の企業社会では極端なまでの現場主義が徹底され、一般的な意味での〈学校装置〉とは個人が企業に入社するまでの一プロセスに過ぎない。さまざまな社会的資格・学歴の社会的意義ですら、自動車国家整備士がMBAという学歴よりも有効的であるとする風潮がある日本社会とは、戦略的論理構築よりも戦術的実践対処型の短絡的視野に基づく実利型社会といえるかもしれない。これが個人の資格づけという行為を、社会階層的なヒエラルキーによる影響力のより強い純粋な〈学校装置〉から隔離させ、結果的に平等社会という幻想を国民に抱かせてしまった遠因ともなっている。一億総中流化社会の実現を、いまさら追い求める行為を是とする考えがあるとするならば、それはメディアが意図的に普及させた大いなる幻想がもたらした欺瞞であり、現実の領域に於けるあらゆる機会の均等性と結果的な平等性（あるいは最も少ない不平等性）の追求こそが、それに代わる本質的な考え方のフレームでなければならないはずである。しかしながら、こうしたメディアによってやや歪められた価値観のもとに構築された〈学校装置〉システムのなかで、おそらく大多数の日本人にとっては、学校を卒業し最初に勤務した企業のOJT（現場職業教育）こそが、その人生の最初にして最後の、そして最大の教育装置となるのである。つまり最も有効な〈学校装置〉の役割とは企業が機能するものであり、それは極めて現場主義的で経験主義に基づいた実証主義的な行動概念であったり、原理主義的なニュアンスを有した精神論だったりする。

たとえばそうした現場主義が生み出す画一的なメンタルモデル（固有の世界観）による観念論的ドグマは、経営大学院（とくに社会人大学院）にまで持ち込まれているのが現状であり、それが経営学研究水準の劣化を招く恐れすらある。

一九八〇年代にアメリカの自動車メーカーを見学に訪れた日本の平均的なビジネスマンたちは、現場を何一つ理解していない中途入社のＭＢＡホルダー（経営管理学修士号取得者）らが危なげに業務を仕切るさまをみて、知識偏重の弊害の極みとばかりに冷笑を浴びせていたが、九〇年代末になると私たちの硬直した現場主義こそが世界の嘲笑の的になってしまった。現場偏重にも、当然弊害は存在するのである。絶対的な信仰はこのようにしばしば間違いを犯してしまう。要因はすべて寛容性への躊躇にあることをここで自覚せねばなるまい。

日本の〈学校装置〉について端的に機能性という視点から述べるならば、アメリカの〈学校装置〉が自律した個人主体を対象とした資格取得のためのツール的存在であると仮定した場合、日本の〈学校装置〉は他律した集団的客体に対する抑圧的存在以外の何者でもあるまい。そして装置のより抑圧的暴走の必然的要因とは、〈学校装置〉に占める企業の機能的役割が成せる技なのである。

階層社会を意識せざるを得ないヨーロッパ諸国では、ピラミッド型低位階層に位置する裾野層を対象とした国家による社会訓練教育機関を充実させ、個人による自律性と社会的能力の育成と向上にことさら努めているが、日本の企業による〈学校装置〉の目的はあくまでも企業利潤の追求にあり、個人の自律性と社会的能力の向上とは相反する運命にあることは言うまでもない。仮に「企業がひとを育てる」などの詭弁的論理があるとすれば、それはごく狭いコミュニティ内での一時的な暫定的処置のひとつとしての選択であるならば許せられるものかもしれない。しかしそれが国家的戦略の一環として、情報装置であるメディア的主体によって醸成され、さらに正当化された半ば公的な意見だとしたならば、もはや戦略放棄に等しい愚論として私たちはそれを排除する必要に迫られるものであろう。

公的なる装置と私的なる装置の差異について

ここで反論があるとすれば、こうしたＡＩＥが、すべて国家による管轄に任されたものばかりではなく、完全なる民間の手による私的な組織も存在し、それが国家的抑圧に対する抑止効果の役割を担うという、一見真っ当な意見が自ずと浮上してくるはずだ。とくに政治的ＡＩＥで考えるならば、民主党のような野党やＮＧＯ（非政府組織）の存在が、すぐに思いつくであろう。

私立学校や民間放送、カトリック教会に出版会社といった、企業組織や宗教法人が、〈国家的〉の範疇にくくられてしまうことは、当事的主体にとって受け入れ難いことかもしれない。

しかしながら、それぞれの組織・集団が国家的諸制度に基づき、なんらかの機関管轄下に属し、表層的に〈公的〉か〈私的〉であるかの差異のみに依拠している現実は、その存在が制度的管轄下という逃れ難い基本的な同一性を有していることに変わりはないことを、実は如実に示している。

この点について、アルチュセールは明快に以下の記述をしている。

次のような議論を斥けなければならない。どんな権利があって私的な諸制度を、宗教装置、政治装置、文化装置、等々に属するものとして、〈国家のイデオロギー諸装置〉のもとにおくのか。こうした議論は、実際、ブルジョア法の区別、つまり公的なものと私的なものとの区別にもとづいている。この区別は資格にだけ関係するのであり、したがってこれこれの制度の形式的な所有権を所持する法主体の規定にだけ関係するのである。それは個人的な（Ｍ・ガリアール）または集団的な（ドミニコ会）私的法主体でありうるだろうし、国家の集団的法主体（文部省）等々でありうるだろう。人格に関する法的諸資格というのは法的資格である。つまり〈法〉は、普遍的かつ形式的であって、本質的に、それがその「形式」であるところの内容それ自体は捨象するということはすでに知られている。
ところで、ここでわれわれに重要なものとはまさにこの内容であるのだから、私的なものと公的なものとを区別するような反論など全くどうでもよいことである。

ここでのアルチュセールの指摘は、すなわち「公的」あるいは「私的」との差異とは、「法的」という形式的概念が及ぼす影響力に過ぎないために、さしてその区別に重要な意味などないという点を突いている。たとえばTOYOTAでは、自社の中堅技術者を養成するために高等工業専門学校を開設し、さらに国家的エリート養成のための中高一貫校の開校を準備しているが、これらの学校群が「公的」であるか「私的」であるかの差異は受験生にとって選別の動機とはなり得ないものであろうし、在校生にとってそこでの学園生活とは、私学でありながらも紛れもないパブリックライフ（公的生活）として感じ取られるはずである（Althusser 1970, 1995, 邦訳一二八頁）。

操作的ＡＩＥとしてのメディア

つまりは「公的」であれ「私的」であれ、メディアのイデオロギー装置（操作的ＡＩＥメディア）としての機能とは、そのコンテンツを最大限に用いて、日本国という国家的抑圧装置が及ぼす生産システムに適応した振る舞い方を、国民に対して操作していくことに他ならない。読者諸兄が子供時代に経験した、ＮＨＫの「ラジオ体操」などが、最たる例だと思ってもらえればよい。「ラジオ体操」は、日本人に公徳心や節度ある生活態度を、さりげなく身体を通じて伝えてくれたはずだ。あるいは、「ラジオこども電話相談室」といった番組も思い当たるかもしれない。さらに、穿った見方をするならば、東西冷戦下の一九七〇年代に、米国西海岸のライフスタイルが雑誌で大々的に特集され、それに合わせるかのように広まった新種の体制的な消費主義の蔓延が、若年層のノンポリティカル化に拍車をかけた事実も、メディアによる操作行為の成功例なのかもしれない。一九六八年頃をピークとして、アメリカに背を向けていた日本の若者たちが、七〇年代への突入とともに、突然、サーフィンやスケートボード、果てはアウトドアライフにまで目覚めてしまった急激なねじれ現象は、メディアの介在無くしては不可能だったに違いない。それゆえに、環境にやさしいとされているロハス思想といえども、正しく正当性のある、普遍的なイデオロギーとして単純に甘受してはならない。

それらは、結局のところ、不公平な生産システムに国民を適合させるための、情報操作用に用意されたライフスタイル提案に過ぎないからだ。

生産性と消費性という側面から日本の経営環境を俯瞰した場合、メディアによる生活者に対するライフスタイル提案は、ハーバーマス的な公共的言論性という、リベラルで本来的なメディアの果たすべき民主的役割よりも、はるかに優先度が高いものとなる。

リベラリズムを標榜する政治的主体は、民主主義の尊さと偉大な功績を讃えるが、フランスの政治哲学者ジャック・ランシエールは、民主主義自体がそもそも、民衆の見せかけと欲望にかかわる特定領域によって定義される共同体の類型である以上、その利己的特性に関しては資本主義、あるいは市場主義と何らの違いも無いものとさえ言及している（Ranciere 1995, 邦訳一六八〜一七二頁参照）。

栄光あるとされている、アテネの民主政治を支えたものは、実は市民人口の三〇％を占める奴隷の存在に寄与するものであった事実は、多くの歴史学者が認めている。今日的なメディアが、より現実的な市場原理を優先するのは、自明の理、あるいは不可避の選択といえるものなのかもしれない。

スノビズムによるライフスタイルの提案

そうした社会のなかで、消費と生産は表裏一体のものであり、そこに影響する生活者モラルの持続的な向上は、どちらにも欠かせないほど、重要なものとなる。しかもメディアによる、ライフスタイル提案のベースには、生活者の社会階層的な存在感をくすぐる、**優越的消費主義**（日本的な意味でのスノビズム＝俗物主義）が常に見え隠れしている。

つまり、階層の高位に占める生活者にとって、自己の位層的な存在価値に対して、社会が一定の認知を与えてくれることに勝る自己満足はないのである。これには、ロハスも例外ではない。大橋はその著書『「満足社会」をデザインする第３のモノサシ』のなかで、以下のように日本のロハス的ライフスタイルが本質的に忍ばせているスノビズムを、臆面もなく礼賛しているが、まさにこれこそは、《感性の大本営発表》とでも評されるにふさわしい。

日本のＬＯＨＡＳ層は、消費のトレンドや商品・サービスのブランドイメージにこだわる、消費に積極的でポジティブな生活者。そして、日本のＬＯＨＡＳ層を読み解く最も大切なキーワードは《環境によいことを行うこと》は《自分に気持ち良い》という「エコとエゴを両立させている」ところである。（略）エゴとエコを内面で両立させるとは、たとえば、坂本龍一的イメージの存在。（略）《エゴイストは最高のエコイスト》。（略）」「日本のＬＯＨＡＳ層は（略）「上昇志向」が、他のクラスターより群をぬいて高く、また学歴、年収も他のクラスターより高めで、社会的に成功している層であるといえる。（略）個の確立度も高い生活者である。（略）再生可能エネルギーや持続可能な農業への関心（略）も高く、（略）感性だけでなく知的欲求も高い（大橋　二〇〇五、三一～三三頁）。

聡明な人間、あるいは冷静な判断力を有した人間ならば、この大橋のテクストによるロハス的生活者の実在が、基本的にはロハスという社会的動向に実は全く関係なく、単なる昔から続く伝統的富裕層のイメージをベースとした、作為的シミュラークル（仮想された紛い物）であることに気付くはずである。大橋は二〇〇〇サンプルを対象とした、たった一回のインターネット調査によって、このようなロハス層の実像を浮き彫りにしたと主張しているが（大橋　二〇〇五、三一～三三頁）、アメリカでの同様な調査が、一五万サンプルと一〇年にわたる歳月を要した事実とを考え合せると、大橋によってロハス層と読み解かれた日本での対象層の実在が、極めて疑わしいと思われても仕方があるまい。しかしながら、圧倒的多数で構成される下流社会との差別化されたライフスタイルとして、ロハス様式は上昇志向の強い生活者にとって、おしゃれで最適な操作用装置なのである。そのため雑誌・新聞メディアを中心として、ロハスマーケティング戦略は、新しい情報価値領域が枯渇したメディア市場をしばらくのあいだ席捲することになるだろう。(9)

だが、それが画一的かつ没個性的なもので、ロハスという独自の記号性がすでに大橋らの手によって規範を課せられてしてしまった規定、あるいは領域のなかに囚われたものでしかないことは明白である。ロハスのメンタルモデル（固有の世界観）は、大橋の文章にもあるように、俗っぽい文脈において確立されてしまったのである。それゆえに、つまるところ、短期的視野で効率的なメディアの戦術的展開を狙った場合、スノビズム（俗物主義）の新しい様式として、この捻じ曲げられてしまったロハス像は外すことができないライフスタイルの領域なのである。そして、さらにそこでは当然、多数の競合メディアがひしめき合う、激しい市場争奪戦が繰り広げられることになる。激戦の場に参入するほどの、愚というものはない。

スロースタイルと呼ばれる、新しいメディアマーケティング戦略を構築するとき、現行の既存メディアが提案するロハスとはただのトレンドを意識した戦術的展開プランに過ぎず、それに左右されることの愚かさが、これで明らかにされたのではないだろうか。

むしろ注目するべき点は、スロースタイルと呼ばれるムーブメントが内包する加速度的な現代の商品サイクルが及ぼす消費循環性への非順応的な見解にある。大橋はロハスと生活者の消費行動をマーケティング手法によって強引に結びつけようとしているが、アメリカでのスロースタイルの本質的な考え方には、迅速な行動関係性においてのみ成立するものと錯覚された現代の生活者と消費行動の相互関連性を、適度に緩慢（スロー）なものに変えていこうという強い意思が実は見え隠れしている。見え隠れとあえて表現した理由は、アメリカにおいてさえも大橋のようなロハスマーケティング戦略が堂々とまかり通っているからに他なるまい。ロハスをキーワードとした通販用ブランドの氾濫は、まさにそれを指している。

かつてロラン・バルトは『モードの体系』(原書一九六七)のなかで、緩慢な相関関係にあった(従来的に着古されるべき)衣服と(常識的に質素で慎み深さを好むべき)女性の嗜好との間に形成されてきた伝統的な関係性が、モード雑誌の反復された語彙によって築かれた体系的な流行という消費活動の大きな枠に取り込まれていくさまを、言語学が記号学に包摂されるモデルとして記述した(バルト 一九七二)。記号的語彙、すなわちある場合にはブランドとも呼ばれる象徴的記号が迅速な消費活動全体を司る中枢となるならば、スロースタイルの本質的なムーブメントとは必然的にその中枢から距離を置くべき傾向を志向するはずだ。

それに対して大橋らが提唱する日本の新しいロハスマーケティング戦略は、「ロハス」という象徴的な記号的語彙そのものを独占的に商標登録するという、明らかにロハスの本来的な意思の流儀からの逸脱を作為的に図っている。アメリカのロハス層が大橋の好むビジネスエリート層による競争主義と消費主義から一線を引いている事実は、ポール・レイらのインタビュー調査によって明らかにされているが(本書第7章・終章参照)、大橋はわずかな調査行為のみで日本のロハス層とやらをビジネスエリート層に置き換えているのである。なぜならば、大橋の目的とはあくまでも収入の高い生活者による加速度的な消費活動の持続的優位性の確立にあるからだ。そのためには最も購買力の高い層を排除することは消費の自殺行為につながってしまうのである。いわば大橋は非競争主義的で消費行為そのものを懐疑的に捉えているロハス思想を、無邪気なマーケティング的発想で根本的に破壊しているのである。

しかしながら、安易な消費ライフスタイル提案型のメディアマーケティング戦略から脱却した、ポスト消費ライフスタイル型戦略による脱構築こそが、スロースタイル戦略の骨子として適切である事実が、大橋の逆説的な論旨によってここで正しく認識されたのではないだろうか。

三　メディアと消費のインタラクティブな関係性

非普遍性と概念的表示への着目

メディアと消費のインタラクティブ（相互関係性）とは、いかなる法則性に基づいているのだろうか。

こうした疑問は、かつて一九八〇年代に、メーカーの広告担当者から筆者がよく訊かされた常套句であるが、裏返せば、その文脈の背景にはそうしたシステムへの制御願望が見え隠れしている。あらゆる観察者によるメディア検証事例が、さまざまな、ときにはそれぞれ正反対の事象を報告しているが、解は、どれも正解であり、どれも不正解と曖昧なものになる。つまり、誰かの手によって、全体システムとしての最適化をはかるには、問題が複雑過ぎるのである。そのため必然的に、メディアによって消費の最適化を自在にコントロールすることは、不可能であるとの認識が要されるのではないだろうか。

たとえば、比較的メディア連動型の市場と想定されていた音楽業界内に於いてさえ、乏しいコンテンツをメディアの露出でカバーし、CDの売上げを伸ばすことは一九九〇年代とは異なり、もはや困難な状態にある。いまごろになって、テレビCMと商業音楽との連動波及性効果（シナジー効果）に過度な期待を寄せる研究者もいるが、その行為は一九八〇年時点の段階でレコード針業界への大規模事業参入を意思決定するような、つまり数年後に訪れたレコード盤時代の終焉が予測できないような、時代をまったく読み解けない愚かしさに通じるものがある。

売上げに直結したカリスマ的メディアの存在を理論的に追い求めること自体が、二一世紀の経営環境下ではまったくの時代遅れで無意味な行動なのである。

かつて一九八〇年代末には、J-WAVE（エフエム・ジャパン）の、ヘビーローテーション(10)に組み込まれた楽曲のCDが、和洋を問わず、必ずヒットするものとのカリスマ伝説が生まれたが、いまではどうだろう。二〇〇六年現在、J-WAVEにとっての本来的なリスナーたちは、おそらくパソコンを通じてインターネットメディアプレイヤーから、アメリカのスムーズ・ジャズ専門FMステーションを聴取するかアップルのiPODにはまっているか、芝浦のインターFMにチューニングを合わせているかに違いない。

いずれにしても、いまさら音楽CDをわざわざタワーレコードで購入してまで音源を聞いてはいないはずだ。ダウンロードという新しい視聴モデルは、CDによる音源販売方式という古いビジネスモデルを凌駕しつつあるからだ。しかしながらそうした風潮は別としても、なぜリスナーたちはJ-WAVEに背を向けてしまったのだろうか。

答えは簡単である。J-WAVEはビデオリサーチ社の聴取率データと、おそらく電通媒体局の意向を重視するあまり、あらゆる老若男女の既存ターゲット層を聴取者として取り込もうとして、開局以来のコンセプトであったスムース&グルーブ（聞きやすくて高揚感のある快楽的な音楽への嗜好性）という、都市生活者的音楽価値を喪失してしまったからに違いない。都市生活者的快楽とは、すなわち先端的であることを意味している。

趣味性の高い、音楽と切り離せないメディアであるFM局にとって、音源ジャンルのセグメント化は当然のものであり、誰からも愛される複数音楽ジャンルのステーション作りを目指すことは、自滅への道でもある。つまり開局当初（一九八八年）、偶然手にしたトップFMラジオ局としての地位にいつまでもずるずると執着したことが、J-WAVEの喜劇的な悲劇を呼んだのである。嗜好性に依拠した、専門性の高いメディアとは、ターゲットの普遍性を狙っては元も子もない。

J-WAVEの音源に、東京FMのようなJポップ（歌謡曲）の楽曲が含まれることは、本来的に洗練された洋楽好きなコア・リスナーにとっては、あたかも洒落た雰囲気のオイスター・バーで、いきなり「スタミナ焼肉定食」でも供されるに等しい興ざめを覚えたのである。前菜にオイスター・チャウダーも出てこないような牡蠣専門店に、食通が集わないのは当然の結果となる。

これとは逆に、いくらオイスター・バーの出店ブームだからといって、質の低い牡蠣料理専門店を同時多発的に開いても、人はそんなところへは、思うように集まらないものである。たとえば、これをメディアの例に当てはめてみよう。

一九九〇年代の前半から中頃にかけて、カタログハウスが出版する通信販売専門雑誌『通販生活』の販売的成功を追いかけて、類似の通販雑誌が多数創刊されたが、どこも成功しなかった事実がある。なぜならば、『通販生活』には『通販生活』に掲載されなければならない、そのためだけの価値をもった、特別な通信販売用商品しか、掲載を許されていなかったからだ。使い古しの油で揚げた、やっつけ仕事の牡蠣フライがメインディッシュでは、いくら牡蠣料理専門の看板や、オイスター・バーをかかげたところで、グルメな生活者には見透かされてしまうのがおちである。筆者も、そうした失敗を経験したひとりである。

つまり、牡蠣フライひとつとっても、もちろんソースも含めて、その店の存在理由との関連性が、顧客の味覚にとって納得できるものでなければならないのだ。

『通販生活』が出版的にも成功をおさめた理由は、その数年前に廃刊となった、生活提案に関する質の高いクオリティ誌として定評があった『暮らしの手帳』の編集テイストに通信販売の要素を合わせたコンピレーションの妙に、負うところが大であったが、こうした動向のさらに深い本質を競合他社が研究したならば、類似の愚を重ねる必要はなかったであろう。筆者は一九九〇年代前半に、大手都心百貨店の事業部で通信販売用専門誌のネーミングから記事編集・商品プランニングにまで携わったが、この通販誌がネーミングも当然のことながら、『通販生活』の二番煎じにすら及びもつかなかった理由は、記事と通販商品との関連性が読者層にとって、まったく意味性をもたなかった点にある。

カタログハウスによる『通販生活』の優れた成功は、記事がもつ概念的表示から通販用商品がもつ概念的表示への転移が、文脈的つながりのなかで、読者にとって、微塵の違和感も湧かさずに意識を移項できる、編集能力の精度の高さに尽きる。同社のビジネスモデルは、単に企画商材開発ルートの特殊性や、海外協働工場の質の高さといった現象面モデルにばかりあるのではない。それは実際には、こうしたコンテンツどうしの、関連性理論への注目と仮説構築にあったのである。筆者を含めた多くのメディアプランナーにとって、多発的な複数の異なるコンテンツを設定された領域のなかで相互に関連性をもたせ、システマティックにひとつのメディア・コンテクストとして運用する試みは、この当時ではまだ理解するまでに至らなかったが、それだけカタログハウスの先進性が、いまでも光るように思える。

生活者によるメディア・コンテクストへのロールプレイング

読者という情報採取のための主体的存在は、雑誌記事の形態をとった文字情報対象に対して、つねに意識的あるいは無意識を問わず、文章の背景文脈への関連的アプローチを試み続ける行為主体であると、現在では一定のメディアパーソンの間で定義付けられている。

このような発想に対して、得てして語用論的な理解を示す言語学者は、それを過度なコンテクスト依存（症）への偏り傾向にあるものと、そのアカデミズムな立場から理論的に指摘するだろうが、実際に、読者が文字情報を知覚したことで、そこから独自の推論へと導き出される営為につながることは、現実のビジネス領域のなかで極めて有益なことである。すなわち文脈（コンテクスト）への依存に頼るすべこそが、一時的ではあるかもしれないが、メディアと消費の良好な関係を構築するうえで、とくに重要なのである。

こうしたハッピースタイル（あくまでもビジネス上のＡＩＥとして解釈したもの）の参考例として、建築デザインとメディア、そして生活者との関係を、シミュラークルを用いて考察してみたい。

住宅デザイン、あるいは単に住居という膨大なコンテクストの渦には、少なく見積もっても、人類の歴史と同量の情報が含まれている。この地域的、そして歴史伝統的文脈の夥しい類型や範例の中から、生活者にとって鮮度の高い時代的動向（トレンド）を抽出するには、一企業である住宅メーカー単体の手に負えるものではない。そこで、ＡＩＥとしての諸メディアが、果たすべき消費ドリブン（促進駆動力）としての、本来的な役割を遂行することになる。

まず、住環境という総合的な領域でのコンテクストの整合化が、雑誌メディアや新聞メディアを中心としてはかられる。この場合、生活者への回答としてのコンセプトは複数用意されることになる。それらは、多層的な生活者の消費向上という命題に根ざしているため、相互補完的な意味で、互いに共存共栄を図らなければならない運命にあるからだ。

仮に、「都心高層住宅生活」というトレンドを、同時多数メディアの特集テーマに据えた場合でも、個人住宅メーカーの販売シェアに影響を与えないためにも、あえて、郊外の「週末用隠れ家」[11]とか、「週末軽井沢生活」や、または住居スタイルの方向性をモノ寄りに、やや微妙に変えて、「ガレージハウス」などの特殊で風変わりなレア・コンセプトが、きっちりと押さえられることになる。そして、軽井沢で飽き足らない行動的生活者に対しては、さらに肝をすえた「沖縄移住プラン」というオプションもあるし、資金が潤沢な生活者ならば『湘南スタイル』という、オーシャン・ビューのマガジン的ライフスタイルが用意されたりもする。

すなわち、それは優越的消費主義（日本的スノビズム）による、意識的な上流生活者への囲い込みでもあり、同時に下流に属す上位生活者への情報エンタテイメントとしての、副次的役割も果たすことになる。（あくまでも、下流社会における上位者に限定されるが）。

ここで、首都圏に居住する三十代の男性生活者がマンションを購入する際に、具体的にどのような情報に触れ、それに影響されていかなるリアクションをとるかを、シミュレーションしてみよう。これは一種の、仮説的なペルソナ[12]の仮想行動様式として、認識してもらうことが適切かと思われる。一応、仮想の条件として、彼を大卒以上の学歴を有した平均的な一部上場企業の独身サラリーマンと設定し、生涯支払い可能金額限度を六〇〇〇万円程度と仮定してみることにする。当然、一部上場企業である彼の勤務先の想定上、彼の勤務地は都心、それも港区内か千代田区内が想定されるだろう。そのため、彼が近い将来結婚するとしても、配偶者の家族側に養子にでも迎えられない限り、できるだけ職住の接近を第一に考えると思われる。彼というペルソナの個別具体的な人格を考慮したとき、彼の地域的選択肢のなかで、千葉市美浜区や埼玉県本庄市の新築３ＬＤＫは対象とはなり得ないのである。そこで、彼の消費行動を決定付けるであろう、さまざまな商業的意図を含んだＡからＨのテクストを提示して、ペルソナによるアクションのロールプレイングを試みてみることにする。

A「二〇三〇年、そのマンションはヴィンテージになるか?」
B「デザインの前に、人がいます」
C「都心に、密室を持つ悦楽」
D「人間らしく。都市のなかで」
E「田町駅徒歩八分。私は運河に囲まれた〈島〉で目覚める」
F「アウトドアリビングで過ごす夏」
G「〈二軒持ち〉に有利な、買い増し支援型ローン登場」
H「ロングアイランドスタイルは、トラッド&イタリアンモダントーン」

Aは、リクルート社が発行する住宅情報誌である『都心に住む』(二〇〇五年七月発行)に掲載された、特集記事のキャッチコピーである。このキャッチが意味する概念的表示は、集合住宅自体が持つ総合的な質的価値が、将来的にも資産評価のみならず文化的評価に耐えられる前提に立たない限り、集合住宅としての総合的価値が見出せないという示唆である。

だが、この文脈には、〈ヴィンテージ=将来的資産価値〉との、巧妙な意の罠が仕掛けられている。ペルソナは容易に、その意図された狙いにはまってしまうだろう。それだけヴィンテージという語の持つ字義的理解の度数は、深く広く、そして独善的なのである。

ここでは、具体的な特集内容として、一流建築写真家によるヴィンテージマンションのフォトページが組まれているが、その対象物件が果たしてヴィンテージとしての現実の価値を、現在もまだ有しているかとの疑問は付きまとう。たとえば、同誌一六〜一七頁には、ホンマタカシ撮影による港区白金台の「ホーマットキャピタル」が掲載されている。テクストを紹介してみよう。

「戦後、外国人ＶＩＰ向け住宅の設計としてスタートしたホーマット・シリーズは、都心の小規模低層住宅を中心とした集合住宅のブランドとなった。（中略）知る人ぞ知るマンション・ブランド」

ホーマットの認知力と魅力（特に欧米人に対してのオリエンテッド感覚への訴求力）に対して、筆者は異議を唱える気は毛頭無いが、現実の問題として、ここは最初から高級賃貸集合住宅を目指した物件であり、ここでの読者に対する目的としての概念的表示との差異を、非常に強く感じさせられてしまう。この、とまどいは筆者だけであろうか。

また、ホーネットシリーズはその出自的性格から考えても、「広尾ガーデンヒルズ」のようなランドマークとしての記号性を有することは、あり得ないだろう。ただ、ペルソナが惹かれてしまうワードとして、「外国人ＶＩＰ」が使用されている。ペルソナは、隣人または隣人の階下の人間が、欧米人であることの非日常的な感覚の仮想に身を置いてしまう。

この魅力はランドマークに居住することへの憧れを、凌いでしまうだけのものかもしれない。同二二一〜二二三頁では、これとは対称的にランドマーク要素の高い、東京メトロ明治神宮前駅上の「コープオリンピア」が取り上げられている。

「一九六五年竣工の表参道沿いの名物マンション。第一次マンションブームの仕掛け人である故・宮田慶三郎氏（明海大学不動産学部の設立者）が社長を務めた東京コープによる分譲。フロントサービス、屋上のプール、宿泊室など、当時としては珍しい共用施設を整えている」

二〇〇〇年当時、筆者は、個人使用の事務所を物色中に「コープオリンピア」と「原宿パレフランス」の二候補物件の中から、結論を下した経験がある。分譲物件であった「コープオリンピア」は、すでに大半がオフィス使用目的の賃貸物件化しており、落ち着いた住環境として恵まれたものとは思えなかった。フロントサービス機能も充実しているとはいえず、筆者は結局「原宿パレフランス」を選んだ。時代的背景もあるが、賃貸料金にしても往時の三分の一以下に下落しており、この例からみても、ヴィンテージ性と将来の経済的資産価値性との関連に関しては、微妙な関係が絡むことに間違いはないだろう。つまり、ヴィンテージが必ずしも資産につながるものとは言い切れないのである。

もちろん、これは単なる示唆であり、けして真実ではない。ただ「ヴィンテージ」という語は、あやふやではあるが、将来的な価値への着目を促す概念なのである。だがペルソナにとって、それはトレンドという現実の確かな動向が、彼だけに教える（と、錯覚させる）極めて正確な、真実により近い情報として受け取られてしまうのである。おそらく、ここで彼の選択肢にあった世田谷区や杉並区、そして練馬区の高級そうではあるが、庶民的な候補物件は消えてしまうことになる。

雑誌に掲載された現実のヴィンテージマンションは、その大半が港区、千代田区、あるいは文京区に集中しているからだ。しかし、現実問題として、彼の支払い能力限度額ではこのエリア内で将来的な「ヴィンテージ物」を購入するには、やや無理がある。

Bは、より中産階級的なターゲットへのアプローチを狙った、三井不動産の広告用ヘッドコピーである。「デザイン性」というカタチへのこだわりを、明示することで普遍性からの逸脱を装っている表現である。ペルソナはここで、デザインという新しい価値に注目することになるが、同じデザインという語の使用に関しても、価格的及び質的な差異の実感をあらゆる集合住宅物件のなかに見出すことになり、混乱してしまうことになる。

Cは、主婦と生活社発行の、中年男性誌『ＬＥＯＮ』のキャッチをテクストとしている、所謂「ちょい不良（ワル）」シリーズである。ただ、残念ながらペルソナには、これだけのキャッチだけでは、概念的空間表示があまり広がらないかもしれない。そこで、同種の広告ボディーコピーを参考までに、ピックアップしてみることにする。

「たとえば、東京タワーを眼前に臨むほどの、タワーマンション上層部は、男にとって特別の意味を持つ。美しい夜景を前にすれば、女の心は揺れ動く、という都市伝説は、あながち間違っていない」(13)

独身のペルソナにとって、何とも刺激的かつ効果も期待できそうなテクストである。ただ、都市伝説という名詞形の、字義的使用と語義としての理解が間違っているのが、ご愛嬌でもある。『LEON』の編集者ならば、ライターにチェックを要したであろうが、このテクストが掲載されたのは、ちなみにリクルート社の雑誌である。だが、そのような些細な誤用に、ペルソナは気付かない。彼の欲望には、さらに油が注がれる。タワーマンションまでは無理としても、やはり都心の密室への願望はここで一層強まることになる。

DとEは、三井不動産の都心型でリーズナブルな集合住宅用の広告コピーである。

ステューディオタイプの小型分譲もあり、彼の支払い能力ではむしろ余裕すらある。独身である現在から新婚時代までは充分なスペースといえよう。しかし、ここでFというライフスタイルが目に付いてしまう。湘南の青い海と白い家というイメージは、ペルソナに郊外のセカンドハウスという消費欲求を引き起こす。そこにGのオリックスによる、願ってもないローンのコピーが目に付く。ここで夢は、さらに現実へと近づく。

Hは、最も先端的なニューヨーク風の個人住宅の様式である。鎌倉にあるユーロJスペースという建築デザイン事務所が一手にプロデュースを手がけている。一般誌や住宅専門雑誌では有名な建築創造集団である。

ペルソナにとっては、ここも魅力である。しかしながら、当面はそこまで手を広げるには無理がある。なにしろ、配偶者すら、まだままならない状態である。彼の決断は長い将来を据えた上で、DまたはEの物件に落ち着くことになる。

生活者はほとんど意識していないが、彼らの住環境へのプランには、すでに雑誌メディアによる積極的な介入が、このようなかたちで浸透している。裏返すならば、生活者個人が独自に考案した、まったくのオリジナルなライフスタイルと住環境プランなるものは、現実的には存在しないに等しいものといえよう。さらに付け加えるならば、AIEメディアに醸成されたライフスタイルなり住環境は、総じて開発型であり、社会階層的であり、優越的消費主義のチャンク（寄せ集められた塊り）以外の何物でもない。しかし、それゆえに生活者に受け入れられやすいのである。何故ならば、AIEはそれを「無難なもの」と規定しているからである。

スロースタイルなメディアマーケティングが目指すべきは、こうした消費順応型のロールプレイングによる、生活者への単なるライフスタイル誘導にあるのではない。

ブログという欲望のメディアまたは演劇的空間

一方、インターネットを舞台としたパーソナルメディアは、どうなのだろうか。

カナダの社会学者マクルーハンは、かつて一九六〇年代に、TVは世界に存在する「誰」でもを、最低五秒間だけ世間の主役にしてしまうグローバル・メディアネットワークと位置付けたが、インターネットはこの「誰」でもを、主役どころか王様や女王様に変えている。TVメディアはあくまでも物理的な現実領域のみに、その影響する世界が限定されてしまうが、ブログはインターネットというバーチャルな公共空間に、さまざまな個人の手による勝手な玩具の宮廷をそれこそ無数に生産することが可能なのである。ハーバーマスの「公共性理論」を持ち出すまでもなく、公共と対極にあるべき宮廷が、何ゆえに公共空間たるインターネット上に構築されてしまったのか。文芸批評家の多木浩二は、その著書『欲望の修辞学』（一九八七、一六四頁）のなかで、宮廷という「場」としての最大の特徴（彼は一七世紀のルイ一四世宮廷を念頭に置いているが）として、シミュラークルな演劇的身体を有した修辞学的存在である貴族たちが、王を主役とした遊戯的な芝居を構成する演劇空間であることを指摘しているが、これこそがブログ世界で飽く事なく日々繰り返される営為に他ならない。

ルイ一四世の宮廷では、王がギリシャ神話のアポロンを演じ、脇役の貴族たちがそれぞれ当意即妙のお追従を競い合ったが、ブログ空間では、新進気鋭のベンチャー企業家やら怪しげな男女たちが、ビジネスや恋に大活躍する日常の様が、解像度の高いデジカメと拙い文章で、劇的に伝えられることになる。それに対して、ネットコメンテーターと呼ばれるお追従者たちは、それぞれの王様が毎日演じてくれる八面六臂の活躍を褒め称え、突然、王様や女王様の身に降りかかった思いがけない失恋場面には、「チョー、せつないよー」とばかりに、励まし?のアクセスを返すのである。もちろん、まともなブログも存在するのだろうが、大半がこうした擬似的物語舞台での芝居遊戯であることに違いはない。

かつて宮廷を貴族が独占し、マスメディアをブルジョアジーが占有する歴史を経たように、ブログはこうしてネット社会に集う大衆たちによる「欲望のメディア」として、これからも充分に自慰的な演劇機能を果たしていくことになるが、欲望は欲望ゆえに、いずれ自壊してしまうことになるのではないだろうか。

四　「知のツール」としてのメディアの確立

エッジングバリュースペースマーケティングによるメディア戦略

現代資本主義社会を構成する要素としての生産主体や消費主体ほど、いいかげんであやふやで、まやかし的な存在はない。生活者はメディアという、本来的には人間にとっての従的であるはずの道具によって、あらゆる作為的な考えによる企みを、みずからの意思と錯誤したまま、消費社会の渦にただ巻かれている。それはライフスタイルの新しい提案?であったり、サイボーグ的な容姿の美男美女がめくるめく韓流ドラマブームや、エコロジーに向けた正しい?行動様式だったりするが、その陰には消費主義的ＡＩＥメディアによる煽動的な商品カタログが山ほど用意されているのが現実である。単なる新しいメディアのためのマーケティング、あるいはメディアを利用したマーケティングへの応用ならば、すでに記述したように、概念的表示の同時多発的応用による、生活者へのコンテクスチュアルデザインに特化することが適切である。従来的なメディアマーケティング戦略の欠陥は、安逸なコンテンツ複合による徹底性を欠いた戦術の不備にあったからだ。

ロハスや都心再生プロジェクトがメディア戦略によって、やや成功へと傾きかけている理由とは、メディア複合型による、先に述べたコンテクスチュアルデザインの応用による、生活者へのロールプレイングゲームを促す営為にある事に、たぶん間違いはないだろう。しかしながら、メディアが操作的ＡＩＥである限りに於いては、抜本的な変化は何ひとつ起こる訳ではないとの認識が重要である。

アメリカのポップアーティストである、デヴィッド・ラシャペルは、ロハスやＹＵＰＰＩＥ《ヤッピー》（一九八〇年代に流行した知的専門職業に従事する若年都市生活者のブランド主義的な消費ライフスタイル。多くのメディアが肯定的に取り上げ、一大消費ブームを巻き起こした）に代表されるような、中産階級的なライフスタイル提案型のメディア的あり方について批判的なコメントを、ドキュメンタリー映画『ライズ』で発している。

「社会の各階層に所属する人々は、それぞれの価値観に基づいた文化的ムーブメントを引き起こし、アイデンティティの確立と、社会的リーダーシップを発揮しなければならない」

ラシャペルによれば、絵、写真、映画、文章は、すべて表現のために存在するとしている。すなわち、本来的にあらゆる表現手段としてのメディアは、現在のあらゆる階層に対する「欲望の拡大伝達道具に徹する立場」から、あらゆる階層から成る創造者による意を込めた伝達機能としての、真の「知のツール」（自律的ＡＩＥ）へと変容すべきなのである。

つまり、メディアの当面の課題とは、消費社会、欲望の主体化社会からの、脱構築メディアの存在を位置付けなければならないのである。

もし、メディア界を侵食するマクドナルド化の正体をここで明らかにするならば、それはメディアへの不当な言論介入を目指す従来型の既存権力勢力などではなく、ハーバーマスですら予想もしなかった、「バリュースペース

（価値領域創造）型ライフスタイル提案」という、存在基盤すらも希薄な上流中産階級的な様式の価値普及を企む、一部の戦略的企業勢力による、メディア操作行為そのものなのである。

では、そのマクドナルド化という帝国的拡張主義を目論むグローバリゼーション勢力の起源、あるいはその精神的支柱とはいかなる構造に由来するものであろうか、ここで若干の考察を試みたい。

シュンペーターと同様に、厳格なるプロイセンのユンカー（地主階級）出身で、プロテスタント的禁欲主義の体現者ともいえるドイツの社会学者であるゾンバルト（一八六三〜一九四一）はすでに一九一三年という早い段階で、近代的資本主義的経済人の特性を次のように挙げている。

1　量的な関心がすべての評価の基準となっている。
2　合理性をなによりも尊ぶ傾向が強い。
3　何事に於いても迅速である。
4　最大の刺激とは新しさであり、新しさに勝る質的価値など存在しない。
5　権力へのあくなき渇望が尽きない。
6　1項目から5項目までの何事に於いても、常に支出は収入を上回らない。

ゾンバルトは1項目を説明するための例として、以下のような記述をしている。

当然のことながらわれわれがこの「近代的精神」をもっともよく研究できるアメリカ人においては、人々はものごとをしごくあっさりと片づける。そして、ただちに計算できる数に換算するために、あっさりと評価されるべき事物に値段がつけられてしまう。

「あなたはXさんの家の五〇〇〇ドルのレンブラントの絵をごらんになりましたか？」これなど、よく耳にする質問である。「今朝早く五万ドルのヨット、カーネギー号が、どこそこに入港した」（新聞記事より）。

現象を量だけで評価するくせのある人はだれしも、二つの現象をたがいに比較、較量したすえ、より大きなほうにより高い価値を与える傾向がある。そして二つの現象のうちの一つが、一定の時間が経過したあと、より大きくなると、それをわれわれは成功と名づける。したがって計算できる大きさの意味は、必然的な随伴現象として、成果の評価を備えている。近代的な実業家もこうして、その成果によって価値づけられる。

しかし成功するというのは、常に他人に先んじること、大物になり、多くのことをなしとげ、他人より多くのものをもつこと、「より大きくなる」ことである。したがって成功への努力のなかには、利益追求の努力のなかにおけるのと同様の無限をめざす契機がふくまれている。両者はたがいに補足しあうのだ。（Sonbart 1913, 1923, 邦訳二三二～二三三頁）

さらにゾンバルトは、以上のような価値に基づく近代的資本主義的経済人の精神構造についても次のように触れている。

現代行われているようなこの種の価値の変動にさいし、本源的な精神的過程がどんな具合になっているかは、近代人がスポーツに対してとる態度に、おそらくもっともはっきりと示されるであろう。近代人のスポーツへの関心は、もともとだれが競争で勝つか、だれが計測できる最高の業績をあげるか、という問題だけに限られる。二つの業績のあいだの純粋に量的な関係だけが、競争の対象となる。古代ギリシャの格闘技の学校でこうした競争が行われたなどと考えられるだろうか？　なぜなら、古代ギリシャでも個々の人々の最高の個人的な活動は技芸によって評価されるからだ。すなわち、競技は、まさにまったく純粋に質的に評価されるので、量による評価などありえないのだ。（Sonbart 1913, 1923, 邦訳二三三頁）

悪夢的ではあるが、平均的な生活者はこのような精神的価値に基づいて考察された、さまざまな付加価値提供を強要する情報社会のなかに、信じられないが一世紀以上も埋没させられていたのである。そしてメディアは、忠実に装置としての役割を果たしてきたに過ぎない。それゆえに、メディアはいまこそ、主体的な意思をもつか、新しくてより良い操作的主体を探すべきなのである。しかし、果たしてメディアは変容できるのであろうか。

前述のように、ブログという画期的であるはずのパーソナルメディアが、自己を擬似主人公化した、欲望の主体化メディアの巣窟と成り果てつつある現在、仮にインターネットに新しい主体的活路を見出すことは、困難である上に絶望的とも思える。

そしてTVもまた、普遍的メディアとしての埋没を強いられている。永年に渡り、主的メディアと位置付けられてきたTVメディアとは、実のところ、情報鮮度と知的レベルに関しては、その大衆性と普遍性という本来的使命が災いして、活字メディアに対して著しく劣っていたのである。たとえば、巷では「ラム酒ブーム」という予兆的情報が顕在化しつつあるが、電波メディアではいまだに取り扱う気配すらない。すでに新聞メディア（日経ＭＪ）には、半年分以上のリードを許していることになる。

筆者が多用する「コンテクスト」という語も、現状では活字メディアのみが占有している。この語的活用と意味が、「イノベーション」という語と同様に、いずれTVメディアに流れる時を迎えることになる事実に違いはないだろうが、トレンドの先行に対して、けしてポジショニングできない特性を持つTVメディアの状況が、この事実からもうかがえるであろう。商業放送ゆえに視聴率・聴取率という枷をはめられた電波メディアは、より知的で鮮度の高い情報価値の創造と伝達には、まったく適していないのである。新しく考察するべきメディア戦略とは、もしかしたならばインターネットも含まれる可能性はあるものの、依然として活字メディアが主であり、ネットを経由した映像メディアの場合があるにせよ、それはパーソナルメディアとしての要素が強く、必然的に本来的な解釈に基づいたマスメディアとはなり得ないものかもしれない。

スロースタイルなメディアマーケティングとは、必然的に反マクドナルド化を志向するものであり、単一の価値

図１　エッジングバリュースペースマーケティングによる、メディアコンテンツ化のフロー

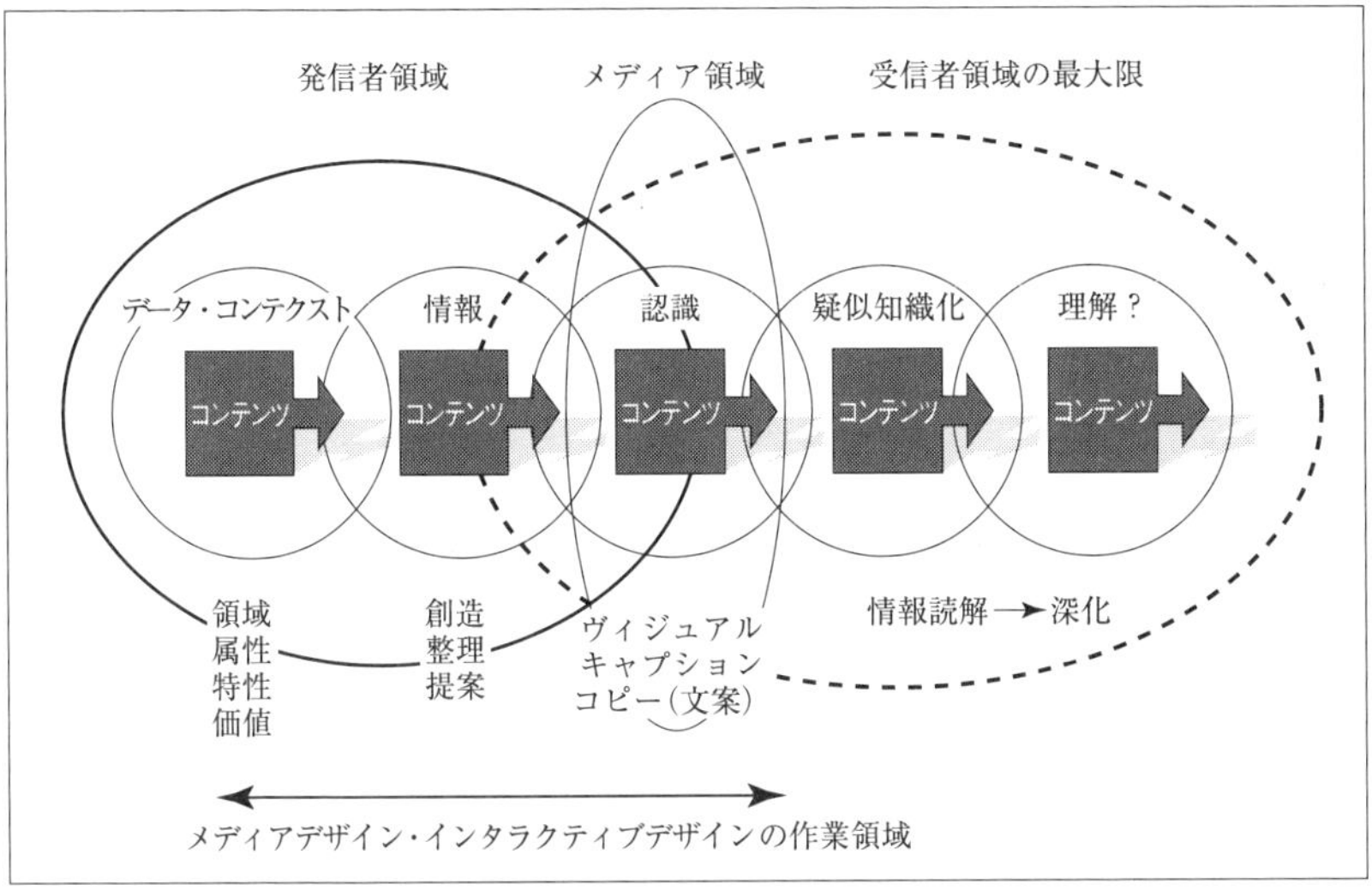

観に全てが捉われる営為に対して躊躇する存在であることに間違いはない。この場合の単一の価値観とは、優越的消費主義を含めた前述にあるあらゆる画一的な中産階級的な諸価値様式の創造をさしている。こうした、多数にのぼる様式の大衆への強要が、結果的に文化全体への不幸な統合化につながる恐れは充分にある。社会全体による持続性への着目を主張するロハスの正当な言い分でさえ、自らの思想が絶対的な真理だと妄信するあまりに、ときには両刃の剣となる危険性ですら、ないとは言えないのである。それは、持続性への意思を集中するあまりに、ラシャペルが唱える社会の各階層による独自性をもったオリジナル文化の創造の芽を、あたかもサヴォナローラに率いられた狂信的な一派（ドミニコ会）が一五世紀末のフィレンツェで振る舞った宗教弾圧のように、それらを異端なものとして摘んでしまう可能性もあるからだ。メディア領域で、スロースタイルマーケティングを確立するためには、このような単一の価値観に基づいた煽動的なＡＩＥ装置としてのメディアを意識的に避けることが、適切と思われる。

　つまりは、社会全体の不自然で結合的なトレンド自体に迎合しないことを、メディア関係者は常に発想のどこかで心掛けるべきなのである。

なぜならば、繰り返し筆者がここで記述しているように、構築されつつある時代的動向（トレンド）とそれに従属する諸々の消費形態（トレンディx）とは、明らかにマクドナルド化を示唆するための、ＡＩＥそのものに過ぎないからなのである。

前頁に掲載された図式（図1）は、こうした全てのトレンドに対してエッジを立てるべく、筆者が考察したメディアマーケティング及び、メディアコンテンツ化への概念的フローである。

ここでの特徴的なものとしては、従来的なメディアマーケティングで採用されてきたターゲットセグメンテーションという考え方を、あえて排した点にある。セグメンテーションされるべきターゲット層はもちろん、排除されるべき非ターゲット層も、メディア市場というメンタルステージ（精神的舞台）の上では、あらかじめ用意された中産階級的な諸生活様式のなかで収入格差によって選り分けられたグループ群に属する人々に過ぎず、もともと経済力による消費欲求の差異以外に際立った差異など存在しないに等しいからだ。

現代のメディアにとって、ターゲットセグメンテーションとは、もはや階層的な消費トレンディ（動向）に連なる、あらゆる行為・営為への迎合そのものであり、こうした動向に影響された最大特定多数の対象がすでに有している、ありふれた嗜好への再アプローチ、もしくは再々アプローチを繰り返すに等しいことになるのである。

このような、単なる類似情報の単純な拡大再生産に対して、あらゆるターゲット層は、押しなべてインタラクティブな関係を築こうとは考えまい。むしろ、対象は常に新しい情報価値（それぞれのキャラクターに合致した価値）を求めているものと仮定した、逆転の発想を、メディアの送り手は内面で喚起させる必要があるのではないだろうか。情報コンテンツのサイジング（情報処理容量）を変容・歪曲化させることなく、平衡軸で受け手に対して一気通貫させるためには、フローにもあるように、インタラクティブを目指したメディアデザインの作業領域が重要となる。そのためには、見た目のヴィジュアルにこだわるよりは（つまり、優秀なアートディレクターの確保を最優先するよりも）、コンテンツの領域や属性を、いかに幅広いコンテクストの中から抽出するかといった作業に、最大限の業務配分を要することが望ましい。また従来からあるメディア独自の制度的な固有世界観からの逸脱も必要だ。

情報の迅速性といった時間的な価値を追求する新聞メディアは、論調といった固有の束縛に捉われることなく、あらゆる領域を網羅するインテリジェンスなツールとしてペーパーレスな電子メディアへと進化していくだろう。紙面という限られたスペースをサイバースペースとして超越・凌駕することで、新しい可能性は無限に拡大されるかもしれない。

既存の週刊雑誌はそうした新しいメディアモデルの中に呑み込まれてしまうだろう。〈日刊〉あるいは〈時刊〉に区切られた迅速な電子情報メディアに対して、〈週刊〉という時間的対比は無意味となるに違いない。ただしそれは、あくまでも〈週刊〉という制度的なメディア様式そのものが滅び去ることであり、コンテンツが消滅することではない。

同様にＴＶメディアもテレビ受信機という単体のハード機器からＰＣへとコンテンツのステージを換えることになるだろう。これは取り立てて挑戦的な意見でもない。考えてみてもらいたい。いま現在、果たして何人の人たちが単体でのラジオ受信機を持っているだろうか。そうした事実から類推するならば、テレビ受信機の辿るべき未来と行き着く先の果てであるものが、けして家電業界にとって明るいものではないと理解できるはずだ。

ＴＶの電子メディア化はテレビＣＭのあり方まで変えてしまうことになる。不特定多数の焦点すらぼやけたターゲットに向けて、効果的であると想定された広告時間枠をキー局やネットワーク局から買い取り、株式市場さながらに広告代理店の媒体局で日々売買されてきた、テレビスポット広告の大量広告出稿に伴う様々な既存のビジネスモデルは衰退せざるを得まい。

より賢い（スマートな）進化を遂げた電子テレビメディアは受信者のアドレスを自動選別し、個人別ターゲットのそれぞれの嗜好性や欲求に合致した広告情報を送り出すことになるからだ。

これも未来の夢物語ではない。ビートレンド社やオプト（電通の出資会社）は携帯端末機器で、これに近いビジネスモデルをすでに構築しつつある。

広告コンテンツビジネスは現状のエンタテイメント的要素の強いものから、顧客接点密度がより高い情報デザイン型ビジネスに変貌することになるかもしれない。そうなると広告コンテンツは先の図1をテクストとする必要性が増すことになるだろう。

情報受信者のパーソナル化は、必然的にターゲットをくくるためのライフスタイル提案戦略を不要のものとするはずである。無意味で欺瞞に溢れた中産階級の幻想を押し付ける優越的消費主義は終焉を迎えることになる。情報の迅速化と肥大化は生活者の価値観をさらに多様なものとするだろう。情報の迅速性は消費の迅速性とけして比例はしない。生活者はメディア受信行為のパーソナル化によって、より情報を吟味し新しい選択基準を自ら創造するからだ。

すなわち、富裕層の優越感をくすぐりながらレクサスという仮想の高級ブランドによって覆い隠された既製製品をあたかも新製品のように装って彼らに購入させ、その一方大衆車であるカローラにベルタ・ランクス・スパシオと勝手な中流ブランドイメージを植えつけて、やや下流の層に対して「中流の上」的な比較価値効果を狙う、現行のTOYOTAが採るような優越的消費戦略は、根柢から考え直さねばならなくなるだろう。

多様で多元的な情報が豊富にもたらされることで、生活者は付和雷同型のAIE情報操作に左右されることなく、正確な判断が可能になる。コピーライターが夢の消費を語る時代はとうに過ぎているが、優れた個の存在であると（AIEによって規定）されているマーケティングプランナーたちによって紡ぎ出される様々なライフスタイル提案ですら、現実を生きる生活者によって厳選された集合知の前では、それらがむなしい遠吠えでしかない事実はすでに衆目に晒されつつあるのだ。

このようなある程度予想される動向は、技術の進展に伴う単なるソフト様式の一時的な変化に他ならないかもしれない。しかしながらハードやシステムの転換は同時に古臭いメンタルモデルの破壊にもつながる。スロースタイルとはまさにこの破壊要素のひとつでもあるのだ。スロースタイルなメディア発想とは現行の迅速な消費生活提案型メディア姿勢への積極的な躊躇、もしくはさらに過激な否定を言い切るスタイル（流儀）にあると言えよう。「迅速を成功」とする価値観があるならば、「緩慢を満足」とする価値観も一方ではある。「スノッブな都市生活」

を先端的とするならば、「禁欲的な自然との共生」の実践こそが洗練された趣味だとする考え方もあるだろう。ただ私たちは「緩慢を満足」し「禁欲的な自然との共生」を唱える事だけが単一の価値基準とすることへの躊躇も心がけねばならない。また緩慢とは非動的なものではない。同時に迅速が必ずしも動的とは限らないことも認識しなくてはならないのである。

突き詰めるならば、新しいメディアマーケティングとは、永続的な新しい情報領域の創発と属性の開発による、新しいコンテンツ創造の連続行為にあるのである。コミック以外の活字メディアが、エンタテイメントとして成功しない理由も、そうした努力を惜しんだ点にある。しかしながら、新しい情報領域の創発や属性の開発が、そのままカルト体質につながることは避けなければならない。カルト体質の領域はすでにブログの範疇にあり、公共的役割を担ったメディアを目指す以上は、カルトをメジャー向けに価値加工するならともかく、小さな部族村（トライバルビレッジ）を量産したところで、メディア自体がコンテンツであるカルトに飲み込まれるだけなのである。早い話しが、住民の少ないカルトな部族村では、住民同士のコミュニケーション手段と頻度が濃密であり、メディアがそもそも存在価値を見出すことが不可能なのである。

さらに、言うならば、メディアという営為とは**図1**に示されたように、発信者と受信者の間に設けられた媒介のための面（インターフェイス）に過ぎず、それ以上でもそれ以下のものでもない。もちろん、コンテンツのクオリティによる差別化は避けられないが、仮にそれ以上と認識させられる場面に遭遇したならば、それはそのメディアが受け手に喚起させたシミュラークルが為せる技であり、現実領域での現場（リアル）と誤解してはならない。受け手が得るものは、あくまでもその情報がもたらす主体的な擬似知識化であり、メディアが伝えるべき事象の理解とは、受け手にとっては常に錯覚であり、それらは所詮、仮想（バーチャル）なものなのである。

仮説的な知恵の出し方として

領域と属性を、いかに見出していくか。独創的で画期的で、誰も思いつかないようでいて、なおかつカルトに偏らない、新しい普遍性をターゲットに呼び起こす刺激的な領域と属性の開発を、どのように進めていけば良いのだろうか。

それに対する正解は、まず中産階級的な様式に基づいた、あらゆる常識と呼ばれる規定された範疇からの発想による逸脱行為にあるだろう。

仮に前述の住宅を題材として考えてみるならば、現代の生活者が集合住宅の常識として理解している概念は、第二帝政下のパリで意欲的な市長でもあったオスマンが都市計画の一端として考案したものと、一九世紀ニューヨークでブルジョワジーによって高額で雇われた革新的な建築家たちに推進された、いくつかの実験的なプログラムが全て後世の基礎となっている。

一九世紀の政治家（代表的な人物はルイ・ナポレオン＝ナポレオン三世）たちはこぞって、都市を新しく勃興した自分たちの支配力に忠実な中産階級の好ましいライフスタイルを国民大衆に伝播するためのマスメディアとして、あえて有効活用したのである。都市はアルチュセールの説く〈情報装置〉のひとつとしてＡＩＥ機能を果たしたことになる。

すなわち独立したベッドルーム、キッチンと組み合わされたダイニングルームというプロトタイプはこの時代に確立されたものであり一五〇年以上も継承されてきたスタイルなのである。このプロトタイプはやがて世界中のスタンドード（標準）として定着する。

集合住宅ばかりではない。郊外型コミュニティタウンの開発も、一八五三年にマンハッタンから約二〇キロ離れたニュージャージー州オレンジ・マウンテンで、建築家のアンドリュー・ジャクソン・デイビスらによって設計されたものがモデルとなっている。この郊外住宅地開発の当初の目的は、当時数年おきにニューヨークで発生したコレラの流行から上層階級を守るための極めて階層的な措置ではあったが、曲線による道路造成と緑地の効果的な造景、さらに文脈的な連携を意識した戸建住宅の集合体としての美観の醸成といった処々の構成要素は、これ以降の郊外型宅地開発の基本となっていることは言うまでもない。やがて郊外住宅は中産階級のライフスタイルとして、二〇世紀には広く普及する。

このように住宅に関する生活者の常識はＡＩＥによって誘導されてきたものに他ならない。一九世紀社会の支配的な関心を有する勢力層は、不潔な大部屋に雑居する労働者階級家族の自律性と規律性を幼い頃から自発的に促すために、家族それぞれに独立した部屋を与えたのであって、そのプロトタイプのみが生活者の志向する幸福の追求に役立つものではけしてないのである。つまり私たち生活者は新しいプロトタイプを創発する時期に生きていることを実感しなければなるまい。仮説的な知恵を出す行為とは、そうした創発を指しているのでもあるのだ。現代社会の主体的な支配層は、中産階級的と呼ばれる画一的な価値観の普及をバリュースペース戦略として、さまざまなメディアを通じてＡＩＥを行っている。

そうした風潮に鋭いエッジを立てるためには、ひねくれ者としての発想が必要になってくる。いわば非ＡＩＥ的な知性からの知恵の応用が最も早いヒントの素となるのである。

そこで、次に簡単な応用例として、発想のスケール（定規＝モノサシ）を紹介したい。

●ものごとを物理的に分解してみる

平凡でもいいから、与えられたテーマ・事象を細かく分解してみると、新しい視点が見えてくる。これは、フランスの実験主義的な作家であるジョルジュ・ペレック（一九三六〜八二）が試みた物語構築のための手法であるが、小説（Perec 1974）ばかりではなく、ビジネス領域に於いても充分に通用するものがある。

せっかくであるから、ここでも住宅を例にしてみよう。

あなたが、新しい「リビング雑誌」をプランするエディターか、集合住宅に携わるビジネスパーソンと仮定しよう。あなたは、まず平均的な集合住宅なり個人住宅を想定し、試しに分解を試みるのが良い。しかもありふれた物件を考える方が良いだろう。いきなり、奇抜さを狙っても、それは別の、すでにある類型に捉われてしまうからだ。

まず、玄関が浮かぶ。集合住宅ならば、たいてい北側に面した通路に垂直に配置され、両側に多目的な六畳程度の洋間が配される。角部屋ならともかく、両側を挟まれた物件ならば、そこに陽は当たらない。突き放して考えると、そこに居室は必要ない。一日中薄暗く、一年を通じて湿度の高い場所にわざわざ居室を構える利点など、果たしてあるのだろうか。つまりその場に風呂場とトイレと化粧室、それに洗濯室か乾燥室を設置しても問題はない。私たち生活者の固定概念こそがそこを居室と定めているに過ぎないのである。まずここでメンタルモデルの限界を一つ発見したことになる。

中央の廊下を進むと、途中にトイレとバスルームと化粧室があり、化粧室には洗濯機が置かれているかもしれない。そこは当然、窓もなく、閉所脅迫観念をもよおすばかりの密閉空間である。誰もが一日に何回かは使用し、あとは意識的に忘れ去られる場所でもある。でも、楽しく使用させるプランを考えてみたら、どうだろう。二つ目のメンタルモデルの限界点の抽出だ。

たとえば熱帯魚の泳ぐ水槽が置かれたバスルームや、ＢＯＳＥのスピーカーが配置され、ウィーンフィルの奏でるモーツァルトが流れるトイレ、植物用蛍光灯に照らされた熱帯観葉植物が生い茂るバスルームも捨てがたい。あなたがエディターならば、こうして季刊ムック『トイレ&バスルーム』（もちろん、仮タイトル）の企画ができるかもしれないし、住宅関連のビジネスパーソンならば、いくつかの新商品開発のアイディアが浮かんだことだろう。

さらに先へ進むことにする。

中央廊下の突き当たりには、キッチン・ダイニング・リビングがあり、やっと陽光にありつける。できれば、廊下にも植物用蛍光灯と緑生が必要かもしれない。リビングと並んで、ありふれて退屈な集合住宅には、必ず申し訳程度の和室がある。これが、実のところ、まるで使い勝手が悪いスペースなのである。ほとんどの住人は、和室を取り壊してリビングにつなげてしまう。和室なんかに、用はないと言わんばかりでもある。つまり誰も有効的に使用しきれていないのに、なぜか売られているスペースの存在がここにあるのである。

では、和室にはどんな新しい可能性が秘められているのだろうか？　これが第三のメンタルモデルの限界点だ。

なくしてしまうことも、もちろん選択肢の一つだが、多くのＡＩＥ的な住宅マーケティングはそれをすでに選んでいる。彼らは思考停止ゆえに可能性を摘んでしまっているのである。迅速な選択行為を緩慢な思考行為が凌ぐ機会が、ここに生まれることになる。すべての解決にはやはり知恵の創出が大事なのである。

あたりまえだが、和室には畳が敷いてある。仮に石か砂を敷き詰めても良いかもしれないが、あえて畳をカッコ良く使う手はないかなと、ここで考えてみる必要性があるかもしれない。最近のモデルルームではわざとらしく茶室仕様が成されていたりするが、〈茶道〉という明白なＡＩＥによって、生活者がここで改めて踊らされることもないだろう。茶道は優れた精神世界をビジネス（家元制度）に直結させた日本が誇るビジネスモデルの一つだが、**自律的ＡＩＥ**を構築するならば茶道は参考になるはずだ。

ここでのキーワードは「畳」であろう。リビングも寝室もダイニングを兼ねてしまう畳の部屋（和室）は、一九世紀的住宅プロトタイプと対極にあるものである。プロトタイプは合理的な精神の進化過程として悦楽的なライフスタイルを提供し始めている。ジャグジー風呂の普及や、オープンコミュニティとしてのフィットネスクラブの併設などがこれに当るだろう。空中農園と呼ばれる都市型ミニ菜園もそれに類似したバリュースペースな提案かもしれない。対極にある和室が自立的に提案する新しい価値は、こうした悦楽とは正反対の禁欲的なものとなるはずである。禁欲とは、物質ではなくイマジネーションを喚起させるものであり、利休が最終的に選択した「黒」という色彩へのこだわりもそこにある。

たとえば、禅寺の僧侶は、畳の部屋で何をするか考えてみる。座禅を組む。何のために？　瞑想するためである。瞑想を英語に訳すとどうなるか。メディテーション（Meditation）となる。つまり和室を、メディテーティブ・スペース（瞑想空間）と概念することが可能性の一つとして考えられることがここで成立する。そうなると、「禅」「畳」「瞑想」「空間」「幽玄」「美」「濃淡」「枯れ」「書」「宇宙観」といった表層的な記号的語彙から生まれる思考の創発に、思い切って身をゆだねることが大事かもしれない。

エディターならば、季刊ムック『瞑想空間』（かなり本気な、仮タイトル）を発想してしまうだろう。[14]もちろん、内容に責任はもてないが、メディテーションとスペースを新領域とした、メディアプランは使えるかもしれない。

あなたが、ビジネスパーソンならば「禅的な生活価値」といった消費生活からやや身を置いた発想で、新しい精神世界に基づいたスケールの大きいビジネス領域の創出を可能とするかもしれない。もしかしたならば、それは千利休が構築した〈茶道モデル〉を凌駕することになるかもしれないと考えることは、夢に終るとは限らないのである。

いずれにしても、ペレックの「分解」は行き詰った発想の転換には有効に働くはずだ。

●ものごとを時間軸で分解してみる

今度は同じ集合住宅を、時間軸で分解してみよう。

ＬＤＫの一日とは、どんなものだろうか。まあ、こんなものだろう。

六時三〇分　妻（専業主婦）起床。パジャマの上にフリースを羽織って、朝食の準備。
六時五〇分　子ども起床。トーストに野菜とジュースに、ソーセージかオムレツ？
七時〇〇分　夫起床。二日酔い気味。妻がコーヒーを沸かす。
七時〇三分　妻の愚痴。「お酒飲む閑あったら、子どもと遊んで」とか。
七時〇五分　食事を終えた子どもが、時間割を揃えに自分の部屋へ。
七時〇八分　夫、コーヒーを飲み終え、洗面所へ。「食事は要らないの？」と妻の声。
七時一〇分　妻、食事の後片付けと、キッチンで洗い物。
（以下省略）

こんな具合にと、思ってもらえればいい。延々と続けるのである。そう、愚直なまでにも延々と、ひたすら続けるのだ。一日を分解し終えたところで、そこで、あなたは、はたと気付く。LDKの内、L（リビングルーム）とは妻（専業主婦）以外の人間による使用頻度が、おどろくほど少ないものだと。その妻ですら、使用理由の大半は昼寝だ！　もっと、家族で有効利用した方が、良いに決まっている。しかし、どうやって有効利用するのだ。もともと有効でないから利用できないという理由が存在している事実がここで成立するかもしれない。たとえばテレビを始めとした共有装置をリビングから各自の寝室に移動したならば、リビングはたちまち幽霊部屋となってしまう。まったくのところリビングの存在とは面積の大小にかかわらず、所有者の自己満足以外の何物でもない事実が発見できる。

仮に景色が良いとか、パーティーを開くのが好き、家族の団欒が必要だという、聞き古されたうんざりする意見があるかもしれない。しかしながらそれを解決するためにリビングの存在が欠かせないとは言い切れまい。景色の問題は単なる自己満足だし、パーティーならどこでも開ける。家族の団欒はダイニングキッチンで充分だろう。そもそも家父長制度の下にあった時代には、団欒などという概念はあったのだろうか。団欒自体に戦後日本的なAIEの影響を強く感じられるような気がする。これがメンタルモデルの限界点の発見だ。リビングが素晴らしいという概念は、あなた自身がまるで実践していないことを自覚することから理解できるだろう。

では、どうするか？　簡単な話である。

リビングスペースを解体し、各自のベッドルームにそのスペースを振り分ければ良いだけのことである。あるいは広いバスルームにスペースを転換するか、使い方にこそ価値が生じるという意識の変換がこの分解例からわかるのではないだろうか。

ペレックはすでに故人だが、その素晴らしいひねくれ者としての存在感は、二一世紀を生きる私たちに色々な示唆を残してくれている。

おわりに――多様化への寛容さ

世間的価値の単一化は、加速度的に促進化されている。それは、社会の二極化を単に分け隔てるだけで、何の解決策すら有していない。現状のメディアはＡＩＥであることの無意識化に加えて、単一価値創造の強要を迫るマクドナルド化による、価値多様化への侵食に対してあまりにも無頓着かつ無関心なのでさえある。

前述にあるゾンバルトの文献によれば、フィレンツェの、建築家であり辛辣なる文筆家でもあったレオン・バティスタ・アルベルティ（一四〇四～七二）は、その著名な著書である『家政論』（一四五〇頃～七二）のなかで、経済観念とは、支出がつねに収入を上回ってはならないといった意味を記している（Sonbart 1913, 1923, 邦訳二三二、二八八頁）。これは、当時の貴族や聖職者といった無生産者でありながらも、尽きることのない消費と贅沢と怠慢に明け暮れていた階層に対する痛烈な皮肉であり、同時に、ベンジャミン・フランクリンに三〇〇年も先駆けた、当時としては信じられないほど先端的な資本主義的発想でもある。ルネッサンス期最大の金融事業家であるメディチ家ですら、一六世紀には貸し倒れで倒産している。メディチ家のプリンスたちの意識のなかに於いてさえ、経済観念とは程遠いものがあったといえよう。しかしながら、アルベルティの視点は中世的な文化システムや商業システムの欠点と崩壊を、半世紀以前も早く予兆情報として察知していたのである。

アルベルティが、中世的なメンタルモデルをその著書において打破したように、現代を生きる私たちも一世紀に亘らんとしている近代資本主義的なメンタルモデルの精神を、やはり打破しなければならないのである。

スロースタイルによるメディアマーケティングとは、多様化への寛容の態度に尽きることと言えるかもしれない。従って多元化された世界への躊躇につながる行為とは、あらゆる事象への不寛容と解釈され、結果的にそれは一時的な企業的成功を呼び込んだにしても、最終的には、不寛容さゆえに、これも自壊してしまう運命にあるのである。

注

(1) 一九七四年に考古学者のドン・ジョンソンが発見した、およそ三五〇万年前の類人猿の化石であるルーシーをここではさしている。ルーシーのネーミングはビートルズの往年の名曲である「ルーシー・イン・ザ・スカイ」からとられている。

(2) アメリカでの新聞の発達は、イギリス本国に対する独立運動の情報煽動としての役割が強かったためである。この傾向が独立後は連邦派と分権派の対立メディアとして確立してしまうことになる。

(3) ジョージ・ワシントンは測量技師時代に、農機具広告のコピーライターとして活躍した事実がある。

(4) ナポレオン・ボナパルトの甥であるルイ・ナポレオンによる自由主義的帝政。言論と結社の自由が憲法で保障され、大衆メディアがこの次期に発達した。ルイ・ナポレオン自身は、サン・シモン風空想的社会主義者であるとともに、イギリス式君主制への熱烈な憧れという二面性を持っていた。

(5) 一九六〇年代後半に、アメリカ国防総省が開発したコンピュータ通信ネットワークであるARPANETをベースとして、全米科学財団（NSF）が利用したネットワークシステム。ARPANETはもともと核戦争によるダメージから、通信ネットワークを確保するために考案されたもの。

(6) 一九九八年に藤田晋によって設立された、インターネット専門の広告代理店。二〇〇五年度の年商は約二一〇億円。独立系では唯一の成功したエージェンシーである。

(7) アメリカでのインターネット黎明期に最も成功したインターネット広告代理店。サンフランシスコのサウスパークに本社を置き、ボルボ・AT&T・アムネスティ等をクライアントとしていたが、後にシスコの傘下となる。

(8) 一九四〇年生まれ。アルチュセール門下に席を置いた後、アルチュセールのフランス共産党入党を契機に離れる。現在、パリ第八大学名誉教授（美学・政治学）。

(9) 木楽舎から発行されている雑誌『ソトコト』などが参考となるだろう。

(10) ヒット性が見込める曲を、一日に何回もオンエアさせることで、リスナーの注意をひきつける戦術的手法。

(11) ガレージと書斎を兼ねる、あるいはリビングルームにクルマがあるという、設計思想のもとに建築された個人用住宅をここでは意味している。

(12) ペルソナとは、仮想された個別具体的な人格をさす。その行動指針は、主婦や勤労男性といった一般的な属性とは異なり、メディアターゲットが共感し、自己投影できる具体性が求められることになる。

（13）リクルートムック『都心に住む』VOL.24、二〇〇五年九月号、八八頁～綴じ込み企画より広告コピーを抜粋。
（14）残念ながら、本論文執筆後に筆者は、Freeman, Michal (2006), *meditative spaces*, E. T. STYLE という写真集を建築専門の書店にて発見してしまった。

参考文献

Althusser, Louis (1970, 1995), *Sur la reproduction,* Presses Universitaires de France.（西川長夫他訳（二〇〇五）『再生産について』平凡社）。

Blunt, Anthony (1940), *Artistic Theory in Italy 1450–1600,* Oxford University Press.（中森義宗訳（一九六八）『イタリアの美術』鹿島出版会）。

Chernow, Ron (2004), *Alexander Hamilton,* Penguin Press, New York.（井上廣美訳（二〇〇五）『アレグザンダー・ハミルトン伝』日経BP社）。

Harvey, David (2003), *Paris, Capital of modernity*, Routledge, part of Taylor & Francis Books, Inc.（大城直樹・遠城明雄訳（二〇〇六）『パリ　モダニティの首都』青土社）。

Klein, Richard G. and Edgar, Blake (2002), *The Dawn of Human Culture,* Nevraumont Publishing Company, Inc., New York.（鈴木淑美訳（二〇〇四）『意識のビッグバン』新書館）。

Mittal, Banwari and Jagdish N. Sheth (2001), *ValueSpace*, The McGraw-Hill Conpanies.（陶山計介他訳（二〇〇四）『バリュースペース戦略』ダイヤモンド社）。

Perec, Georges (1974), *Especes d espaces,* Editions Galilee.（塩塚秀一郎訳（二〇〇三）『さまざまな空間』水声社）。

Plunz, Richard (1990), *A History of Housing in New York City Dwelling Type and Social Changes in the American Metropolis*, Columbia University Press.（酒井詠子訳（二〇〇五）『ニューヨーク都市居住の社会史』鹿島出版会）。

Ranciere, Jacques (1995), *La Mesentente,* Editions Galilee.（松葉祥一他訳（二〇〇五）『不和あるいは了解なき了解』インスクリプト）。

Recanati, Francois. (2004), *Literal Meaning,* The Press Syndicate of the University of Cambridge.（今井邦彦訳（二〇〇五）『ことばの意味とは何か――字義主義からコンテクスト主義へ』新曜社）。

Sonbart, Werner (1913, 1923), *Der Bourgeois*, Duncker & Humblot GmbH, Munchen und Leipzig.（金森誠也訳（一九九〇）『ブルジョワ』中央公論社）。
a David LaChapelle film, (2005), *RIZE*, www.rize-movie.jp

阿部仁史他編（二〇〇五）『プロジェクト・ブック』彰国社。

飯島洋一（二〇〇五）『建築と破壊――思想としての現代』青土社。

上野俊哉（二〇〇五）『アーバン・トライバル・スタディーズ』月曜社。

ＮＴＴインターコミュニケーションセンター（二〇〇五）『アート＆テクノロジーの過去と未来』ＮＴＴ出版。

大橋照枝（二〇〇五）『「満足社会」をデザインする第３のモノサシ』ダイヤモンド社。

奥出直人・後藤武編（二〇〇二）『デザイン言語』慶応義塾大学出版会。

木村広（一九九九）『Linux による情報リテラシー』科学技術出版。

齋藤純一（二〇〇〇）『公共性』岩波書店。

杉本博司（二〇〇五）『苔のむすまで』新潮社。

多木浩二（一九八七）『欲望の修辞学』青土社。

バルト、Ｒ（一九七二）『モードの体系』佐藤信夫訳、みすず書房。

第二部

拡張型スロースタイルマーケティング

第3章 アイデンティティのリ・デザイン
——自分探しのスローツーリズム

藤江昌嗣

Summary ポストモダンツーリズム（＝スローツーリズム）では、気晴らしでもなく、レクリエーションでもない、新たなアイデンティティを生成するという行為、すなわち、アイデンティティのデザインが旅の目的となる。この自己確認（アイデンティティの復活・確認、再生であるリジィリィエントアイデンティティスタイル）は、アクティブな、創造的な心的行為なのである。

Key Word ●漂泊●リジィリィエントアイデンティティ●狩人型旅行●日常・非日常によるバランス恢復●籠り旅

はじめに——自分探しの漂泊の旅

古代・中世の苦難に満ちた旅から、江戸時代のお伊勢参り・湯治などの遊興性を帯びた「旅」、そして大正末から昭和にかけての「旅」から「旅行」への変化、さらに高度成長期以降における旅行の大衆化など等、旅《たび》は明らかに変化した。すなわち、第二次大戦後の「近代化」（モダニズム）過程での新幹線・高速道路、航空機等交通手段の整備による国内・国外旅行の飛躍的発展は、旅行をパッケージ化もしくはカスタマイズ化し、それにより個人旅行・団体旅行（家族・友人・企業等）の多様化を実現し、それを支え、ビジネス化した旅行業も、また発展をみた。

また、大衆が宇宙に旅行することを疑わなかった時代もあったのである。

このように考えると、いくつかの場所を訪れ、戻るという周遊旅行であるツアーは、交通手段の発達により移動時間が短縮（ファスト化）され、訪問場所も地球の至る所に広がり（グローバル化）、また、各自のスケジュール（訪問時間・訪問場所）に合わせるという意味でマイスタイル化されてきている。また、知床のように、訪問地が世界遺産に指定され、観光地化されることが、逆に知床の自然環境の破壊を進めてしまうというように、現在のツアーが自然支配型（非共生型）・環境破壊型の性格を内包していることも明らかになっている。

また、高度成長期には、人間を「動く動物《ホモモーベンス》」（黒川紀章）であると定義することにより、速く目的地に着くこと、すなわち、効率的に速く移動することが開発の目標として設定され、それが高速鉄道・道路・航空網の整備を正当化し、開発行政を推進する役割を果たしたが、こうしたモダンな人間観が上記のツアーの性格にも大きな影響を与えたことは疑いない。

そして、モダンなツアーは、日常を旅という非日常でバランスさせてきた。そうしたバランスのとり方が気晴らし、あるいはレクリエーションという機能を旅の本質として与えてきた。モダンなツアーは、道具・商品として消費されてきたのである。

このように見てくると、モダンなツアーにマクドナルド化の諸相を見出すことはさほど困難ではない。

ところで、こうした現代のツアー（モダンなツアー）に対し「漂泊」というたびも存在した。漂泊とは、水に漂う、さまよう、さすらう、各地を流れ歩くことを意味するが、何を求めているのかにより「漂泊」の意味も異なってくる。食べ物を求めてさまようのではなく、そこには、自らの内面（潜在的なもの）を肯定し、自己（としての同一性・アイデンティティ）を絶えずかわして自己を差異化することにより、新たなアイデンティティを生成する（Deleuze 1968）という行為が暗示されている。その意味では「漂泊」も旅の重さに内包されているのである[1]（Barfield 1953）。

ポストモダンにおいて、人間は移動の効率性をはじめとするモダンなツアーの要素をツアーに要求しなくなるのではないか。むしろ、「漂泊」概念に含まれるアイデンティティの復活・確認、正確には「アイデンティティの生成」ということがツアーの目的となるのである。本章ではこのアイデンティティの生成を「拡張型スロースタイル」の一つとして「**リジィリィエント（再生）アイデンティティスタイル**」と呼ぶことにするが、「リジィリィエントアイデンティティスタイル」を獲得した個人は、自らの日常の場・コミュニティにおいても、その営為を繰り返していくのである。

一　モダンなツーリズム——旅の社会学

トラベルと旅・行

人間の関心の高さが、あるものやこと、あるいは関係を表現することばの多様性を生んでいるとすれば、旅《たび》、旅行という言葉もまさにこれに該当する。

実際、英語でもトラベル travel、トリップ trip、ジャーニー journey、ツアー tour、ヴォイジ voyage、エクスカーション excursion など旅は多くの表現をもっている。これらの中でもトラベルは、(1) 旅行する、(乗り物で) 行く、(2) 動いていく、進む、(3) 外交をして回る、セールスに出る、(4) 速く動く、高速で走る、(5) 長旅に耐える　など多くの意味をもち、一番広い意味をもつことばである。また、その語源はフランス語にあり、「苦しんで旅する」という意味である。ちなみに、トリップは用事か遊びで出かけ、また、帰ってくる旅行を指す。

これに対し、ジャーニーはかなり長い、時として骨の折れる旅《たび》で、必ず帰ってくることを意味しない。たとえば、"a journey man"は「(徒弟奉公を済ませた一人前の) 職人」あるいは「(一人前ではないが) しっかりした腕前の人」を意味している。また、スターンの『感傷旅行 *Sentimental Journey*』は一七六八年に刊行されたが、センチメンタル Sentimental という言葉が初めて使われたことも相俟って、そのタイトルはジャーニー自体の性質・意味をより一層明確にしている[2] (Barfield 1953)。

また、ツアーは観光・視察などのための計画に基づいて、各地を訪れる周遊旅行を意味し、ヴォイジは海上の比較的長い旅行を、そしてエクスカーションはレクリエーションなどのために多くの人が一緒に行う短い旅行を意味している。

また、漢字の「旅」は、〈旗＋並んだ人々〉で、「旗の下に隊列を組んで進む軍隊」が元の意味であり、軍隊は移動をするので、転じて「旅」となったという訳である。ちなみに「旅食」という言葉は、大勢で食べること、あるいは他郷で暮らすことを意味している。

それでは、日本語（和語）の「たび」の語源は何であろうか？　これも、いくつかの説があるが、たとえば、柳田国男は和語の「たび」は「タベ〈給べ〉」で、交易を求める声を起源としているし、大言海は「タどるヒ〈辿る日〉」を起源とするとしており、ほかに「タつヒ〈発つ日〉」説や「タビ〈他火〉（他人の家で調理した食物を頼りにするから）」説など多様であるが定説はない[3]。

トラベルの語源との類似性に係らせると、「旅は道連れ、世は情け」とはよく言ったものである。旅とは心細さ、ひもじさのある忍耐を要するつらいものであるから、助け合いながら行くのがよろしく、また、日常においては人情や思いやりをもって暮らすのがよいということになる。「旅」は元々家を出て、他所にいることを意味し、日常とは異なる世界に出かけることであった。したがって、旅においては、日常と同様あるいはそれ以上に人情、思いやりが必要であることを伝えている。なるほど、「旅心地」とは、旅にある気持ち、旅情、旅ごころの意であるが、そこには日常とは異なる世界にある気持ち、日常とは異なる感情が表現されているのである。大切なことはそうした感情が場所の移動、物理的遠隔性を必要条件とするわけではないという点である。たとえば、「秋の山紅葉をぬさとたむくれば住むわれさえぞ旅心地する」（古今和歌集・秋下）にはこうした日常とは異なる感情の表現がある。

さて、モダンな旅行の「旅」の方ばかりに目がいってしまったが、「行」の方にも目を向けてみることにしよう。

「行」は、象形文字で十字路の形にかたどる、通りの意味であるが、転じて、とおる、ゆく、おこなうの意味となった（旺文社、漢和辞典）。ここから派生した「行人」には、（1）道を行く人、（2）旅人、（3）使者、（4）出征する兵士、（5）仏道の修行者、（6）行者などの意味があり、政府の命令にもとづいて移動をおこなう使者や兵士、また、仏法の修行を目的する修行者、行者などとともに、旅人も含まれている。したがって、この旅人も自らの意思で明確な目的をもって道を行く人と考えられていたと思われる。

さて、こうした明確な目的をもつ「行人」に対し「流人」という言葉がある。「流」には、（1）さ迷い歩く、（2）確かでないもしくは根拠のない、（3）芸人や商人が客を求めて歩く、などの意味があり、「流人《りゅうじん》」は、（1）各地を流離《さすら》う人もしくは放浪者、（2）しまながしにされた人（るにん）を指すことになる。明確な目的をもたず、また、他国、他郷にさすらい住む人である「流人」は「行人」に比べ、ただ単に生活力のないことを意味するのか、あるいは、厭世的な非日常性を帯びた漂泊の民にも似た存在であるのかにより、その評価も異なってくるに違いない。もし、後者であれば、それはモダンの要素をもつ存在として評価の俎上に載せることも必要となる。[4]

以上見てきたように、トラベルと旅・行には類似性がある。すなわち、トラベルは旅の骨折りであり、それは気候・言語・交通手段などにかかわる困難や疲労であり、ある種の生みの苦しみであった。また、和語のたびは「旅」という心細さ、ひもじさのある忍耐を要するつらいもの、非日常的なものであり、「行」は自らの意思で明確な目的をもって困難な道を行くことであった。

しかしながら、モダンにおいては、トラベルの苦しみは交通手段や旅行業者のサービス等により大幅に緩和され、それはツアーという観光・視察などのための計画に基づいて各地を訪れる周遊旅行として楽しみに転化した。すなわち、「旅」も「行」も「旅行」（トリップ）という便利な気晴らし、気分転換へと転化したのである。もっとも、日常からの逃避という意味にとどまれば、こうした「旅行」も漂泊・流離に比べ質的に劣ることになる。

モダンなツアーの表象

モダンなツアーの表象は次の六つである。

①旅から旅行への大衆化
②効率的消費型
③グローバル化、ボーダーレス化
④環境破壊型（狩人型）旅行
⑤気晴らし、ストレス解消旅行
⑥コミュニティからの逃避

以下では、これらについてやや詳しく見ていくことにする。

①旅から旅行への大衆化　柳田国男は旅を「憂いものつらいもの」とし、旅行を「楽しみ」や「新文化」と関連付けた（白幡　一九九六、三頁。柳田　一九二七）。白幡洋三郎は、旅を「骨が折れる」もの、旅行は「面白い」ものとし、当時起こりつつあった明るい「旅行」をかつての暗い「旅」と異質なものとした柳田の鋭い感性に注目した上で、旅行にも歴史的な厚みや陰影が存在することに配慮しつつ以下のように語る。「旅は苦行であるが、目的は別にあり、旅行はそれそのものが目的になるような移動である」と（白幡　一九九六、四～五頁）。そして、「旅行は旅とはことなる。旅行は移動に際しての無用な苦労や危険が取り除かれてできあがるものである。交通機関の発達や交通網の充実、そして宿泊施設・宿泊業の隆盛があって成立するのが旅行なのである」（白幡　一九九六、六頁）と。

白幡は、大正末期頃から登場し、昭和とともに歩み始めた「旅行」はそれまでにない明るく軽快なイメージをもつ「新文化」であり、「人が見つけ、つくり出す生きがい」、少し大げさにいうと「生きる意味をさぐる新しい行動」であったとしている（白幡　一九九六、七頁）。

いずれにしても、庶民のための旅行は、交通機関の発達、国立公園の誕生と平行して普及し、新婚旅行、修学旅行、団体旅行として、また個人旅行としても普及していったが、それは旅から旅行への大衆化という動きに他ならなかった。このことは、海外旅行が一部のエリートの体験から庶民体験へ変わったことにも端的に示されている（白幡　一九九六、第６章）。

②効率的消費型　モダンなツアーの特徴は「短期間」であることである。日本の長時間労働という特徴の裏返しとしての余暇時間の少なさは旅に費やす時間を可能な限り短くし、そのために効率的なパッケージが期待され、また、提供されてきた。ここにも「旅」から「旅行」への大衆化の相が見られるのである。したがって、「短期間」という特徴（制約）は効率性を要求することになる。

言うまでもなく、効率的なツアーを可能にしたのは交通手段の発達である。徒歩、馬・馬車、駕籠・人力車、鉄道、自動車（バス・自家用車）、船、飛行機、ロケットなどへの輸送手段の発達は旅を旅行に変え、また、時間的節約や危険や苦難の除去という意味で旅を効率的なものにした。

この特徴は、旅への準備段階から見出され、旅の計画とは「パッケージからの選択」「オプショナルツアーメニューからの選択」を意味し、自分で白紙状態からプランを作成するという形にはならない。それは、旅先における時間の細切れ、訪問先の多さ、結果としての滞在先での移動時間の多さという結果をもたらしている。また、食事も旅をエンジョイする大切な要素であるが、その選択はお任せ、良くしても短時間の決定となり、オーダーに関してメニューを通してウェイター・ウェイトレスとのコミュニケーションを愉しむという場面は稀有である。

「物見遊山」とは、見物、あるいは戦場で敵方の様子を探るという意味を持つ「物見」と、仏門の大事を悟り、よい景色に接し、一転のわだかまりもない心境、あるいは紅葉狩りなど山野に遊ぶことから転じた外に出て遊ぶこと、すなわち行楽という意味を持つ「遊山」とから成る成句であるが、効率的消費はこの「行楽」という意味の見物を如何に少ない時間的・肉体的・貨幣的負荷（インプット）で行うかをその内容としている。

③グローバル化、ボーダーレス化　グローバル化、ボーダーレス化もモダンなツアーの特徴の一つである。しかし

ながら、グローバル化、ボーダーレス化はモダンな意味での旅行に固有のものではない。というのは、「旅の洋化」という言葉がすでに存在しているからである。

ここに「旅の洋化」は海外を訪れることをその内容とするが、以下の三つのことを意味していた。すなわち、（1）天子の海外訪問、（2）軍隊（兵隊）の海外進出・侵略、（3）海外への憧れ、である。大衆化された現在、旅行は三つ目の憧れを除き、「洋化」の意味を最早、継承していないが、「洋化」にはグローバル化、ボーダーレス化に重なるものが確かにある。

最も大きな影響を与えたのは船や飛行機の登場で、これらは遠距離への移動・海外旅行を可能にした。そして、こうした距離的制約の突破は、人的な境界である国境を無意味化（ボーダーレス化）した。すなわち、モダンなツアーをグローバル化したのである。

ＩＴ（情報技術）のない時代でも情報はグローバル化していた。すなわち、Bad news travels fast、悪事千里を走ったが、航空機の発達により、情報ではなく、人間・旅行客が三千里を走る時代になったのである。足もとの近景（日常）は飛び、遠景（非日常）は静止するという図式は、旅行という消費のボーダーレス化、グローバル化に他ならない。

そして、こうしたボーダーレス化のもつ意味は小さくない。というのは、白幡（一九九六、五頁）が語るように、もし、「旅行はそれそのものが目的になるような移動である」とするならば、「いつでも、どこでも、誰もが行ける可能性」の出現は、大衆に対し、旅行が「移動」であること以上のものを要求させる可能性に道を開くからである。そしてそれは憧れをも超えるものであるかもしれないのである。たとえば、世界の有名都市・地域・遺跡等を訪れるという旅行は、それを果たした人々にはいずれ食傷状態となり、旅行そのものの意味の問い直しが生じてくることは避けられないからである。

④環境破壊型（狩人型）旅行　モダンなツアーの特徴の一つは、環境破壊型（狩人型旅行）にある。すでに世界遺

産の知床を例に、訪問地が世界遺産に指定され、観光地化されることが、皮肉なことに、知床の自然環境の破壊を進めてしまうということを例に、現在のツアーが自然支配型（非共生型）・環境破壊型の性格を内包していることを指摘しておいた。仮に、観光地へ行くための、道路、空港、アクセスのための鉄道建設自体が環境を破壊していることをおいても、観光地におけるツアー客の振舞いが景色を鑑賞するどころか、生態系を破壊するような状況になっていることは否めない。

確かに、四季折々の行楽シーズンに沢山の人々が名所を訪れ、飲食を伴う時間を過ごすことは昔からあった。それは、鷹狩、潮干狩り、花見、紅葉狩りなどの言葉で残っている。狩りには、（1）鳥獣を追い立てて捕えること（鷹狩、鹿狩、猪狩など）、（2）魚・貝をとること、（3）松茸・蛍・桜花・紅葉などを尋ね探し、また採集すること、などの意味がある。(5)

交通手段の発達していない段階では、こうした狩りの規模もさほど大きくはなく、生態系に影響を与えるということもなかったが、交通手段が発達し、旅行が大衆化するに伴い、サッカー等のイベントさながら、大勢の人々がむらがり集まり、群集・群衆化する。そして、肝心の対象を「採集」するにとどまらず、蕩尽しつくしてしまう。上記の狩りの定義で言えば、景色・動物の鑑賞においてさえ「鳥獣を追い立てて捕える」ように行い、挙句は草花を拝借するようなツアーの状況となっているのである。

たとえば、ホエールワッチング（鯨見物）は格好の例である。ホエールワッチングの手法は国・地域により異なる。オーストラリアでは、数日、場合によっては一週間位かけて少しずつ鯨が小船に近づいてくるのを待つ。待つ間には、親子鯨であれば、子鯨の気を惹くような動作（たとえば、船縁を叩くとか、声を張り上げるなど）を行う。そして、最終的には船縁に寄って来た親子鯨に触れるようになるのである。そこには狩人よろしく追い立てるような動きはない。最早ホエールワッチングではなく、ホエールタッチングである。ところが、私たち日本の場合はどうであろうか。ホエールワッチングよろしく、群衆の乗った船で鯨のいる方向へフルスピードで向かい、あたかも迫害者のように鯨を追いかけ、競争しながら、必死で逃げる鯨をかろうじて肉眼で、多くは双眼鏡で眺めるという

表1　「働く人のストレス解消法」ランキング

＃1	百貨店などで買い物をする　（女性1位、男性5位）	455
＃2	お酒を飲む　（女性4位、男性1位）	359
＃3	カラオケで歌う　（女性3位、男性4位）	311
＃4	**旅行に出かける　（女性5位、男性3位）**	288
＃5	眠る　（女性6位、男性8位）	259
＃6	家族や友人に会って話を聞いてもらう　（女性2位、男性10位）	252
＃7	音楽を聴く　（女性7位、男性7位）	252
＃8	スポーツをする　（女性9位、男性2位）	241
＃9	**ドライブに出かける**　（女性12位、男性6位）	211
＃10	映画を見る　（女性15位、男性9位）	130
＃11	ペットと遊ぶ　（女性9位、男性15位）	125

注：順位相関係数　ρ＝－0.226。数字は男女の合計数。
出所：『日本経済新聞』2005年11月17日付。

のがその手法である。ちなみにアメリカ（オレゴン州）では、海岸から双眼鏡で眺めるという方法をとっている。

この日本型ホエールワッチングに端的に示されているように、モダンなツアーはまさに環境破壊型（狩人型）旅行なのである。

⑤気晴らし、ストレス解消旅行　モダンなツアーの特徴の五つ目は気晴らし、ストレス解消旅行という点である。これは、日常（生活）の非日常（旅行）によるバランスの恢復であり（**日常・非日常によるバランス恢復**）、生活の「知恵」という意味では「生活の合理化」であり、モダンな「自己恢復（実現）」と解することもできる。

たとえば、『日本経済新聞』は「働く人のストレス解消法」ということで、**表1**のようなランキングをその紙上で発表した。これをみると、一位は女性が「百貨店などでの買い物」であるのに対し、男性は「お酒を飲む」となっており相違している。また、「カラオケで歌う」は女性が三位、男性も四位と同様な順位となっている。

「旅行に出かける」というのは、女性の五位に対し男性が三位と、男性の方が順位が高いが、旅行がストレス解消法として位置づけられていることがわかる。

また、「ドライブに出かける」というのも男性では六位となっており、ここにも日常から非日常への空間的脱出がストレス解消法として男性に採用されていることが伺われる。ちなみに、女性の二位は「家族・友人に話を聞いてもらう」となっており、日常のコミュニティレベルでの解消、しかも単に愚痴を聞いてもらうことに留まらない積極面も伺われる。その他の「音楽を聴く」「スポーツをする」「映画を見る」「ペットと遊ぶ」などは男女差が大きい。こうした結果、順位相関係数は-0.226となっており、このデータで見る限り、働く人の男女間のストレス解消法の間には相関は見られないようである。

もっとも、このバランスのとり方は、別の形で江戸時代以前にすでに存在していた。すなわち、庭園である。庭園はその景色を眺めるための鑑賞庭園ではなかった。屋敷あるいは武家屋敷内での庭園はたんに鑑賞に止まらない宴、遊園の場であり、参加型＝非鑑賞型として存在していたのである。この点は、ポストモダンのツーリズムを考える際にも重要な点となる。

⑥コミュニティからの逃避　モダンなツアーについて、それは気晴らし、ストレス解消旅行であり、そこには日常を旅行という非日常によってバランスさせるという意味で「生活の合理化・知恵」があり、モダンな意味での「自己恢復（実現）」なのであると説明した。この点と深くかかるのが、コミュニティからの逃避という問題である。

筆者は「籠《こも》り型」の旅、すなわち「**籠り旅**」というものがあるように思う。旅が家の外に出ることであるのに対し、「籠り（籠る）」とは家にいて外に出ないこと、引き籠ることを意味するので、「籠り旅」とは一見矛盾するような妙な表現かもしれないが、それは旅という家の外に出て日常を非日常（旅）でバランスさせることと、日常（社会的な場）を避けて内に籠ることと本質的には違いがないという意味である。

日常生活の「場」とはコミュニティという「場」であり、職場という「場」である。したがって、日常を非日常でバランスさせるという手法は、コミュニティや職場と向き合うのではなく、コミュニティや職場からの逃避を意味することになる。自らの生き方という点と重ね合わせても、ある種のつながりへの契機として旅・行を位置づけることは重要である。

すなわち、コミュニティや職場の延長あるいはコミュニティ復帰や職場復帰への契機としてのアイデンティティの確認が求められるのである。

二　ポストモダンのツーリズム――スローツーリズム

ここでは「拡張型スロースタイル」の一つとしてスローツーリズムを考えてみることにする。その拠りどころとなる軸は、「スロー×ローカル軸」（SL軸）、「長期×共生軸」（LC軸）、「受容×経験軸」（AE軸）である。これらは、原田が本書序章で、また、三浦が本書終章で提示した軸であるが、スローツーリズムにおいても、

①経済軸と併せて文化軸、自然軸を重視することでサステイナビリティ（持続可能性）が実現する
②同時に、住んでいる場所を基点とした人間性の復権と生活軸の復権が可能になる
③時間消費を重視するライフスタイルがポストモダンとして期待される

とともに、④「ファスト×グローバル」との住み分けが重要な課題になり、これらの点とスローツーリズム独自の視点をミックスする複眼的思考が大切になる。

「スロー×ローカル軸」からみたスローツーリズム

「スロー×ローカル軸」（SL軸）からみたスローツーリズム（図1）は、いわゆる物理的な時間で測ったファストに対するスローではなく、徹底した時間消費を意味している。その意味で、パッケージツアーに代表される効率的な旅行とはその対極をなすものである。また、訪問先もグローバル化し、足元の地域には関心が向かない。こうした姿勢はグローバル化した訪問先の気候・風土・文化・生活様式そして何よりも地域に暮らす人々への関心への低さとも重なっている。

図1　「スロー×ローカル軸」からみたスローツーリズム

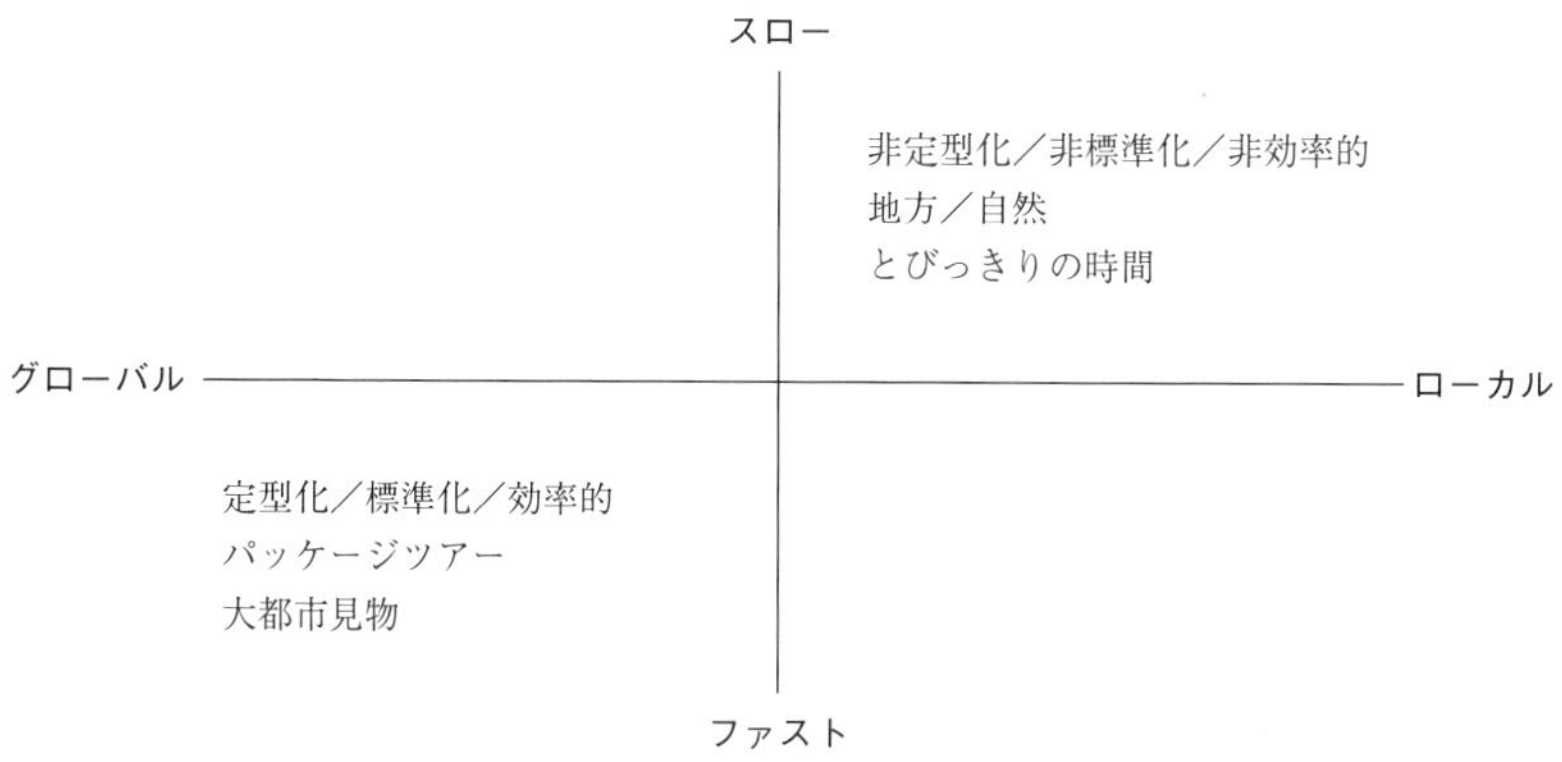

モダンなツアーを定型化された「旅」、すなわち、ファスト化かつ定型化・標準化されているという意味で効率化された「旅」とすれば、スローツーリズムは「非定型化」「非標準化」された旅を意味するものとなる。ここで言う「非定型化」「非標準化」とは自分なりの旅をアレンジして行うことを意味し、訪問先も有名な海外の観光都市とは限らず、むしろ、都市と対比される地方、それも訪れる人の少ない自然環境に恵まれた場・地域を示唆している。

またスローツーリズムは、徹底した時間消費という意味では「非効率的」な旅となる。ここに「非効率的」とは、物理的時間から見た非効率（効率性を最優先にしないという意味で）であるとともにモダンなツアーの表象である「生活の合理化」からの反れ＝とびっきりの「私の時間」の消費でもある。生活の主体者として人間のリズムにこだわる点でマイスタイルが継承されるのである。

「長期×共生軸」からみたスローツーリズム

「長期×共生軸」（LC軸）は訪問地における滞在時間の長短と訪問地の自然や暮らしに対するスタンスを掛け合わせた軸である（次頁図2）。モダンなツアーはファストで効率的である点に特徴をもつため、短期であり、また訪問地における自然への対処や人々とのコミュニケーションも「切り取り型」になり、ストレス解消、気晴らしという性質が加わると自然や人間へのコミュニケーションは狩人型・破壊型

図２　「長期×共生軸」からみたスローツーリズム

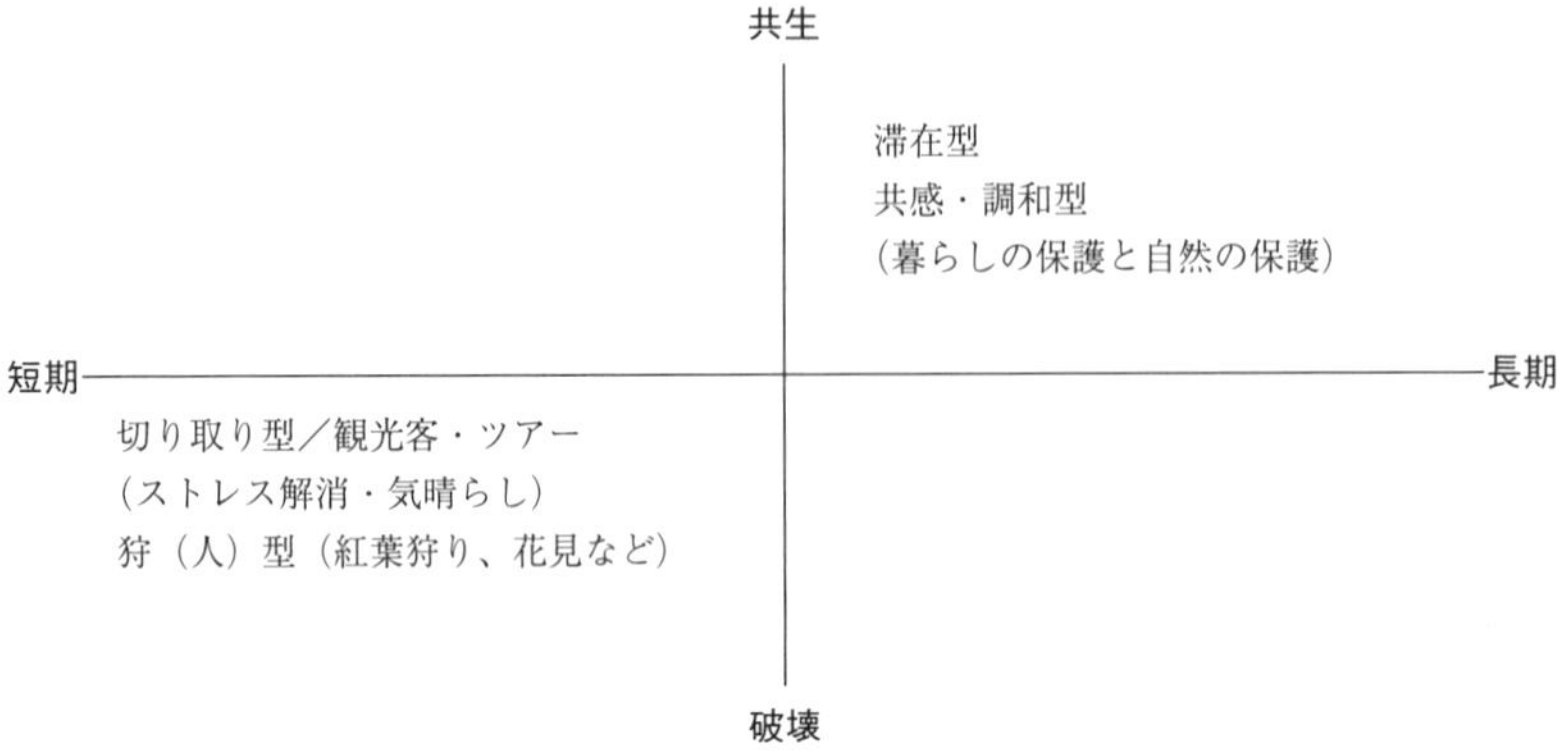

の性質を濃くしていく。

これに対し、スローツーリズムは長期滞在型で自然に和み、自然を保護する環境調和型の「旅」となる。また、長期滞在により、暮らしや自然の保護というスタンスは環境（自然・人間）への共感を醸成していく。短期であれば、単に観光客としてしか映らないが、より長期の滞在になるとコミュニティ意識が芽生えてくることになる。いわば「そこに住む人間の意思を読みとろう」とする姿勢が芽生えてくるのである。

このようにスローツーリズムは長期滞在型で環境（自然・人間）共感・調和型と特徴付けることが可能である。

「受容×経験軸」からみたスローツーリズム

「受容×経験軸」（ＡＥ軸）は、裏返せば「支配×消費軸」（ＣＣ軸）とも見なせ、これはモダンなツアーの特徴を表現するのに適している（図３）。

すなわち、モダンなツアーは物見遊山で対象を制御・支配する面をもち、また、ある意味でいわゆる路上観察者的ありようも、限定された観察対象を発見し、消費しているに過ぎない[6]。

もっとも大きな点は、「生活の合理化」の一環として、ツアーが「気晴らし」あるいは「心身のリサイクル」として位置づけられ、日常を「旅」という非日常でバランスさせてきたに過ぎないという点で

郵便はがき

料金受取人払

新宿北局承認

3362

差出有効期限
平成19年7月
31日まで

有効期限が
切れましたら
切手をはって
お出し下さい

169-879C

260

東京都新宿区
西早稲田三—一六—二八

株式会社 新評論

読者アンケート係行

読者アンケートハガキ

お名前	SBC会員番号 L 番	年齢
ご住所 (〒) TEL		
ご職業（または学校・学年、できるだけくわしくお書き下さい） E-mail		
所属グループ・団体名 連絡先		
本書をお買い求めの書店名 市区 郡町 書店	■新刊案内のご希望 □ある □な	
	■図書目録のご希望 □ある □な	

:びは新評論の出版物をお買上げ頂き、ありがとうございました。今後の編集の参考に
:めに、以下の設問にお答えいただければ幸いです。ご協力を宜しくお願い致します。

ワタイトル

り本を何でお知りになりましたか

新聞の広告で・新聞名（　　　　　　　）2.雑誌の広告で・雑
名（　　　　　　）3.書店で実物を見て
人（　　　　　　）にすすめられて　5.雑誌、新聞の紹介記
で（その雑誌、新聞名　　　　　　　）　6.単行本の折込み
ラシ（近刊案内『新評論』で）7.その他（　　　　　　　　）

買い求めの動機をお聞かせ下さい

著者に関心がある　2.作品のジャンルに興味がある　3.装丁が良
ったので　4.タイトルが良かったので　5.その他（　　　　　　）

)本をお読みになったご意見・ご感想、小社の出版物に対するご意見があればお聞か
さい（小社、PR誌「新評論」に掲載させて頂く場合もございます。予めご了承下さい）

店にはひと月にどのくらい行かれますか

（　　　　）回くらい　　　　書店名（　　　　　　　　　　）

、申込書（小社刊行物のご注文にご利用下さい。その際書店名を必ずご記入下さい）

名　　　　　　　　　　冊　書名　　　　　　　　　　冊

指定の書店名

店名　　　　　　　都道府県　　　　　　市区郡町

図3　「受容×経験軸」からみたスローツーリズム

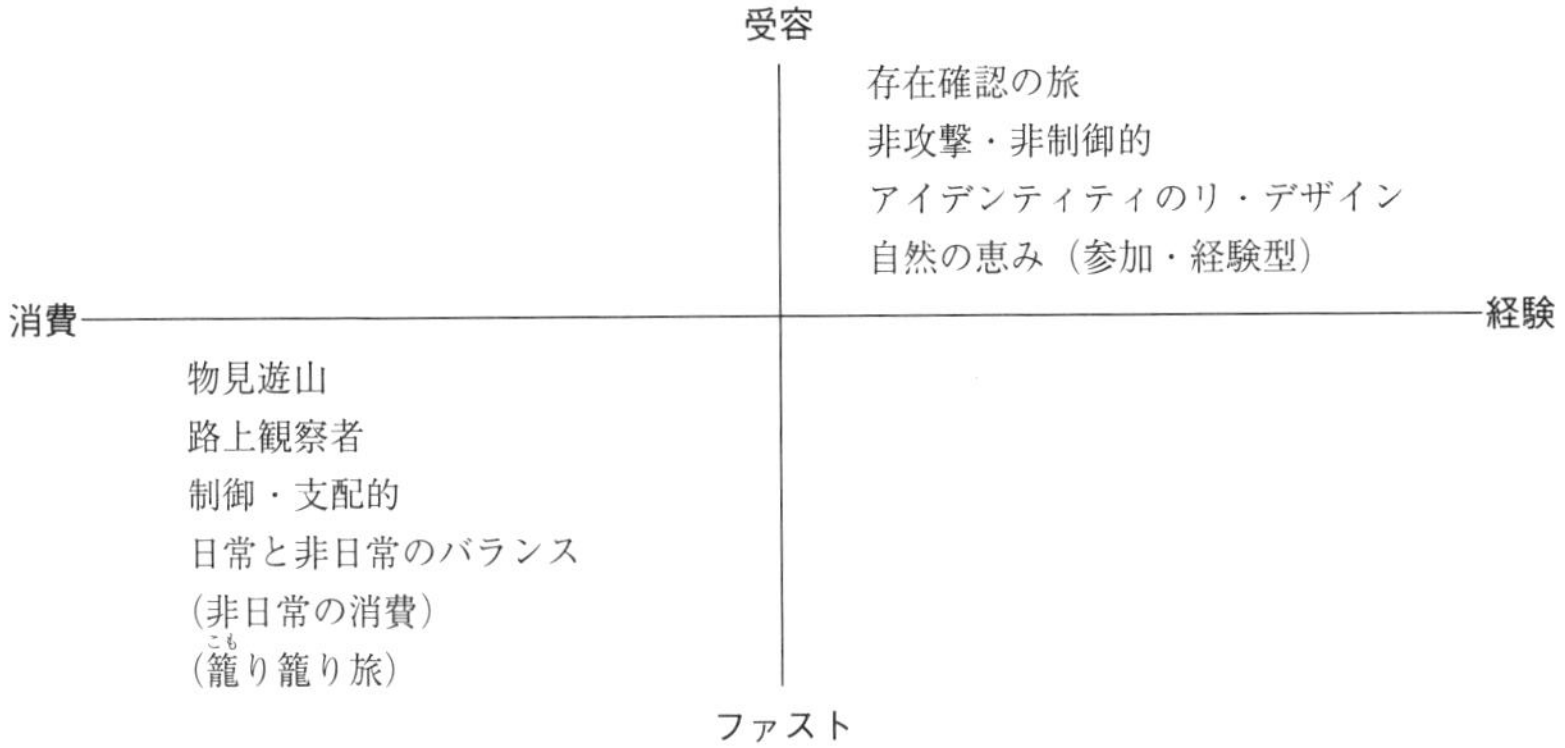

ある。これからは「生き甲斐」の絡む旅、自分探しの旅が重要となるという指摘もあるが、確かに「生活の合理化」（日常と非日常のバランスをとる）を超えた「旅」という意味では重要な指摘である。

　スローツーリズムはローカルなコミュニティとその重要な構成要素である自然に対する非攻撃的（非制御的）な姿勢とローカルなルールでの参加・経験型の「旅」として把握することができるが、もし、日常（自分の居住地での「長期×共生軸（LC軸）」での欠損）を非居住地での受容×経験（コミュニケーション）においてバランスさせるということに留まるのであれば、それは**「籠り旅」**の延長とも見えなくはない。

　時間を消去したい現代人は過去の経験をも消去したい訳であるが、今後はそれを超えて「とびっきりの私の時間」により人間存在の小ささと自分という存在の再確認を行える参加型の旅（アイデンティティ）を求めていくのである。そして、そこに、自らの内面（潜在的なもの）を肯定し、自己（としての同一性・アイデンティティ）を絶えずかわして自己を差異化することにより、新たなアイデンティティを生成するという行為、すなわち、アイデンティティのリ・デザインに特徴を見出すべきなのである。

三　アイデンティティをリ・デザインするスローツーリズムマーケティング

文化庁は二〇〇五年一一月に「わたしの旅一〇〇選」を発表した。日本の歴史や文化を再発見し、海外からの観光客に対しても魅力的な旅行プランを決定したのである。いわば、日本の魅力を海外に発信する狙いをもっている。明治期であれば、それは外交の重要な手段でもあった。

〈大賞〉は「"Japan"(漆器)をたずねる旅」で、七泊一一日で輪島塗、琉球漆器などの産地を巡り、製作工程を見学するだけでなく、漆器を使って食事を堪能してもらうというものである。また、〈特別賞〉には、「旧石器時代を体験する旅／オホーツク古代遺跡を訪ねて」(北海道)、「世界文化遺産白川郷と日本の匠の技を訪ねる旅」(岐阜、石川、福井、滋賀、愛知)、「万葉の旅」(京都、奈良など二五都府県)などが選ばれた。

観光産業立国としての期待も含まれており、ローカルな自然や文化を学習したり、ローカルなルールでの参加・経験型の「旅」というスローツーリズムの特徴も反映されてはいるが、スロー×ローカル軸に沿ってみると、ローカルな志向は感じられるが、スローという点では明確なものはない。

そこで、スローツーリズムマーケティングの展開を「旅心」を出発点において改めて考えてみよう。これまで、「日常＝苦」「非日常＝楽」という単純な図式を前提にしてきたが、必ずしもそうではなく、「日常＝楽」「非日常＝苦」としても捉える必要があり、また「旅」には、「苦／苦しさ」と「遊／遊び」という要素もある。

そもそも、「旅心」には次のような二つの要素が内包されているのではないだろうか。

それは、一つには心的安定性である。旅という行為そのもので心的なバランスを恢復させ、心的安定性(動的イメージとして経済学的には「均衡」)を実現するのである。

いま一つは、旅の目的に含まれる懐古、再会、確認といった要素であり、心的行為としての旅である。懐かしむ心は、喪われた人・こと・関係が内的に実在することの確認であり、悲しさ、寂しさ、憂い等の感情を含んでいる。

たとえば、「心の旅」という表現は、旅が単なる物理的移動ではなく、内面（潜在的なもの、心的風景）におけるある種の作用を表現しているのであり、そこには、発見、再確認、創造的な心的行為が示唆されているのである。モダンなツーリズムは移動そのものの快適性を前面に押し出し、また、日常の（あるいはそれ以上の）アメニティ（快適性）を旅先でも提供するということを通じて、日常の延長上に「心的安定性」を実現することを旅の目的として設定し、「旅人」にそれを消費させてきていた。

これに対し、ポストモダンツーリズム（＝スローツーリズム）では、気晴らしでもなく、レクリエーションでもない、新たなアイデンティティを生成するという行為、すなわち、アイデンティティのリ・デザインが旅の目的となる。この自己確認（アイデンティティの復活・確認、再生であるリジィリィエントアイデンティティスタイル）は、アクティブな、創造的な心的行為なのである。

スローツーリズムマーケティングは、こうした「旅心」を具体化することに可能性を見出せることになる。

おわりに――旅の準備は出来ているか？

モダンなツーリズムは、「旅」と「行」を「旅行」（トリップ）という便利な気晴らし、気分転換へと転化させた。この時点で、「行人」のもつ、道を行く人、旅人、使者、出征する兵士、仏道の修行者、などの意味を貫通する「自らの意思で明確な目的をもって道を行く人」という意味が薄らいだ。

他方で、「行人」に比べ、ただ単に生活力のない存在という意味ではなく、明確な目的をもたず、他国・他郷に流離《さすら》い住む人であり、厭世的な非日常性を帯びた漂泊の民にも似た存在の「流人《りゅうじん》」はどのように理解すればよいであろうか。「行人」に比べれば、その佇みの意識性は弱く映るかもしれないが、たんに日常からの逃避という意味にとどまらず、アイデンティティ（自己）の確認という積極面をもつと解釈すれば、それはモダンなツアーに欠けてはいるものの、期待されている要素をもつ存在として評価の俎上に載せることが必要となる。漂泊・流離も

「旅行」を超える要素をもっているのである。

リジィリィエントアイデンティティスタイルは「行人」と「流人」のもつ意思性と自己確認を結びつけ、強い形でアイデンティティを復活・確認、再生させるスタイルなのである。

スローツーリズムは、日常を非日常でバランスさせる消費型や籠り型の旅ではなく、漂泊・流離の積極性を含みつつ、自らのアイデンティティの再確認（正確には、創造）を通じて、自らの日常生活の場でのコミュニティ参加要求に火をつけるものである。

モダンなツアーの物質的時間や距離のイメージを意識してあえて表現すれば、旅は静止する歴史である。

旅の準備はできているだろうか？

注

（1）バーフィールドは real（現実の）、ideal（理想の）、entity（実在）、identity（同一）、individual（個々の）、universal（普遍の）といった思考のキーワードの生成が中世の哲学者によりなされたことを指摘するとともに、「精神と物質の厳密な関係を的確に述べるためになされた、長く苦しい闘争の成果の数々を、今使っているところだと、十分理解している人はまれである」（Barfield 1953, 邦訳一五三頁）とし、中世の哲学者達の偉大さを強調している。

（2）Barfield（1953）、邦訳二〇一頁。「感受性」や「感傷性」という、心に眠り喚起されるのをひたすら待っている多種多様な感情といった概念は、当時（一八世紀）発達し始めたばかりの性格に対する興味と結びついたとされる。ここから personality 概念も生まれてきたとされる。

（3）http://www.jttk.zaq.ne.jp/takasho/abc-036-travel.html 参照。

（4）ジプシー Gypsy は一六世紀はじめイギリスに現れたインドからの放浪民族であるが、エジプト Egypt から来たものと勘違いされ、頭音 E が消失し、Gypsy となったとされている。

（5）白幡（一九九六、八四頁）は桜の花見に集まる群衆の様を「群桜」という言葉で表現している。花見は群衆が飲食を通じてコミュニケーションをはかるものであるが、近年は風情の違いはあるがバーベキューパーティも盛んである。

（6）所謂、路上観察学は路上（屋外）に隠れ潜む、通常は景観・美観とはみなされない建物、看板、張り紙などを採集し、博物誌的視点や見立てによって解読を行う「考現学」である。その趣旨は、非実用性、非商用的なものを学問的に科学的に調査・発表していこうとする点にあるので、決して「一見面白そうな写真を撮って、悦にいる人たちのレベル」とは同じではないが、その活動を人間の残したものを記録することに限定し、留まっている点に特徴がある。

参考文献

Barfield, Owen（1953）, *History in English Words*, London : Faber and Faber.（渡辺昇一・土家典生訳（一九七八）『英語のなかの歴史』中公文庫）。

Deleuze, Gilles（1962）, *Nietzsche et la Philosophie*, P.U.F.（足立和浩訳（一九七四）『ニーチェと哲学』国文社）。

Deleuze, Gilles（1968）, *Différence et Répétition*, P.U.F.（財津理訳（一九九二）『差異と反復』河出書房新社）。

Deleuze, Gilles（1965）, *Nietzsche*, P.U.F.（湯浅博雄訳（一九九八）『ニーチェ』筑摩学芸文庫）。

Gibran, Kahlil（2001）, *The Madman*, 1918, *The Forerunner*, 1920, *The Wanderer*, 1932, Dover Publisher.（長井香里・小森健太郎訳（一九九三）『漂泊者（さすらいびと）』壮神社）。

William B. and Jr. Swann（1999）, *Resilient Identities : Self-Relationships and the Construction of Social Reality*, Basic Books Published.

赤瀬川原平他編（一九八六）『路上観察学入門』筑摩書房。

金森敦子（二〇〇四）『伊勢詣と江戸の旅――道中記に見る旅の値段』文藝春秋。

神崎宣武（二〇〇四）『江戸の旅文化』岩波書店。

白幡洋三郎（一九九六）『旅行ノススメ――昭和が生んだ庶民の「新文化」』中央公論社。

白幡洋三郎（一九九八）『庭園の美・造園の心――ヨーロッパと日本』日本放送出版協会。

松尾理也（二〇〇六）『ルート66をゆく』新潮社。

松坂耀子（一九九三）『江戸を歩く――近世紀行文の世界』葦書房。

松坂耀子（二〇〇二）『江戸の旅を読む』ぺりかん書房。

柳田国男（一九二七）「旅行の進歩及び退歩」一九二七年二月、駒場学友会講演。

第4章　ウチとソトの連続性

——環境と対話するスローリビング

熊倉広志

Summary 経済の成熟化や少子化などにより住まいが量的に充足されてきたことを背景に、住まいが質的に変化し、冗長性が発現してきている。冗長性は、その曖昧性や転用性ゆえに、住まいの外部と内部とを架橋する。このとき、生活者は、外部環境と共生しその資源をより活用できるようになる。本章では、冗長性が生む外部環境と内部環境のかかわりに注目し、生活者の論理に依拠した新たな住まいの概念を、長期、編集、対話、受容、共生と表現し、これをスローリビングとして提案する。(1)

Key Word ●冗長性●中間的領域●共生●環境●編集●対話●受容

はじめに——無用の用

かつて伝統的な日本家屋において見られたものの、特に一九六〇年代以降、住まいの欧米化と都市化の中、姿を消していった土間、式台、縁側、月見台、さらには用途を限定しない居室などが近年あらためて注目されてきている。効率化のもと無駄、無用な空間として排除されていった土間や縁側が、無用であるがゆえに有用性を見出され、再び見直されてきている。

その背景として、社会や経済の成熟化などにより住まいが量的に充足されてきたことが挙げられる。そして、財が量的に充足されるとき質的な変化が起こり、冗長性が生まれる。冗長性とは、財の機能の多様化や差異化と、それによる財の使い分けとが生じるとき、財の有するある機能が、ある状況においては有用であるものの、別の状況においては無駄、無用となることをいう。

冗長性を表現する事物のひとつとして、土間や縁側が挙げられる。土間は、外部環境と内部環境とを架橋するインターフェース（中間的領域）であり、住まいの内部にある外部環境であり、外部環境にある内部空間である。従前の住まいにおいては、内部空間のみが注目を集めてきた。しかしながら、外部環境と共生しそこからの恵みを資源として用いることにより、生活者の論理に依拠した人間性溢れる住まいが可能となるだろう。

一　住まいの冗長性とライフスタイルの変化

住まいの冗長性

住まいが余っている。たとえば、ある家族の場合、長女夫婦と子供二人が住む茨城の一戸建て、その近所に長女の老母が住む一戸建て、老母がかつて住んでいた豊島区の一戸建て、次女夫婦が住む墨田区の集合住宅、次女が結婚前に住んでいた港区の集合住宅、そして末男が住む江戸川区の集合住宅と、四世帯八人で六戸の住まいを所有する。さらに、次女と末男には子供がないため、孫世代になると長女の子供二人で六戸の住まいを相続することになる。

こうした現象は、巨視的にも指摘できる。すなわち、住宅数が三五四五万戸（一九七八年）から五三八九万戸（二〇〇三年）へと大きく増加する一方、世帯人口は一億一五〇〇万人（一九七八年）から一億二七四六万人（二〇〇三年）へ微増にとどまっている。このため、一世帯当たりの住宅数は、一・〇八戸（一九七八年）から一・一四戸（二〇〇三年）へと増加している（矢野恒太記念会　二〇〇五）。

今後も住宅余剰は進行していくだろう。この理由として、まず、人口動態が挙げられる。具体的には、人口減少が見込まれることにより、住まいに対する潜在的需要が減少することが考えられる。出生数と死亡数との差異だけを見れば、日本の人口は既に減少し始めている。二〇〇五年において、出生数が一〇六万七〇〇〇人と過去最低であった一方、死亡数は一〇七万七〇〇〇人へと増加したため、一万人の人口自然減となった。これは、一八九九年（明治三二年）に調査が開始されて以来、初めての現象であり(2)、人口減少時代が到来したことになる(3)。

次に、少子化により、親世代から相対的に多くの財産を相続することが可能となってきていることが挙げられる。出生減による少子化は、親から子へ相続および贈与される不動産や動産を相対的に増加させることにより、若い世代の住宅取得を容易にする。高齢者は多くの資産を所有している。たとえば、世帯主が六〇歳以上である世帯の比率は二九・四％であるにもかかわらず、資産全体の四三・九％を占める（内閣府　二〇〇五a）。不動産においても、自宅または賃貸用住宅を所有(4)すると回答した比率は、四〇代で六六％、五〇代で七九％、六〇代以上で八八％にものぼる(5)。一方、贈与を受けるべき世代の人数は相対的に少ないため、子供一人当たりが受け取る資産は大となる。たとえば、妻の親と同居する世帯では、四四％が援助を受け、その平均は月額七万三〇〇〇円にものぼる(6)。そして、同居、別居にかかわらず結婚後も四分の一の世帯で住宅ローンや生活費の援助を受けている（内閣府　二〇〇五a）。さらに、日常的な家計援助のみならず、親から多額の住宅資金援助も得ている。住宅や土地を取得するための贈与（住宅等取得資金の生前贈与）は、一人当たり平均一四八五万円と大きく増加してきている。贈与の対象は、二〇代（全体の一三％）、三〇代（同五三％）、四〇代（同二五％）など住宅の第一次取得者が中心である（内閣府　二〇〇五a）。これにより、かつては住まいを所有できなかったかもしれない人々が、（ときには複数の）住まいをより容易に取得できるようになってきている。第二次ベビーブーム（一九七一～七四年）を小さなピークとして出生数は減少しているため、団塊ジュニア世代以降、この傾向はより顕著となる。

住まいが余っている現象として、経済の成熟化などを背景に、セカンドハウスなど複数の住まいを所有する世帯が増加していることも挙げられる。すなわち、東京圏において、別荘やセカンドハウスを「既に所有」ないし「取得を計画」している世帯は五・五％、「取得を希望」している世帯を含めれば一三・〇％にものぼる。特に、高額所得者において顕著である（国土交通省　一九九八）。また、国土交通省の調査によれば、東京圏に住む団塊の世代（一九四七～一九四九年生まれ）の二割が、季節や気分に応じて、複数の住まいを使い分けたいとしており、その半数が相続や別荘購入などにより実現可能性は高いと考えている（日本経済新聞　二〇〇六c）。すなわち、平日は、東京のマンションに住み都心のオフィスで勤務し、休日は、田舎の別荘でゆっくり過ごすといった現象（スローハビテーション）は、今後、より普及していくだろう。

さらに、住まいは、量的に充足されるのみならず、質的水準も高まってきている。たとえば、持家の場合、着工新設住宅の広さは一戸当たり七五・七㎡（一九六〇年）から一三四・三㎡（二〇〇四年）へ、また、一住宅当たりの居住室の広さは三四・七畳（一九七八年）から四一・五畳（二〇〇三年）へと拡大している（矢野恒太記念会　二〇〇五）。これらにより、住宅に対する満足度も高まってきている。たとえば、住宅に対して「満足」および「まあ満足」との回答は、四七・六％（一九八八年）から五一・四％（一九九八年）へと高まってきている（国土交通省　一九九八）。

従来、住まいは非常に高価であり、取得や所有が容易ではなく、一生の間で頻繁に購買するものではなかった。この点で、住まいは、生活者にとって唯一無二のものであったと理解できる。しかしながら、望めば容易に取得できる、複数所有が可能となるとき、住まいは唯一無二のものではなくなる。事実、「住宅はなんといっても一生ものだ」と考える人が少なくなってきている（川島他　二〇〇五）。

財の量的な充足は、質的な変化をもたらす。唯一無二の財であれば、生活者はそのまま使おうとする。しかし、生活者が複数の財を所有し、財の機能間に重複があるとき、財の使い分けが起こる。すなわち、財としての同質性を確保しながらも、機能の一部が進化し異なる機能を有するようになる（機能の差異化、多様化）。このとき、差異化、多様化した機能は、ある状況では有用であるかもしれないが、別の状況では不必要となる。すなわち、財の冗長性（redundancy）が発現する。(7) **冗長性**とは、財の機能の多様化、差異化と、それによる財の使い分けとが生じるとき、財が有するある機能はある状況においては有用であるものの、別の状況においては無駄、無用となることをいう[8]。

冗長性が観察できる財の具体例として、クルマが挙げられる。もし、世帯に一台しかないのであれば、通勤、買物、旅行など様々な用途に用いることができるよう、最大公約数的なクルマが求められる。たとえば、かつては四ドアセダンであり、現在はミニバンが相当しよう。一方、複数のクルマを所有、利用するとき、機能が重複することになる。たとえば、クルマを三台持っているとき、いずれも買物、通勤、旅行に利用できる。ここで、クルマの機能の多様化、差異化と、それによる使い分けが発生する。すなわち、一台目は高プレステージの高級四ドアセダンを通勤用として用いる、二台目は小さくて取り回しが容易なコンパクトカーを買い物の足として使う、さらには、大人数が乗車でき荷物がたくさん積め不整地や雪道も通行可能な四輪駆動のSUVを旅行用として用いることなどである。このとき、いずれのクルマも移動や運搬のための機能を有しており、機能が重複している点で冗長である。さらに、買物において、高級四ドアセダンのプレステージは冗長であり、旅行において、コンパクトカーの取り回しの良さは、必ずしも必要とされてはおらず、通勤においては、四輪駆動の走破性は冗長である。

同様に、もし複数の住まいを所有するならば、住まいの機能の差異化、多様化が発生する。たとえば、二軒の住まいを利用するならば、隣接する同じ間取りの住まいではなく、一方は、平日の通勤や仕事のためのコンパクトだが機能的で交通の便が良い都会の住まい、他方は、週末に趣味、レジャー、リフレッシュのための不便だがのんびりできる田舎にあるセカンドハウスであろう。なお、複数の住まいを利用している場合のみならず、望めばそれが可能である場合や、現在の住まいに代えて新たな住まいを将来、利用可能である場合などにも、冗長性は発現することに注意しよう。それは、住まいを唯一無二のものと考えるか否かが問題だからである。

ライフスタイルの変化

財が量的に充足するとき、冗長性が生まれる。このとき、生活者は機能の重複による無駄を許容しつつ、その中に有用性を見出そうとする。このため、住まいにおける冗長性は、生活者が住まいをどのように利用するのか、そこでどのような生活を営むのかに深く関連する。そこで、住まいの冗長性がもたらす生活者のライフスタイルの変化と、同時にライフスタイルの変化がもたらす住まいの冗長性を検討する。

ライフスタイルの変化として、まず、時間消費を挙げることができる。経済の成熟化などを背景に労働者一人当たりの労働時間は減少している。たとえば、日本における年間総実労働時間（製造業、二〇〇一年）は、一九四八時間と、ほぼ米英並みになってきた（アメリカ一九四六時間、イギリス一八八八時間）。この結果、一人当たりの自由な時間は増加してきている。すなわち、自由時間を意味する三次活動の時間は、週平均五・一時間（一九八一年）から六・三時間（二〇〇一年）へと増加している（総務省　二〇〇一）。さらに、高齢化により、国民全体の自由時間の総量も増加している。たとえば、国民全体の三次活動への投入時間（自由時間）は、七・二一億時間（二〇〇〇年）から七・四九億時間（二〇一〇年）へ増加すると推定される[9]。そして、自由な時間が増加するなか、（何かの活動のために手段としてではなく）時間を費消すること自体が目的となる時間消費が活発になりつつある。たとえば、日曜大工やガーデニングを行うこと、ペットを飼うこと、自宅でのホームパーティーやバーベキューパーティーを開くこと、日常生活の中でティータイムを楽しむことなどである。

時間消費には、**環境**[10]とのやりとりが含意されることに注意しよう。すなわち、時間消費には、特定の個人だけで完結することなく、何らかの他者が介在することが多い。たとえば、ガーデニングやペット飼育においては、自然環境の下、長い時間を経ながら動植物を育成しようとする。また、パーティーでは、知人、友人など他者との交わりを楽しむ。日曜大工は、住まいの内装に手を加えることなどにより、環境を変化させる。すなわち、時間消費とは、往々にして、時間を消費しながら環境（他者）とのやりとりそのものを楽しむ行為であり、環境消費であるとも解釈できる。

住まいに関連するライフスタイルの変化として、次に、雇用形態や労働形態の多様化、情報通信技術の発展などを背景とした在宅勤務の登場が挙げられる。たとえば、自宅での時間消費や生活時間、勤務時間が増加するとき、住まいに求められる機能が多様化する。すなわち、生産要素としての労働力を再生産するための場という限定された機能ではなく、生活そのものを楽しみ、ときには創造的活動を行うための機能が新たに求められるようになる。そして、そうした機能は常に利用されるとは限らないこと、また、同一家族であっても人によって求める機能は異なることなどにより、従前の住まいに比して冗長である。たとえば、ペット専用の足洗い場は、ペットの足を浴室で洗っていたときに比べ冗長である。また、浴室のバリアフリー機能は、高齢者や障害者にとっては必要不可欠であるかもしれないが、健常者には同じく冗長である。

二　住まいのマクドナルド化への批判

住まいにおける企業の論理

これまでの日本の住まいは、売り手である企業の都合に合致するよう生産、販売されてきたと言える。具体的には、まず、品質を犠牲にした低コスト化を指摘できる。これは、生活者は住まいの情報を完全には保有していないため、企業が品質よりコストを重視する圧力が働くことなどによる。その象徴的な現象が、構造計算書を偽造し、耐震強度が不足する住宅を建築した事件である。より身近な現象として、石綿など低コストだが有害な素材が多用されてきたことなどが挙げられる。

次に、買い手を犠牲した低コスト化を指摘できる。すなわち、住宅は人生における最も高価格な買物であるにもかかわらず、集合住宅の場合、簡単なパンフレットとモデルルームだけに基づいて、竣工前に購入することが通例である。このため、自分が購買する住まいの詳細を事前に充分には把握できない。さらに、多くの場合、（竣工前に購買するにもかかわらず）間取りや仕様の変更が許されていない。そして、注文建築においても、建築会社などがおおまかなプロトタイプを示し、ある範囲内でしか設計変更が許されていないことが多い。さらなる具体例として、集合住宅の設計における「羊羹切り」「田の字」プランなどが挙げられる。羊羹切りとは、集合住宅において各戸を羊羹のように区切ることである。これにより、各戸とも少なくとも二方に窓を設けることができる。また、田の字プランとは、羊羹切りした住宅において、廊下側に二つ、ベランダ側に二つ居室を設けることをいう（この結果、居室が田の字に並ぶ）。設計が容易であり住宅を標準化できるためコストを削減できる。ただし、廊下側の居室のプライバシーを確保することが困難であるなど、生活上の問題がある。生活者の犠牲の上に、低コスト化が図られてきた。

このように、コスト削減のため、住まいをいかに画一化、標準化するか（設計コストの削減と、資材の共通化による大量調達が可能となるため、建設コストの削減を実現できる）、いかに短期間で設計、施工するか（資金調達コストや生産コストを削減できる）に注意が払われてきた。これは、価格引き下げに貢献したという点で、生活者の便益につながったことは事実ではあるものの、いかに都合よく生産、販売するかという企業の論理から生まれたと考えられる。企業の論理がまかり通っていることは、住まいに関する情報は膨大かつ専門的であり、生活者に比べ企業側が圧倒的に大量の情報を有しているという情報の非対称性を背景に、構造計算書の偽造が横行することなどにも示されている。

住まいのマクドナルド化

企業の論理による画一化、標準化と低コスト化は、住まいの「マクドナルド化」に他ならない。マクドナルド化とは、脱人間化による合理化であり、本来は消費者が持つべき多様な購買、消費手段を企業が持つことにより、企業が消費手段を特定化し、それを消費者に強制し、消費者はその消費手段に合わせざるを得なくなる現象である（Rizzer 1996）。ここで重要なのは、単なるコスト削減のための標準化ではない。企業の論理の基づいてそうした施策が行われることによって、生活者が持つべき購買、消費手段を企業が有するようになり、その結果、生活者は企業の提示する購買、消費手段に従わざるを得なくなること、さらに、生活者の生活が企業によって規定されてしまうことが問題なのである。

たとえば、集合住宅の場合、企業が設計、建設した住戸を、生活者はパンフレットとモデルルームだけを見て竣工前に購買しなければならず、さらに各人の趣味、嗜好に応じて間取りや仕様を変更することが許されていないことが多い。すなわち、企業が提示する住まいを、生活者は受け入れるか、受け入れないかの選択肢しか与えられず、生活者の要望が改めて吟味されることはない。そして、企業側が設計した住まいを受け入れ、そこで生活するとき、生活者の生活は、企業によって規定されることになる。たとえば、家族がどのように住むかは、家族自身の希望ではなく、間取りに依存するだろう。居室を細かく区切った住宅に住むことにより、家族が個室にこもり、交流が失われてしまうかもしれない。

企業の論理に基づいて住まいの設計、施工、販売（ないし購買、消費）が制度化されるとき、生活者はその支配下におかれることになる。この結果、低コストだが、消耗品とでも言うべき粗悪な住まいが作り出されてきた。たとえば、住宅の使用年数の平均は、イギリス七五年、アメリカ四四年に対し、日本は二六年に過ぎない。構造や自然災害の発生頻度などの違いはあるものの、使用が短期間であるという点で消耗品である。そして、住まいが消耗品であるならば、そうした財の販売対象である生活者もまた消耗品である。低コストであるという理由で設計された、羊羹切りや田の字プランの住まいにおいては、廊下側にも部屋が配置される。そして、廊下側の部屋は採光上の理由により、寝室として利用されることが多い。廊下に面した部屋では、廊下を歩く人の足音や話し声が聞こえるだけでなく、当然に、部屋の音が廊下に漏れる。寝室での夫婦の営みや睦み声が廊下に聞こえてしまうような住居に住まざるを得ない生活者は、企業にとっての消耗品以外の何者でもない。もし企業が生活者の生活を真に良いものとしようと考えるならば、そんな住まいを設計できるはずがない。一方、表立って不平、不満を表明せずにそうした住まいを購買する生活者にとって、住まいとは、生きていくための単なる必需品としてしか捉えられてこなかったのかもしれない。企業の論理に基づいてマクドナルド化された従来の住まいにおいては、消耗品としての生活者に対し、消耗品としての住宅が販売され、生産要素としての労働者を再生産するための生活が営まれてきたと解釈できる。

三　生活者による消費手段の復権

新しい住まいのありよう

日本においては、企業の論理の下、生活者の多様な生活を充分には考慮しない標準化、画一化された住まいが作り出されてきた。それは、生産要素としての労働者の再生産のための最低限の住まいであり、くすんだコンクリートジャングルのうさぎ小屋をイメージできるかもしれない。一方、生活者も廉価な住まいを入手すべく、企業による抑圧を甘受してきた。

企業の論理に依拠して住まいが提供されてきた結果、品質はともかく量的には充足をみた。同時に、時間消費や環境との共生など、住まいにかかわる新しいライフスタイルが台頭してきた。このとき、新たな住まいが求められるようになる。すなわち、生活者は「企業から押し付けられた住まい」をよしとせず、消費の手段を自らの手に取り戻すことにより、生活者の論理に依拠した住まいを求めるようになってきている。具体的には、各人の嗜好と生活にあわせた住まいであり、再生産のための手段ではなく、快適に生活することそのものが目的となる住まいである。(11)

外部環境との連続性

生活者の論理に依拠し人間性の復活を可能とする新たな住まいとして、外部環境との共生の中で、冗長性を活用することにより、自身の生活を自在に編集できる住まいが考えられる。具体例として、まず、土間や縁側などの利用が挙げられる。これらは、かつての日本家屋においてよく見られた空間であったものの、経済至上主義や効率優先の中で無駄、無用な空間と捉えられ、姿を消していった。京都の町屋の通り庭は、土間の一種である。京町屋は、表通りに面した店舗と奥の住居から構成され、表から裏まで敷地全体を通り庭と呼ばれる細長い土間が貫く。通り庭は、店舗部分にある見世庭、家屋の玄関に面した玄関庭、炊事場にもなっている走り庭に分けられ、それぞれが中戸で仕切られている。そして、上部は吹き抜けになっている。通り庭の機能は多様である。たとえば、奥の倉庫から店頭に商品を運搬したり、かつては糞尿を運び出したりする通路であった。また、炊事場の換気、住戸の採光にも用いられ、さらに、火災の際には、煙の逃す煙突であり、隣家への延焼を防ぐ防火機能も有していた（日本経済新聞　二〇〇六b）。多様な機能を有していたものの、町屋の衰退と共に通り庭も廃れていった。

通り庭、土間、縁側などの特徴は、他の空間では代替できない固有の機能を有する必須の空間というより、用途を限定しない転用性、曖昧性に富む点にあるだろう。固有の機能を有していなかったため、空間を効率的に使おうとするとき排除されていった。しかしながら、最近、土間や縁側は、その冗長性ゆえにむしろ高い機能性と利便性を持ち、住まいと生活を豊かにすると改めて認識されつつある。たとえば、外部の光や風を通すことができるため、屋外空間を切り取って部屋に引き込んだような印象を与え、開放感にあふれ、室内を広く感じさせることができることなどから、意匠面から注目されてきている（日本経済新聞　二〇〇六b）。さらに、利用面では、日曜大工、ガーデニング、ペット飼育、アウトドアライフの準備、スポーツの練習などの趣味、また、子供の遊び場、気軽なホームパーティーなど交流の場として、生活者の生活スタイルに合わせて多様に用いることができる。すなわち、土間や縁側は、日本家屋が有していた用途を限定しない転用性の高い空間である。そして、住まいの中にある外部空間であり、同時に住まいの外にある内部空間であるという、外部環境と連続した曖昧な**中間的領域**という特徴をもつ。そして、冗長性ゆえに外部空間と内部空間との区切りを生活者が自由に設定できることから、自己の生活様式に合わせて多様に活用可能であることが再評価されてきているようだ。

環境との共生

冗長性に注目しながら、自身の生活を自在に編集しようとする試みのうち、特に環境との共生を強く意識した最近の動きとして、環境や健康に配慮した住まいが挙げられる。これは、従来のコスト優先の住まい作りに対し、多少の経済性は犠牲にしても、環境や自然を重視することで持続可能な社会を実現しようとする試みである。

具体例として、中水の活用が挙げられる。これは、雨水や排水を再生処理してトイレの洗浄水、冷却用水、植栽や庭への散水などに再利用する水のリサイクルシステムである。上水と下水の中間として中水と名付けられた。汚濁度の低い風呂や洗面の排水などは、比較的簡易な方法で浄化、再利用でき、上水道の使用量や浄化処理コストを削減できることなどから、環境に対する負荷を低減させることができる。これまで、家庭で利用される（そのために家庭内に蓄積されている）水としての上水、利用済みで家庭外に排出されるべき水としての下水があった。ここで、中水とは、家庭の内部でどのようにも利用可能な上水でもなく、家庭の外部に無条件で排出すべき下水でもなく、両者の中間にある、飲用や洗面には適さないがそれ以外には利用可能な曖昧な存在であることに気づく。そして、中水は、水の機能の差異化、多様化から生まれたこと、中水はある状況においては有用であり、別の状況においては無用であることなどから、冗長性が高いと解釈できる。そして、冗長性に注目し、上水と中水とを使い分けるとき、地球環境への貢献が達成される。

環境との共生を意識し持続可能な社会を目指す試みのひとつとして、さらに、埼玉県「七彩の街」[12]が挙げられる。従来のニュータウンとは異なり、特定の年代のみならず、乳幼児から老人までの多くの年代の住民に住んでもらおうとする。特定の年代のみを対象としたニュータウン開発は、効率的に整備が可能であるものの、発展性や持続可能性などの点で問題がある。そこで、経済効率を犠牲としながらも、様々な施設整備や配慮を行うといった冗長性を許容することにより、持続可能な地域社会を形成しようとする。

同様に、環境や健康に配慮する住まいの試みとして、屋上やベランダなどの緑化、茅葺きを用いた屋根、床暖房やオイルヒーターの利用、有害物質を含まない建築資材の利用、バリアフリー化などが挙げられる。

住まいの自己編集

外部環境との共生の中で、冗長性に注目しながら、自身の生活を自在に編集しようとする試みのうち、生活者の自己実現を意識した最近の動きとして、生活者自身による住まいの自己編集が挙げられる。住まいとは極めて公的な存在である（日本経済新聞　二〇〇六ａ）。それは、そこに住む生活者のみならず、周囲の生活者や環境に大きな影響を与えるからである。住まいを公的な存在として捉えつつ、経済性や効率性を超えて、住まいにおいて自己の生活を実現しようとする試みのひとつとして、コーポラティブハウスが挙げられるだろう。

コーポラティブハウスとは、住まいやコミュニティについて特定の考え方に共感する生活者が集まり、建築組合を結成し、話し合いを通じて、土地の取得、意匠設計、建築、維持管理までを自ら行おうとする試みである。具体例として、東京都世田谷区「欅ハウス」が挙げられる。これは、江戸時代から続く欅の杜を中心とする自然環境を守り、自然や古民家と共生する生活をしたいと考える地主とそれを支持する生活者とによって作られた。ここの容積率は三〇〇％であったものの、景観や自然環境を鑑み容積率を一八〇％に抑え、さらに、欅の巨木を残し新たな植栽と屋上緑化などにより、自然環境との共生とそこでの快適な生活を実現した（アエラ　二〇〇四）。自然環境のみならず、特定の趣味、特定の建築意匠などを愛する生活者が集いコーポラティブハウスを作り出している。

こうした試みは、自然や他の生活者という外部環境との共生と、それによる住まいの自己編集とを可能にする。同様の試みとして、他に、リフォーム、集合住宅におけるスケルトン工法（躯体部分は企業によって予め設計、施工されているものの、間取り、内装、設備などは生活者が自由に設計できる）などが挙げられる。

四　外部環境と内部環境との対話と共生

住まいの論理――短期、標準化・画一化、遮断、支配、排出

第一節における議論によれば、従前の住まいは、経済至上主義、効率至上主義に依拠し、標準化・画一化された住まい（グローバル）を、低コストで短期間（ファスト）に建築してきたことになる。一方、新たに胎動しつつある住まいにおいては、生活者各人の趣味、嗜好が重視（ローカル）される。さらに、時間をかけて丁寧に建築された

表1　従前の住まいと新たな住まい

視点	従前の住まい	新たな住まい
時間	短期（ファスト）	長期（スロー）
空間	標準化・画一化	（冗長性を活用した）編集
環境への行為	遮断	対話
環境との関係	支配	受容
環境への影響	排出（外部化・破壊）	共生

住まいにおいて[13]、時間消費がなされるなど、ゆったりとした時間の流れが重視（スロー）される。すなわち、従前の住まいは「グローバル×ファスト象限」に、新たな住まいは「ローカル×スロー象限」に位置付けられる。

ここではさらに、従前の住まいと新たな住まいとを比較していこう（表1）。従前の住まいを特徴付ける概念として、短期（ファスト）、標準化・画一化、遮断、支配、排出（外部化・破壊）を考えることができよう。まず、短期とは、低コスト化のため建築期間を短縮しようとしてきたこと、そうして作られた住まいの使用期間は他国に比べ短いことなどを表現している。また、標準化・画一化とは、短期間に低コストで建築するために、企業の論理に依拠して、生活者各人ごとのライフスタイルを無視したあてがいぶちの住まいが提供されてきたことをいう。

住まいを物理的空間として捉えるならば、外部環境と内部空間を分かつ物理的障壁が必要となる。この点で、住まいの建築とは、外界から内部を遮断する行為と解釈できるかもしれない。そして、従前の住まいにおいては、外部環境からは遮断された内部環境において、自然の時間の流れとは無関係に、生活者は独自に切り取った時間を過ごしてきた。たとえば、深夜であっても、住まいに煌々と明かりをつけ昼間のように生活することなどである。

外部環境から内部環境を遮断したとき、生活者はそれらとどのような関係を構築するかが問題となる。従前の住まいにおいては、外部環境から遮断した内部環境を、独立した時空間として支配しようとしてきたと理解できる。たとえば、外は夜でも住まい内部は明るい、外は夏でもなかは涼しい、外は雨でもなかは乾燥しているなどである。

ここで、従前の住まいにおいては、排出ないし破壊といった表現を与えることができるだろう。これは、内部不経済の外部化とそれによる環境悪化を意味する。生活に際しては、たとえば、ゴミ、排水、熱気、湿気など生活に伴って様々な不経済が住まい内部に発生する。これらの不経済を外部化（排出）することによって、内部環境（自分の住まい）のみを快適にしようとしてきた。一方、それによってゴミ問題、水質汚染、温暖化などを発生させてきた（破壊）。

従前の住まいとして、短期（ファスト）、標準化・画一化、遮断、支配、排出（外部化・破壊）といった概念に表現されるように、目先の利益にとらわれて外部環境を破壊しながら、外部環境とは隔絶した内部空間のみで完結する生活をイメージできるだろう。そして、こうした住まいは、マクドナルド化の下、企業の論理に基づいて設計、建築されてきたことに改めて注意したい。すなわち、物理的障壁に遮断された空間が住み手の意思とは無関係に与えられ、あてがいぶちの住まいに起居するとき、本来は自由であるべき生活様式が、企業から与えられてしまう結果（制度的生活）、必然的にこうした生活しか送りえなくなる。

住まいの新たな論理――長期、編集、対話、受容、共生

短期（ファスト）、標準化・画一化、遮断、支配、排出（外部化・破壊）と表現される住まいは、決して人間本来のものではないだろう。新たに伸張しつつある人間的なライフスタイルにおいて求められる住まいとは、短期（ファスト）に対する長期（スロー）、標準化・画一化に対する（冗長性を活用した）編集、遮断に対する対話、支配に対する受容、排出（外部化・破壊）に対する共生といった概念で表現できるだろう（次頁図1）。

まず、環境への行為として、従前の住まいにおける遮断に対し、新たな住まいにおいては対話を指摘できるだろう。**対話**とは、外部環境と内部環境とを遮断することなく、内部空間を外部に対して開放し、外部環境との連続性を維持しながら、両者の区切りを自由に変更可能とすることをいう。具体例として、土間や縁側などが挙げられる。縁側は、窓を閉めれば外部環境と内部環境とを分かち、廊下や部屋として内部空間の一部を構成する。また、窓を開け放てば外部と内部とを一体化し、廊下ないし部屋とも庭ともつかぬ中間的空間を作り出す。縁側は、外部環境と内部環境との架橋、すなわち、両者の対話を生み出す。

図1　生活者の倫理に依拠した新たな住まい

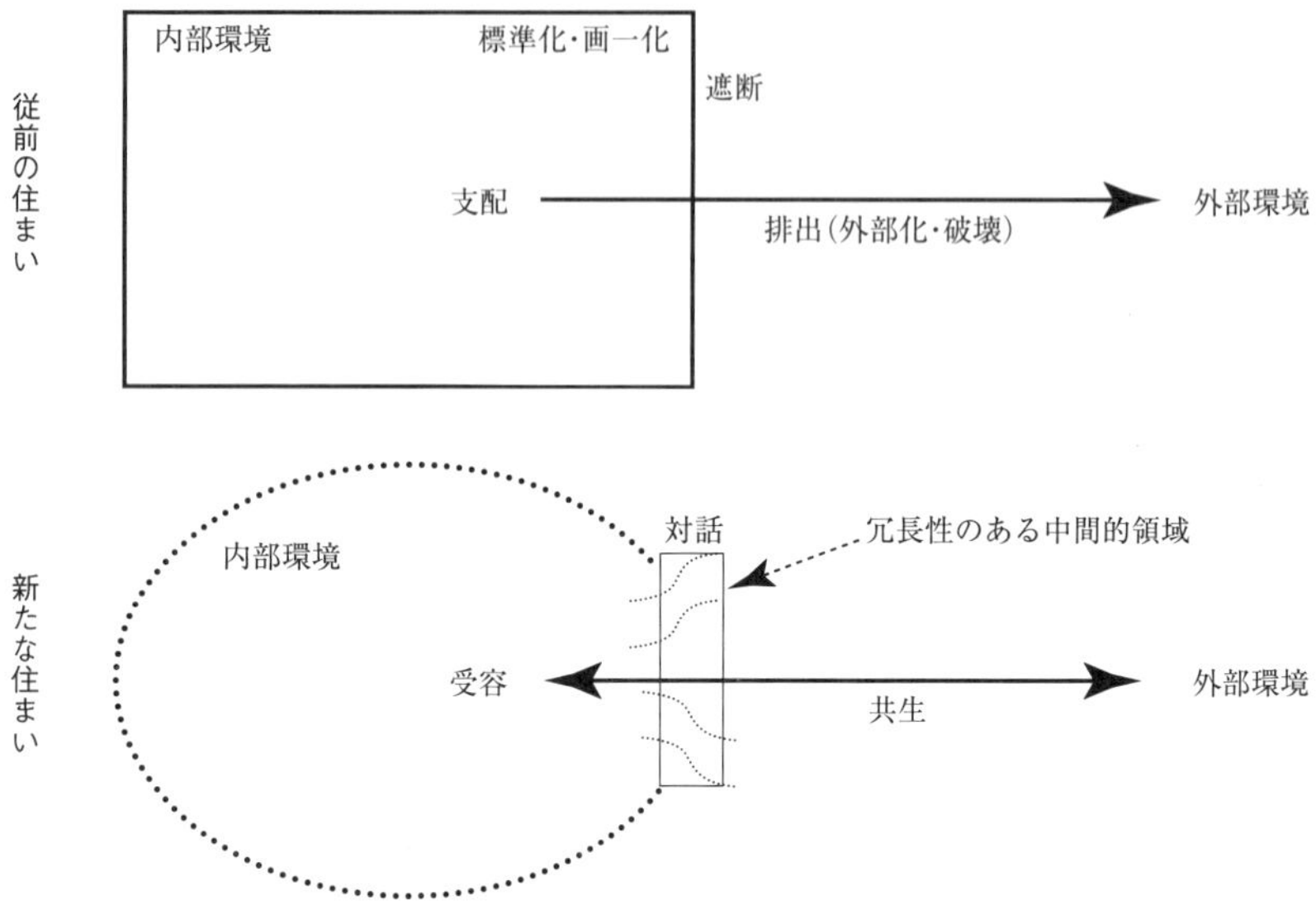

次に、環境との関係に注目して、支配に対する受容を指摘できるだろう。**受容**とは、内部環境と外部環境から構成される住まいにおいて、外部経済を内部化すること、すなわち、外部環境を内部に受け入れ、資源として借用することをいう。たとえば、借景、太陽や風の利用などである。いずれも外部環境を受け入れることにより、内部では保有し得ない優れた資源の利用が可能となる。佐藤（二〇〇五）は、住まいを建てる際、最初にすべきことは、間取りの検討ではなく、庭周りや外溝をどうすべきかという敷地の利用計画の策定であると述べている。すなわち、周囲の環境を全て生活空間と考え、外部環境を住まいに取り入れるようにするのである。その具体例として前述の「欅ハウス」が挙げられる。この集合住宅の中心は、欅の巨木が繁る中庭である。建築に際しては、まず、江戸時代からの欅の杜と古民家の保存を考え、それらを囲むように構造物を配置したという。すなわち、外部環境全てを生活空間と考え、自然の景観を住まい内部に取り入れることを考えたのである。環境を支配し内部不経済を外部化することで利益を追求するのではなく、受容することで環境からの恵みを借用できる。

そうした外部資源は、ときに冗長性や転用性に富むことにも注意しよう。欅ハウスにおける欅の杜は、生活上の必要条件ではなく、また機能が限定されているわけでもない。時には心をなごませ、時には住民同士のコミュニティとして多様に機能する。そして、こうした冗長性や転用性を生活者が編集し、これを自由に用いることができるとき、望むライフスタイルの実現へと一歩近づくだろう。

新たな住まいを表現する概念として、さらに、環境への影響という点について、排出（外部化・破壊）に対して共生を挙げることができよう。すなわち、内部不経済（ゴミ、排水、騒音など）を外部化（排出）することによって、外部環境を破壊（ゴミ問題、水質汚染、近隣の住環境の悪化）するのではなく、むしろ、外部経済をより積極的に内部化することにより、外部環境との共生の下、生活者の自己実現を達成しようとする。たとえば、夏には、冷房を使用せず、窓を開け放ち涼風を楽しむことなどである。東京都内の田園調布、国立、成城学園などにおける環境協定は、建築物の高さや容積率など住環境に厳しい基準を設ける一方、優れた外部環境を維持し、それによって資産価値の向上を実現した点で、環境との共生に成功している。

新たな住まいを表現する概念として、最後に、長期（スロー）を指摘できるだろう。先の編集、対話、受容、共生などの概念で表現される住まいが、生活者の真に望むライススタイルを実現するとき、長期にわたってそこに住むことができるだろう。

ここで、編集、対話、受容、共生といった概念には、時間概念が含まれていることに注意しよう。すなわち、ここで論じられている住まいとは、空間を形成する物理的構造物というより、空間の中で時間の流れに沿って展開される人間の営みであり、むしろ時間概念が重要となる。たとえば、リビングルームについて、あえて空間を区切らず冗長性や転用性を高めることにより、編集が可能となる。このとき、それを時間の経過に従って、食事時間にはダイニングルームに、家族団欒の時間にはリビングルームに、来客時には応接室に、また、書斎、子供の勉強部屋へと自由に編集できる。また、自然環境を最大限に受容しようとするならば、自然のサイクル（時間経過）と共に住まうことになるだろう。たとえば、日の出と共に起き、活動することなどである。[14] さらに、たとえば、環境協定によって外部環境との共生を図ろうとするとき、その地域に住む生活者全員による長期に亘る努力が必要となる。

生活者の倫理に依拠する新たな住まいを象徴する事物として、たとえば、土間や縁側、借景、自然のリズムに従った生活などを挙げた。これらは、かつての日本においてよく見られた事物である。ただし、新たな住まいとは、単なる懐古趣味ではない。住まいのマクドナルド化の下、企業の論理で住まいが作り出されていることを認識せずに、マクドナルド化への反対も脱却も修正もありえない。マクドナルド化以前の住まいにおいて馴染み深かったものの、マクドナルド化の進展に伴い、冗長性ゆえに無駄、無用として廃れていった事物を再評価し、新たな意味や解釈を付与することが、住まいを生活者の手に取り戻すための最初の一歩であろう。すなわち、意識的に住むことが、住まいの担い手を企業から取り戻し、生活者の論理に依拠して住まうことを可能とするだろう。

おわりに――意識的に住むこと

企業の論理に依拠したマクドナルド的な住まいが提供されてきたことなどにより、日本において、住まいは量的には充足してきた。同時に、時間消費や環境との共生など、新しいライフスタイルが台頭してきた。このとき、生活者は、企業から押し付けられた住まいをよしとはせず、消費手段を自らの手に取り戻すことにより、生活者の論理に依拠し人間性の復活を可能とする住まいを求めるようになる。

新たな住まいは、標準化・画一化に対する冗長性の概念により説明できる。冗長性の高い事物、たとえば、土間や縁側は、その曖昧性、転用性ゆえに、外部環境と内部環境（住まい）とを架橋する。すなわち、外部環境を内部に取り込み、内部空間を外部に開放する。このとき、外部環境と共生しそこからの恵みを資源として用いることが可能となる。そして、環境との共生を意識した冗長性溢れる具体的な事物として、中水の活用、屋上やベランダの緑化など、また、冗長性を用いて生活者の自己実現を可能とした例として、コーポラティブハウスなどが挙げられる。

さらに、外部環境と内部環境とのかかわりに注目することにより、企業の論理に依拠したマクドナルド的な住まいと、生活者の論理に依拠した人間性溢れる住まいとを対比することができる。具体的には、前者は、短期（ファスト）、標準化・画一化、遮断、支配、排出（外部化・破壊）といった言語で表現できる。一方、後者は、時間概念における短期（ファスト）に対する長期（スロー）、空間概念における標準化・画一化に対する（冗長性を活用した）編集、環境への行為として遮断に対する対話、環境との関係における支配に対する受容、環境への影響における排出（外部化・破壊）に対する共生といった言語で表現できる。そして、こうした対比こそが、住まいを生活者の手に取り戻すための最初の一歩となるだろう。それは、生活者が意識的に住むことこそが、住まいを企業から取り戻し、生活者の論理を透徹することを可能とするからである。

注

（1）ここでリビングないし住まいとは、物理的空間としての住宅と、そこで展開される生活とを含む概念である。
（2）一九四四年から四六年までは戦争などによりデータがない。このため、比較対象からははずれている。
（3）人口動態統計は、海外からの移住などの社会的人口移動を含んでいない。ただし、これを勘案したとしても、内閣府（二〇〇五ｂ）は、二〇〇六年には人口減少が始まると指摘している。
（4）将来、相続見込みを含む。
（5）三友システム不動産金融研究所「地価動向に対する国民の意識調査」（東京第五回）を生活情報センター（二〇〇二）より得た。なお、調査は二〇〇一年四月に東京で実施された。
（6）同様に、夫の親と同居する世帯では、四二％が援助を受け、その平均は月額五万円である。
（7）冗長性というアイディアは、辻中俊樹（一九九五）から得た。
（8）冗長性とは、たとえば、電子工学においては、処理機能上の代理性ないし重複性を指す。
（9）労働時間と自由時間に関する記述は、名取（二〇〇四）を参考とした。
（10）ここでいう環境には、自然環境のみならず、生活者や住まいにかかわる外部環境と内部環境が含まれる。

（11）これは、生活者調査において、「住宅はなんといっても一生ものだ」「住宅選びは耐久性が一番大切だ」といった回答が減少する一方、「フローリングの材質やカラーにこだわる」「大切にしている家具やインテリアがある」「高層マンションに住みたい」といった回答が増加していること（川島他　二〇〇五）と符合していよう。

（12）「七彩の街」とは、七種の異なる住居形態（たとえば、民間分譲マンション、戸建）を配置することによって、世代・価値観の異なる住民が自然に交流できるようなコミュニティの創造を目指し、二〇〇一年より埼玉県入間郡において実施されたまちづくり事業である。

（13）たとえば、コーポラティブハウスの場合、生活者が建築組合を結成し議論を重ねるとき、住まいを建築するための期間は、当然に長くなる。

（14）ある不動産会社の広報誌に次のように記事があった。臨海部の高層マンションに住むある会社員は仕事柄、朝が早い。そこで部屋のカーテンを閉めずに就寝する。朝、港の向こうに昇る太陽で眼が覚める。この時間が一日のうちで最も好きだという。企業広報誌ゆえの宣伝くささもあるが、心惹かれる生活である。

参考文献

Ritzer, George (1996), *The McDonaldization of Society* (Revised Edition), Sage Publication.（正岡寛司監訳（一九九九）『マクドナルド化する社会』早稲田大学出版部）。

Ritzer, George (1998), *The McDonaldization Thesis : Explorations and Extensions* (1 st Edition), Sage Publication.（正岡寛司監訳（二〇〇一）『マクドナルド化の世界』早稲田大学出版部）。

アエラ（二〇〇四）「みんなで暮らしたい——コーポラティブハウス」『アエラ』二〇〇四年一一月一五日。

川島隆志・河合学・清水絵里・田中庸介（二〇〇五）『ＩＴ時代の消費インパクト——ネットワーク時代の新しいマーケティング』ＪＭＲサイエンス。

国土交通省（一九九八）『平成一〇年住宅需要実態調査』国立印刷局。http : //www.mlit.go.jp/jutakukentiku/house/tokei/h 10 juyou/h 10 juyou.html（二〇〇六年三月一日アクセス）。

佐藤彰啓（二〇〇五）「田舎暮らしを楽しむ」『日本経済新聞』二〇〇五年八月一一日。

生活情報センター（二〇〇二）『住まい&ファッション総合統計資料集　二〇〇二』生活情報センター。

総務省（二〇〇一）『平成一三年社会生活基本調査』。http://www.stat.go.jp/data/shakai/2001/h 13 kekka.htm（二〇〇六年三月三〇日アクセス）。

辻中俊樹（一九九五）『母系消費』同友館。

内閣府（二〇〇五ａ）『国民生活白書　平成一七年版』国立印刷局。

内閣府（二〇〇五ｂ）『少子化社会白書』国立印刷局。

中村隆市・辻信一（二〇〇四）『スロービジネス』ゆっくり堂。

名取雅彦（二〇〇四）「活性化に資する〝自由時間消費〟に向けて」『ＮＲＩパブリックマネジメントレビュー』一〇月号、野村総合研究所。

日本経済新聞（二〇〇六ａ）「都市の中で自然と共存（安藤忠雄へのインタビュー）」『日本経済新聞』二〇〇六年一月二五日。

日本経済新聞（二〇〇六ｂ）「通り庭」『日本経済新聞』第二部日経マガジン、二〇〇六年二月一九日。

日本経済新聞（二〇〇六ｃ）「複数の家　気分で使い分け」『日本経済新聞』二〇〇六年四月八日。

真柴隆弘（二〇〇四）『スローライフな未来が見える』インターシフト。

矢野恒太記念会（二〇〇五）『日本国勢図会　二〇〇五・〇六年版』矢野恒太記念会。

第5章　コンテクストの自己編集
――自己を紡ぎ出すスローファッション

江戸克栄

Summary　現在のマクドナルド化したファッションを「ファストウェア」として、近年ファッション市場の兆候としてある「スローウェア」について説明し、これを脱ブランド型スローウェアと快適性追求型スローウェアに分類した。その上で、今後のスローファッション対応のために、コンテクストの自己解決とコンテクストの自己完結という機軸を提示し、そのためのコンピレーション（自己編集）マーケティングのあり方の新しい考え方について検討した。

Key Word　●ファストウェア●スローウェア●コンテクスト自己解決●コンテクスト自己完結●コンピレーション

はじめに――好きなブランドは何ですか？

現代におけるファッションマーケティングは、議論の余地が残されているとは言え、ブランドマーケティング全盛の時代である。一九八〇年代のＤＣ（Designers & Characters）ブランドから始まり、バブル期からのルイヴィトン、エルメス、グッチなどの海外高級ブランド、ＧＡＰ、ユニクロなどの製造小売業（ＳＰＡ）ブランド、あるいは現在のセレクトショップなどの展開はまさに、ファッションマーケティングはブランド全盛期の時代というにふさわしい状況である。

一方で、現在、原宿、渋谷、下北沢の若者がファッションを求めて出歩く街には多くの古着ショップが軒を連ねる。今では古着は若者の間のファッションとして定着している。若者のファッション雑誌が行った読者アンケートで、「好きなブランドは何ですか?」（『Zipper』二〇〇四年七月号）という設問に対して、第一位の回答に「古着が好き」という調査結果になった。これは、ファッションマーケティングを研究する者あるいはファッションマーケティングに携わる者として、注目に値する。本来、ブランドとは「他社および自社の商品やサービスを識別するための名称、記号あるいはその総体」として定義されているものであるにもかかわらず、若者は「古着」をブランドとして認識しているのだ。

若者のファッション意識がこのように変化している中で、ファッションにおいて異なった傾向も見せている。自分たちの健康を意識しながら、ファッションを楽しむ層も登場するようになってきている。それは、ロハス関連ブランドの登場を例にとってみるとわかる。スポーツウェアメーカーのGOLDWINは二〇〇四年六月に東京青山にヨガウェアブランドSlow Flowをオープンさせた。このブランドはヨガスタジオを備えた直営店であり、現在は青山、渋谷、名古屋、なんば、梅田、福岡に店舗がある。そこでは、ファッションに関するウェアだけではなく、リラクゼーション関係商品、アクセサリーや雑貨なども販売している。

本章では、「マクドナルド化したファッション」すなわち「ファストファッション」の対抗軸として登場してきた新しいファッションを「スローウェア」と捉え、今後のスローファッションに対応するための、新しいファッションマーケティングのフレームワークを提示することを目的としている。

一　ファッションとマクドナルド化

ファッションの対象領域

ファッションやファッションマーケティングについて議論をする場合には、ファッションの定義やその対象領域を明確にしておかなければならない。ファッションは英語の fashion を日本語として使用したものであり、その結果として、さまざまな定義が生まれた。その多様性は、「ある特定期間に大衆化されたスタイル」から広義の意味では「個性表現」まである。『ファッション辞典』（二〇〇三）では、ファッションを「①流行、はやり。ある時代またはある集団の習慣や作法、服装、音楽、スポーツ、娯楽など行動様式の特徴を言う。もともとは上流階級の風習やマナーなどを意味した。狭義では、服装の流行をさす。また、流行の衣服や服飾品そのものを意味したり、単に服装という意味でつかわれることもある」として定義をしている。また、ファッションを「流儀、やり方」と定義し、ライフスタイルとほぼ同義的に使用する研究もある（杉原　二〇〇四）。

このように日本語においてファッションという用語が多様な形で用いられる結果となったのは、もともとの英語であるfashionという用語にも多様性があったからである。大きく分類すると、ファッションを社会学的に「流行」や「ライフスタイル」として広義に捉える場合と、商品学的視点からモノあるいはサービスとして狭義に捉える場合がある。前者の場合、「ある時代における大多数の人たちに受け入れられているスタイル」と広義に定義しながら、fashionを「ファッションの水準」として説明しているものもある（Solomon and Rabolt 2004）。このファッションの水準には、ハイファッション（high fashion）からマスファッション（mass fashion）まであり、ファッションの需要層の大きさによって識別している。

一方では、後者の商品学的視点による定義では、ハインス（Hines 2001）のようにファッションをテキスタイルやアパレルといった「モノ」を中心に扱っているものもある。ファッションを衣服そして衣服に関連する製品及びサービスとする考え方も多い。

イージー（Easey 2002, pp. 1-2）はファッションを一般的に受容された傾向として捉えるならば、いかなる人間行動もファッションであると述べつつも、ファッションの対象を次のようにしている。

①衣服（Clothing）＝下着―外衣、フォーマル―インフォーマル、注文品―既製品、自然―人工。

②ファッション関連製品（Related Fashion Products）＝靴、帽子、貴金属、ベルト、バッグ、スカーフ、化粧品、

香水、クリーニング製品、かつら。

③ファッション関連サービス（Related Fashion Services）＝コーディネーション・アドバイス、美容整形、入れ墨、イメージコンサルティング、美容理容、増毛、日焼け、クリーニングサービス、修理ファッションの対象領域。

本章では、ファッションを「ライフスタイル」や「個性表現」と捉えたり、ソロモンら（Solomon and Rabolt 2004）のように「ファッションの水準」として捉えたりすることはしない。ファッションの多様性を認めつつも、マーケティングの研究対象とするべき商品あるいはサービスを明確にしなければならないからである。そこで、イージーの定義に基づいて、ファッションを「①衣服、②ファッション関連製品、③ファッション関連サービス」として捉えていくことにする。本来、ファッションを「ライフスタイル」と捉える方が「スロー」発想からすると適切かもしれないが、生活するための商品やサービスの全てが対象になってしまう可能性があり、本書の構成上適切であるとは言いがたい。ここで定義するファッション以外の対象物については本書他章に詳述されている。

スロー概念とファッション

近年ではスローライフという言葉は定着してきたが、「スロー」という考え方はもともと「スローフード」から始まっている。「スローフード」は、イタリアで始まった社会運動である。一九八六年にヨーロッパで初のマクドナルドがローマに出店されたのを機に、ファストフードの脅威が社会的な問題となった。また、家庭料理という習慣が大切にされていた当時のヨーロッパにおいて、ファストフードの勢いは大変な脅威であった。そこで誕生したのがスローフード協会である。マクドナルドは世界中どこへ行っても同じメニューで、すべて同じ味である。そのような均一化した〝ファスト〟に対して〝スロー〟を運動の目標に掲げているのがスローフード協会であり、「スローフード」という言葉が世の中に広く知られる契機となったのは、八九年、同協会が発表した「スローフード宣言」（本書第7章参照）である。

「スロー」は「(速度・動作などが)遅い、のろい、ゆるやかな」という意味である。そこから、スローフードの意味を考えると「ゆっくり食事をすること」だと連想されることが多い。そして、ファストフードを食べない「反ファストフード」と解釈される。しかし、スローフードはただ単純に時間をかけて食事をする、ゆっくり食べるという意味では決してない。

そもそも、ファストフードを「速さ、早さ」という時間軸で捉えるだけでは、その本質を知ることはできない。ファストフードは、合理化、標準化あるいは均一化をすることによって成り立つシステムである。その結果として「速さ、早さ」ができるわけである。このような「ファスト」の合理的・標準的システムに転換していくことをリッツァ(Ritzer 1996)は「マクドナルド化」(Mcdonaldization)と呼んだ。

イタリア発祥のスローフード運動では、ファストフードを食文化の世界的規模の均一化、合理化として捉えており、このような合理的・画一化した考え方を「ファストフード」としている。スローフードの考え方の根底にある「スロー」とは、合理性ばかりを追求する現代の社会において、食事の面からファストを見直していこうとすることにある。

さて、世界的規模の均一化・標準化、言い換えると「ファスト」概念に反対するという「スロー」の概念は、食文化のみならず、多くの分野にまで広がりを見せている。レジャー、エネルギー、マネー、ビジネス、コミュニティと言ったあらゆる生活シーンにおいて、スローな発想が取り入れられている(真柴 二〇〇四)。それは逆に、多くの生活分野に、均一化・標準化した考え方が浸透してしまったと捉えることもできる。もともとはスローフードから始まったものだったが、生活全般があまりにも均一化・標準化してしまった結果として「スローライフ」という考え方ができたと考えてよい。

このように、マクドナルドが「食」において合理化を進めたように、ファッションにおいても「ファスト化」が進んだのは例外ではない。そもそも、ファッションにおいては、ファッションサイクルの展開上、スピードという側面においては「ファスト」であった。そのため、一九六〇年代の大量生産・大量消費時代以降はQR(quick response）を常にマーケティングの中心におき、流行やブームを適格に捉えるためのファッションビジネスが展開されてきた。そこに一九九〇年代以降、標準化あるいは合理化がさらに加わることとなる。青山、コナカを代表とする紳士服のカテゴリーキラー業態から始まり、ユニクロのシステムは「ファスト」の典型的事例である。本章では、このように、ファッションが合理化・標準化されたシステムが普及した状態を「ファッションのマクドナルド化」として捉え、次項では、マクドナルド化してきた現代ファッション市場について検討していく。

ファッションのマクドナルド化

ここではファッションの合理化・標準化を「ファッションのマクドナルド化」として現代ファッション市場の特徴を検討していく。

もともとファッションとは、地域性の強いものであり、その土地の文化や社会が反映され、自然に形を変えていた。ところが、一九世紀のヨーロッパの産業革命以降、資本主義社会が形成され、合理化や効率化が、様々な分野に波及していったことにより、その影響はファッションにも及んだ。機械、技術が発達し、今までよりも衣服の量産が可能となったのである。このような中で、下流階級では既製服が発達し、普及していった。一方で、上層階級の間でも、「オートクチュール」という新しい形態のファッションが受容されるようになった。今となっては、オートクチュールは合理化や効率化の全く反対の概念として考えられているが、ある意味でオートクチュールはマクドナルド化の始まりと捉えることもできる。オートクチュールは、「店側が予め商品見本を提示し、注文をとった後、顧客のサイズに合わせて衣服を制作するというもので、つまり商品をカタログ化する事だった。そしてこのカタログは新製品とともに次々と更新されていく」（柏木　一九九八）ものである。現在とは比較にならないにせよ、カタログを用いたりする意味では合理化・効率化のシステムの原始的形態であると捉えることもできる。

本来の意味での「マクドナルド化」が始まるのは、第二次大戦後の高級既製服を量産する新たなファッション産業＝プレタポルテが誕生したことからであろう。プレタポルテはオートクチュールよりも、安価であり、量産化することを目的としており、それに伴って小売店を対象に、ファッションショーという新しいプレゼンテーション方式を生み出した。これは大量生産・大量販売方式であり、マクドナルド化が目指す合理性や効率性を追求している考え方である。

戦後、アメリカはファッションの分野以外に、文化の面においても独自性を築き、限りなく成長する消費・経済社会という、その豊かな社会を世界に印象づけていった。アメリカは、二〇世紀の大衆消費文化を生み出した。この文化は、アメリカの政治力や経済力と同様、世界的な規模で支配力を持った。この時に重要な役割を果たしたのが、マーケティングにおけるブランド戦略であった。ブランドは、大量販売・大量消費を実践するためのツールとして大きく寄与した。ファッションの世界でも、この「ブランド」という考え方が浸透していく。

食文化において「マクドナルド」や「コカコーラ」というブランドが世界規模の合理化・均一化のシステムを作り出し市場のリーダーとなったように、ファッションにおいてマクドナルド化に成功したのが、「ＧＡＰ」に代表される製造小売業（ＳＰＡ）型ブランドである。今では、このＳＰＡ型ブランドの商品、さらにシステムまでが世界中に普及している。ＧＡＰの商品の多くはカジュアルで、ベーシックなものであるが、デザイン性を取り入れながらも、その重点は合理的なベーシックアイテムの生産、流通そして販売にある。結果として、世界中、広い世代に受容されることとなったのはマクドナルドと同じビジネスモデルを採用しているからである。

さらに日本では、ＳＰＡの代表に「ユニクロ」がある。ユニクロの戦略もまた、商品をベーシックなカジュアル衣料に限定したことで、売り上げを伸ばした。流行に左右されないシンプルなデザイン、しかも、低価格で高品質な商品は、消費者にとってまさに理想的であった。デザインは同じでも、サイズ違いや色違いを多数展開することで商品数を増やし、複数購入者やリピーターの獲得に成功したのである。ユニクロもまた、ＧＡＰ同様にファッションの世界にマクドナルド化したシステムを導入するのに成功した企業である。

二　ブランド・流行からエコロジーと快適性へ

ブランド主義からの脱却

日本のファッション市場においてブランドが浸透するようになったのは一九八〇年代以降のことである。一九七〇年代までの高度成長期が終わり、消費者にアパレルメーカーを中心とした品揃えに飽和感が見え始めた頃、トータル・コーディネートを意識したブランドが登場してきた。コムデギャルソンがデザイナーズ・ブランドの一号店を一九七三年にオープンしたのを契機に、他の有力デザイナーもそれに追随し、同時にキャラクター・ブランドも登場した。これによって、ＤＣ（Designers & Characters）ブランドが確立する。さらに、海外高級ブランドの輸入が日本におけるブランド主義を進展させることになる。七〇年代後半から八〇年代そしてバブル期においてこの海外からの輸入ブランドは、円高という追い風も手伝い、ファッション市場の中で確固たる地位を占めることとなった。

日本人の「ブランド信仰」とまで呼ばれたこの現象は近年大きく変わりつつある。依然、一部の高級ブランドや有名ブランドでは根強いブランド人気が存在する一方で、ファッション市場において、「脱ブランド」の傾向が見受けられる。この脱ブランドとは、既存のブランドに対して意識をしないファッションのことである。高級ブランドや有名ブランドから安価なブランドに至るまでブランド意識がなく、とりわけ、どのブランドが好きであるといったこだわりがない。自分自身にとって意味があり、ファッションに対する欲求を満たしてくれる服ならばいいという考え方である。

この脱ブランド傾向を象徴しているのが、古着やリサイクル品である。若者のファッション雑誌が行った読者アンケートで、「好きなブランド」の第一位が「古着」であったことは冒頭でふれた。ここでは若者が「古着」をブランドとして認識していること自体、脱ブランド化、言い換えるとブランド意識が低いことの表れとみることができる。

このような現象が起こっている背景には、既存のブランドに対する飽和感があげられる。一九七〇年代以降、国内大手アパレルメーカーは、百貨店を中心とする小売市場での売り場を確保するために、マルチブランド戦略を展開してきた。多様化した消費者のニーズに対応できるとともに、ブランドのスクラップ＆ビルドが容易であるため、商品のライフサイクルの早いファッション市場に適合していた戦略であった。ただ、あまりにも多くのブランドが乱立し、その盛衰が激しいため、消費者は情報過多の状況に陥り、最終的にはブランド主義から脱却することを選択していったものと考えられる。

脱流行現象とこだわり

人間が服を着るようになってから、ファッションと流行は切り離すことのできないものである。古代でも、現代の規模ではないにせよ、ファッションの流行があったことは想像できる。

流行に関する学説はさまざま存在するが、もっとも古いものがジンメル（一八五八〜一九一八、ドイツの社会学者）による「トリクルダウン」である。ジンメルは、スタイルが社会のエリートや上流階級から、より低い層へと「流れ落ちていく」ものとして流行を捉えた。この「トリクルダウン」以外にも、下位文化主導の流行（Sproles 1981）や、ある社会の一定層あるいは特定の文化の中に、横に広まっていく流行（King 1964）もあるとしている。窪田（一九九七）は、ファッションの流れとして、①Downward flow（下方的伝播）②Upward flow（上方的伝播）③Horizontal flow（水平的伝播）として説明している。

これらの流行は前述の脱ブランドと関連して近年変化する傾向がある。それは、流行そのものは存在するものの、脱流行現象として捉えることができるだろう。流行を作り出しているのは、ある意味ではファッション産業を担っている企業である。流行論的見地からすると、「流行はつくりだすことができない」（窪田　一九九七）とはいうものの、企業のマーケティング戦略、あるいはマスメディアの力なくしては、現代の流行のように短期間なものを繰り返しできるはずがない。この流行を作り出すときに必要なものがブランドである。ブランドは他商品と識別するためにつけられる名称であり、広告宣伝機能を有している。このブランドの力が弱くなっていること、さらにはマスメディアの影響力が弱くなっていることが脱流行現象の背景にある。

ただ、ブランドの中でも定番性の強いものには根強い人気がある。一時期のブームではないにせよ、ルイヴィトンやエルメスなどの海外高級ブランドは、本質的機能を重視しながら流行に左右されない商品を作り出している。なぜ高級ブランドを買うのか？という問いに対して「流行に左右されないで長い間使うことができるから」という考え方でブランドを買うことも多い。

また、前述の古着がファッションとして定着していることも脱流行現象の一つとして挙げられる。若者達は、決して古着が流行っているから古着を着ているわけではない。そこには流行の枠組みを超えた自分たち自身のファッションが存在してからある。

この脱流行現象あるいは脱ブランドといった傾向と関連して「こだわり」ということも考えておかなければならない。「こだわり」とは消費者自身がもつ信念である。しかし、信念というにはあまりにも大げさな場合もあり、その場合は「ちょっとしたこだわり」といってよい。

人間は集団において、他の成員とは別の存在として自己を示したいという独自性欲求と、他者から一人だけ異なっていると認識されたくないという同調性欲求をもっている（高木　一九九六）。情報化社会の進展によって、情報が行き渡りやすいため、いつでも同調性欲求の方は満たすことができる。むしろ、知らず知らずのうちに同調化してしまっていることすらある。

これに対して、独自性欲求を満たすために、自分らしく商品プラスαをしようとする傾向がファッションにはみられる。既製品のリメイクはまさにこの例として挙げられる。既製品をなんらかの形でリメイクして、自分だけのオリジナルなものにする。ここ数年の間でラインストーンを用いたアクセサリーや小物類が話題になった。ラインストーンを使って自分だけのものができあがる。世界で自分しか持っていない商品になるわけである。

ヘアスタイルもこだわりを持つ女性は多い。周囲からはその差異がよくわからないが自分なりに「違う」部分がある。これは、女性に限らず男性にも言えることである。

エコロジーと快適経験追求

自然環境保護やエコロジーが多くの分野で提唱されている中で、ファッションにおいてもエコロジーを考えたファッションが提唱され浸透してきている。

マクドナルド化されたファッションと大きく異なっている点は、天然素材や環境に大きく配慮し、あるいは自分自身の健康にとってよいファッションだということである。そのため、合理化されたり、標準化されたりすることは困難であり、自分自身のライフスタイルに強く影響を受ける。これはロハスというライフスタイルによってもたらされた。ロイら（Ray and Anderson 2000）が提唱したアメリカにおける社会階層、カルチュラルクリエイティブスが持っている発想である（本書序章、第1・7章参照）。カルチュラルクリエイティブスは、自然環境を考慮しながらも、自分自身にとって健康な生活を追求する上で、既存のマクドナルド化されたファッションでは満足を得ることができず、独自のファッションを展開していく必要があった。

既存のマクドナルド化されたファッションで満たされないものを追求した結果として、近年ファッション市場において変化を見ることができる。それは快適経験の追求である。自分にとって「心地よいもの」とは一体何かを消費者一人ひとりが追求していることである。単なる美的表現や社会規範としてのデザイン性を追求するのではなく、身体的快適性や精神的快適性が望まれるようになってきたといえよう。

①身体的快適性の追求　ファッションにおいて自分にとって体に「気持ちいい」「心地よい」「やさしい」ものがある。たとえば、天然繊維や天然原材料を用いた商品が多く売り出されている。たとえば、竹を繊維化して、それを用いた商品も多くみられるようになった。竹は成長が早く、化学繊維とは異なり環境破壊を進展させないことに加えて、天然繊維として人にやさしい。また、化学肥料などを使わないで栽培されたオーガニックコットンなどは、

生態系を破壊しないエコロジカルな視点をもち、皮膚が弱い人たちには健康的である。これらから作られるファッションは、デザインに優れていることを前提としながら、美的表現の枠を超えて、自分自身の健康にとってやさしいものを好む市場層を刺激している。

二〇〇五年夏、環境庁が地球温暖化対策として行ったクールビズ（Cool Biz）はメンズファッション業界に多大なる影響を及ぼした。今まで、サラリーマンの定番は夏の炎天下の中でもスーツにネクタイであった。それは暗黙の了解としてユニフォームのように扱われてきたし、過去に省エネルックなるものやカジュアルフライデーといったものがあったにもかかわらずなかなか普及しなかった。しかし、二〇〇五年の夏のクールビズは少し異なっていた。百貨店紳士服の売上は前年対比で軒並み上昇し、街にはクールビズが定着していった。これは官庁主導型のものであったが、潜在的に消費者が持っていた夏のスーツの不快感がいっきに噴出した結果となったことは間違いない。社会規範によって今まで拘束されていたものが大きく変革しようとしている。

②精神的快適性　身体的快適性を追求する一方で、精神的な快適性を追求するファッションもある。精神的な快適性とは、言い換えるとマズローの言う自己実現欲求を満たすことである（Maslow 1970）。

ファッションの中にエコロジカルな視点が導入された背景にはこのような精神的快適性の追求が大きく影響している。カルチュラルクリエイティブスによる環境保護志向（大橋　二〇〇五）を精神的に満たすために、天然繊維やオーガニックなファッションが開発されており、それらは受容されている。彼らはこれらの商品を消費することによって精神的に満足する。他者や周囲からその行為が認識されなくても、「自分は環境にやさしい」と思うことで、この欲求は満たされるのである。身体的な快適性もさることながら、自分の心が安定するような経験も考えてよいだろう。

精神的快適性を追求したファッションの事例として、プチ整形やエステあるいはヒーリングもこの範疇に入るであろう。プチ整形やエステをすることにより、自分自身に自信を持ち、より充実した日常生活を過ごすことができる。ヒーリングもストレスにさらされている現代人にとって、癒しとなり、精神的な快適性欲求を満たすものである。

近年の男性エステや男性用化粧品もこの精神的快適経験に含まれる。ここ数年でメトロセクシャルという層が出現してきている。フェミニン性を受容し、都会に住む、ファッション性の高い男性達のことを指す（Flocker 2003）。これらの人々の行動パターンとしては、自分達が精神的に満たされるようなファッションをしている点において精神的快適性を追求していると考えられる。

三　自己編集するスローファッション

スローウェアの方向性

前節では、近年のファッション市場の変化について説明した。これらはいずれも、現代の脱マクドナルド化したファッションの傾向を表している。マクドナルド化したファッションを「**ファストウェア**」と呼ぶならば、これらの脱マクドナルド化したファッションを総称して「**スローウェア**」と呼ぶことができる。本来、スローウェアを狭義の意味で捉えると、天然素材や環境に配慮した衣服という、自然主義的な発想に基づいたファッションのことを指す。

スローウェアを大別すると、「脱ブランド型スローウェア」と「快適性追求型スローウェア」がある。脱ブランド型スローウェアとは、従来型のブランドやＳＰＡの大量生産・大量消費から逸脱したリサイクル、古着、あるいは流行にとらわれない衣服を指す。一方の快適性追求型スローウェアは天然繊維を用いた服、身体的そして精神的に自分が心地よい服を指す。

本節では、これらのスローウェアをマクドナルド化したファッションであるファストウェアと比較することにより、スローファッションのための新しいモデルを構築していく。

①脱ブランド型スローウェア　従来型ブランドやSPA型のブランド（ファストウェア）と、脱マクドナルド化したファッションである脱ブランド型スローウェアとの間には大きな違いが存在している。その相違点は、ファッションや衣服が持つコンテクストと大きく関わっている。

コンテクストはよくコンテンツとともに用いられる言葉であるが、ここではコンテンツを物質的なモノとして捉え、コンテクストを概念や意味的なものとして考える。「中身、内容」という意味のコンテンツに対し、コンテクストは「文脈、事柄の背景や状況」という意味で、状況や流れの変化に対応していけるものを指している。

ファストウェアは、消費者に対してデザイン性や価格を提案し、商品のコンセプトを明確にしており、それに基づいて消費者はファッションの消費を行ってきた。ＤＣブランドがトータル・コーディネートを提案しているように、ファッションや衣服のコンテクストは企業が提案し、それを消費者が受容するという形がとられてきた。ＤＣブランドに限らず、ＳＰＡ型のブランドも価格訴求が中心ではあるものの、企業がその商品の意味を提案してきたといってよい。

一方、脱ブランド型のスローウェアは、自分自身がコンテクストを創造し、自由に捉える。古着になった場合、企業が新商品として提案したコンテクストとは意味が異なり、自分自身でそのコンテクストを解釈していく。ＤＣブランドが「最新の流行商品」としてデザインしたものは、古着としては別のコンテクストとして消費されている。

②快適性追求型スローウェア　本来、ファッションは、①自己イメージの伝達、②役割の伝達、③自己の適応性の伝達といった伝達手段として用いられる。

服装は自己イメージの重要な構成要素であり（神山　一九九〇）、人は、自分自身の外見を通して、自分自身の望ましいイメージを伝達し、印象管理を行うものであり、人が服装を通して、態度を表明することのできる事象は多く存在する（Kaiser 1985）。

また、服装は着装者が担う役割を伝達する機能を持つ。それは社会的地位、職業、性役割である。

さらに、服装によって自己の適応性を伝達しようともする。ここでの適応とは、環境に応じた行動を習得するとともに、自分にふさわしいように環境を変化させたり状況をつくりだしたりする行動をいう（高木　一九九六）。そのため、社会的基準に従った着装行動は、着装者の社会への適応性を伝達する。

ファッションにはこのようなコミュニケーション手段として用いられる性質があり（Barnard　1996）、ファストウェアもこれらの性質を持っている。ファストウェアを着ることによって、他者とコンテクストを共有化でき、他者に対して自己イメージを形成させ、役割、適応性を伝達し、コミュニケーションのツールとして用いることができる。DCブランドを着ることによって、自分自身のファッションに対する考え方を相手に伝達し、さらには社会や集団の中での適応性を示している。ビジネススーツに代表されるように、制服はその人の職業や地位といった役割を示している。

しかし、快適性追求型スローウェアにおいては、ファストウェアのようにコンテクストを他者に伝達する機能がない。コンテクストは自己完結型であり、快適性追求型のスローウェアを消費し、自分自身がわかっていればそれで十分なのである。オーガニックコットンを使っている服であることを示し、そのコンテクストを他者に伝達する必要もない。環境にやさしい服装をしていても、自分自身の満足が最優先され、そこでコンテクストは自己で完結しているといえる。

スローウェアからスローファッションの時代へ

スローウェアは、**コンテクスト自己解決型**である「脱ブランド型スローウェア」と、**コンテクスト自己完結型**の「快適性追求型スローウェア」に分類され、ファストウェアと異なっている。しかしながら、いずれのスローウェアもファストウェアとの共通点がみられ、脱マクドナルド化したファッションとはいいきれない。本項では、スローウェアとは異なったスローファッションについて説明していく。ファストウェア、スローウェア、そしてス

図1　コンテクストによるファッションの分類

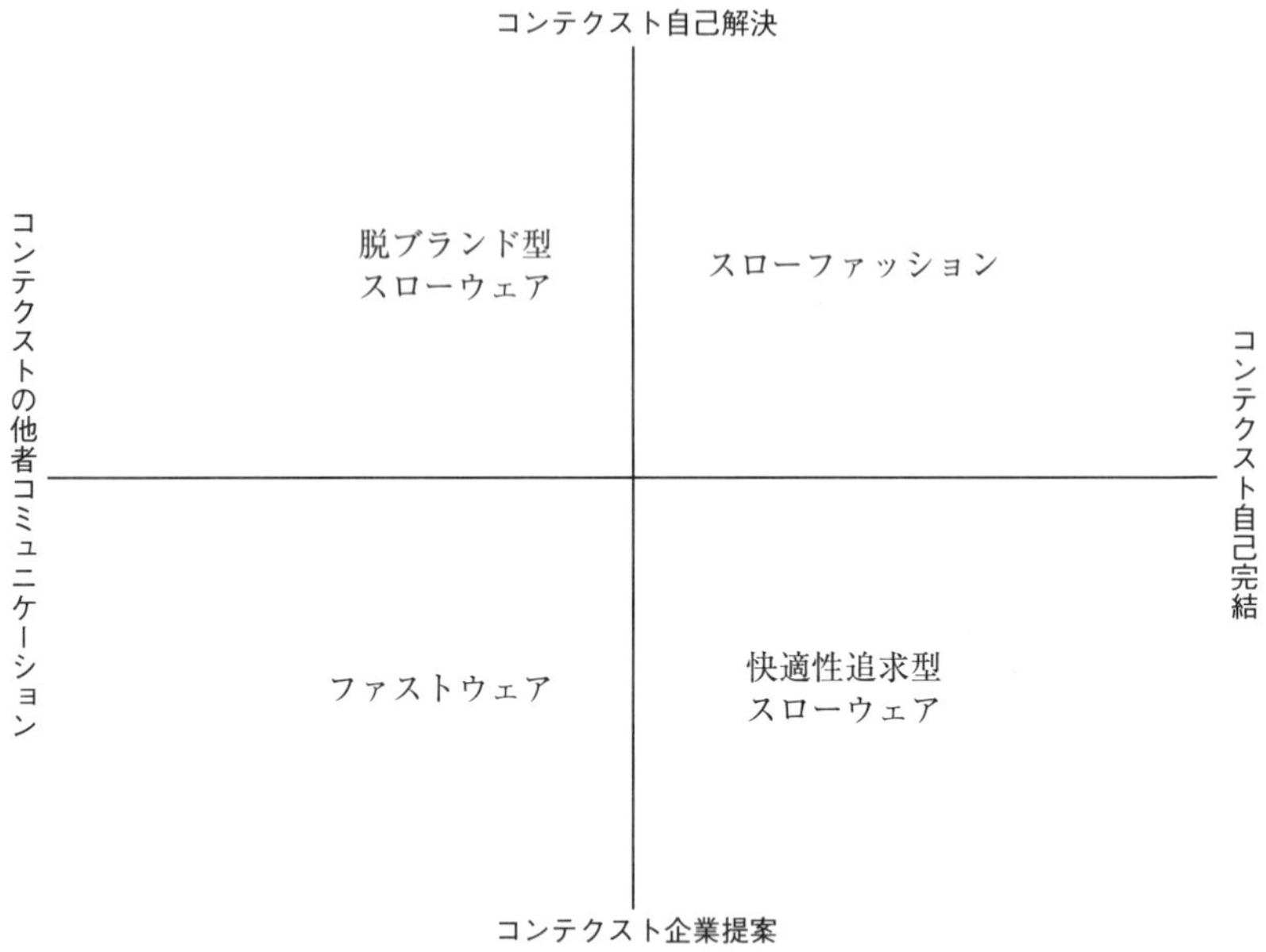

ローファッションの関係を図1に示す。

脱ブランド型スローウェアは、コンテクスト自己解決型であるものの、ファストウェアと同様にコンテクストの他者コミュニケーションという性質を持っている。古着やリサイクル商品を着ることは、他人とは異なった点をアピールしたり、あるいはそのコンテクストを他者に伝達することを目的とする場合が多い。ヘアスタイルに「ちょっとしたこだわり」を持つのも、独自性欲求を満足させるためであり、必ずしもコンテクストが自己完結しているわけではない。多くの脱ブランド型スローウェアは自分のおしゃれ観を示すと同時に、コンテクストの他者コミュニケーションの役割も果たす。

一方の快適性追求型スローウェアがファストウェアと類似している点は、コンテクストを自己解決していない点である。脱ブランド型スローウェアは、企業が提案したコンテクストを消費者自身が理解し解釈しているが、快適性追求型のスローウェアは企業提案をそのまま受容することになる。あくまでも快適性追求型のスローウェアは企業中心であり、消費者がそれを消費しているに過ぎない。身体的に心地よい天然繊維の開発は企業が技術開発を行い、あるいはコスト削減努力をして始めてファッション市場に提案される結果となる。

このようにいずれのスローウェアにもファストウェアと共通した点が存在しており、ファストウェアを脱却しようとしている点において検討されているものの、スローファッションに向けての段階に過ぎない。スローウェアの原点は、物質的な「ウェア」すなわち衣服であり、本来の意味でのファッションとはかけ離れているものである。

ファッションにおけるブランドが飽和感を示した結果として、スローウェアが登場してきたように、これらのスローウェアもいずれは飽きられることになる。スローウェアの特徴であるコンテクスト自己解決とコンテクスト自己完結の二つの特性を取り入れたスローファッションが今後のファッションの方向性として新たに見出されていくことになる。そのためにはスローファッションが持つ特性を明確にしておかなければならない。

スローファッションモデルとコンピレーション

スローファッションは、コンテクストを自己解決し、さらにコンテクストを自己完結するもの、すなわち**コンピレーション**（compilation）がその基本的な考え方の基にある。コンピレーションは「（資料などの）編纂、編集、収集」を意味する用語である。compileという動詞には、趣味などのために収集するという意味もある。スローファッションにおけるコンピレーションとは、コンテクストを「自己編集」することである。

コンピレーションはコーディネートと混同されやすい概念である。

コーディネートとは、企業が提案した服や服飾品、すなわちコンテンツを組み合わせることである。ジャケットとパンツのコーディネート、カラーやスタイルのコーディネートなど全てコンテンツの組み合わせである。これはあくまでも既存のモノ（コンテンツ）、もしくはモノ同士を組み合わせるファストウェアの発想であり、「スローファッション」におけるコンピレーションとは異なる。コーディネートがコンテンツ重視であるのに対して、コンピレーションはコンテクスト重視である。

コンピレーションはコンテンツの組み合わせとは異なり、コンテクストを編集することである。自分の価値観（コンセプト）に基づいて、コンテクストを編集し、自分自身の追求するファッションがスローファッションである。そして自分自身の追求には、脱ブランド型スローウェアを中心とする「自己アイデンティティの追求」と快適性追求型スローウェアの持つ「身体的快適性の追求」「精神的快適性の追求」がある。

このコンピレーション＝自己編集の例としては、リメイクというものが挙げられる。たとえば、既製品のシャツの袖を切る、ボタンを別のものと付け替える、染める、というように編集されることで、シャツには、スローファッションとしての価値が加わるのである。あるいは、有名ブランドの商品のパーツ同士を組み合わせて編集することも、スローファッションである。ただ、単純に加工したりするのではなく、そのコンテクストを自己解決、自己完結することが必要である。つまり、スローファッションには、どこの商品かということよりも、自分がどのように編集、消化するかというプロセスが重要なのである。

四　コンピレーションマーケティングの方法論

コンピレーションマーケティング戦略の特性

コンピレーションマーケティングにも基本的な戦略形成がある。ここでは、コンピレーションマーケティング戦略形成上、いくつか重要な考え方を説明する。

①スローファッションと市場ターゲット　スローファッションとの関係でコンピレーションを述べてきたので、コンピレーションマーケティングといえばスローライフを志向するするカルチュラルクリエイティブスやロハス志向の強い市場層を対象としてマーケティングを展開するようにも考えられる。しかしながら、コンピレーションマーケティングの対象者は、全市場を対象として考えたほうがよい。自然環境志向や健康志向が強い市場層や自分自身

のスタイル、マイスタイルを確立している市場層をメインのターゲットに置きながらも、その市場層周辺も十分にターゲットとすることができる。あるいは「コンテクストを自己編集することのできる層」が市場ターゲットになる。市場ターゲットをこのように捉えていくと、そもそも、ファッションにおいては全ての消費者がカルチュラルクリエイティブスになる可能性がある。

②スローファッションとスピードの必要性　スローファッションという言葉は数年前から使用されている。『JUKI MAGAZINE』（二〇〇三）では「時代はスローファッション」というテーマで特集が組まれている。そこでは、スローファッションに対応するためのポイントとして、良質な製品であること、スロー（時間的）に作らないこと、素材を十分に生かすことが挙げられている。さらに、健康的な商品、社会的な責任といったことも必要であるとしている。良質な製品であること、素材を十分に生かすことなどは従来のファッションマーケティングでも当然のように扱われてきた。しかし、スローファッションの中でより重要な考え方はスピードである。

コンピレーションマーケティングがスローファッションに対応するためのものであるからといって、スピードが必要でないことを意味しているわけではない。対象としているものがファッションである以上、対応にはスピードが要求される。むしろ、従来のファッションマーケティングよりも、早いスピードで多くのことをこなしていかなければならない。スローファッション志向の消費者は多様であるだけに、そのコンテクストの自己編集も捉えづらい。そのため、流行のサイクルはさらに早くなる可能性があり、それに対応するためのさらなるスピードある対応が組織としては望ましい。

このように考えていくと、コンピレーションマーケティングは既存の合理化したシステムの上に成り立っている。現在のＳＰＡやＤＣブランドのＱＲ（Quick Response, ＰＯＳシステムを用いて、販売情報を迅速に生産に反映させる方式）、あるいはＳＣＭ（Supply Chain Management, 企業の原料調達から消費者への提供までの統合管理システム）があってこそ、コンピレーションマーケティングが実現可能となるのである。コンピレーションマーケティングは決して、既存のファッションマーケティングを否定するものではなく、対極的なものでもない。

③スローファッション対応のマーケティングリサーチと市場環境分析　従来型のファッションマーケティングでは、マーケティングリサーチは定性的かつ主観的要素を混在した調査が多い。ファッションは「感性」を重視しているため、このような調査手法をとらざるをえない。しかし、初期段階のコンピレーションマーケティングにおけるマーケティングリサーチにとって今後課題となってくるのは、どのように「コンテクストを自己編集できる市場層」を規定し、測定していくか、ということである。カルチュラルクリエイティブスに関する定量的リサーチはあるものの（Ray and Anderson　2000）、今後はさらにきめ細かい、客観的データに基づいた調査手法の開発が望まれる。

④競争市場とポジショニング　コンピレーションマーケティングの場合、競合や市場におけるポジショニングは企業が決めるものではない。コンテクストを消費者が自分自身で解釈しており、ポジショニングそのものが不要になる可能性もある。

コンピレーションマーケティングにおける商品コンセプト

従来のファッションマーケティングのテーマは、伝統的なマーケティングミックスに従っていた。商品においては流行やデザイン、対応スピードを必要としていた。春夏、秋冬のためのコレクションを行い、大量生産をしてコストダウンをはかってきた。しかし、コンピレーションマーケティングの下では、従来のファッションマーケティングとは異なった視点からマーケティングミックスを捉え直さなければならなくなる。

そこで本項では、とりわけファッションビジネスにおいて重点的に議論される、商品・サービス政策やマーチャンダイジング（Merchandising，商品化計画）に焦点を当て、コンピレーションマーケティングではそれが従来のものとどのように異なっているのか、その相違点を説明していく。

従来型のファッションマーケティングは、ファッション商品の市場提案と市場対応を中心に行われてきた。ＤＣブランドが市場提案中心のマーケティングであるならば、ＳＰＡ型企業は市場対応中心のマーケティングとして位置づけることができる。ＤＣブランドは市場に対して何を提案するのかをマーケティングコンセプトとしてきたため、商品コンセプト作りを重視する傾向がある。そのため、ここではマーチャンダイジングに関連する手法や研究がマーケティングの中心になっている。一方、ＳＰＡ型企業のマーケティングは市場対応を中心に市場のニーズを探り、それに沿った形で商品づくりを行ってきた。いずれの場合でも、マーケティングでは、商品を提供するためのコンセプト作りに多くの時間を費やしてきた。

しかし、コンピレーションマーケティングではこのようなコンセプト作りではなく、むしろ「自己編集可能なコンテクスト」が必要になってくる。どれだけ消費者自身がコンテクストを自己解決できるか、あるいはどれだけ自己完結できるか、その自由度がその商品あるいはサービスの成功の可否を握っている。「コンテクストの自由度」が高ければ高いほど、スローファッションとしては優れており、消費者がこだわりを出せるものになっていく。

現状のファッションマーケティングでは、コンセプトを商品とともに強烈に提案していくことに力点が置かれている。しかし、コンピレーションマーケティングを行う企業は決して「洋服屋」ではなく、ファッションにかかわるコンテクストメーカーである。今後のファッションを担っていく企業は、コンテンツ（モノ）のみを提供するというモノ中心の「洋服屋」体制からの転換が求められる。

コンピレーションマーケティングにおけるコミュニケーション

①広告とパブリシティ　ファッションの特性上、従来のファッションマーケティングのプロモーションは多くの限界を抱えてきた。ファッションの流行サイクルは早く、そのため、雑誌媒体を除くメディアを利用した広告には大きな効果が期待できなかった。ファッションの流行サイクルは早く、そのため、雑誌媒体を除くメディアを利用した広告には大きな効果が期待できなかった。これはコンピレーションマーケティングにおいても同様である。マスマーケティングの象徴である広告は、スローファッションにおいてはいっそう意味を持たなくなる。そのため、マスメディアか

らパーソナルメディアを用いたコミュニケーションミックスの構築が有効な手段となりうる。

同様に、従来のファッションマーケティングでは、プロモーション戦略においてパブリシティが特に重要視されてきた。そのため、ファッション関連の企業では広報担当者（プレス）を置き、企業イメージやブランドイメージの向上を重点的に行ってきた。ファッション業界においては「プレス神話」なるものすらある。雑誌の掲載がもっとも効果的であると信じられている。その効果を否定するものではないが、スローファッション時代には、雑誌を見て買いに行く顧客は少なくなるだろう。

②ビジュアルマーチャンダイジングの変化　消費者や顧客に自社の商品を伝えるという意味において、ファッションマーケティングではビジュアルマーチャンダイジング（visual merchandising, 視覚的商品化計画）が盛んに行われている。ビジュアルマーチャンダイジングはファッション関連企業にとって、来店客の購買意欲を向上させ、販売促進効果をもたらすものとして不可欠である。

日本ビジュアルマーチャンダイジング協会では一九九〇年にビジュアルマーチャンダイジングを次のように定義している。「ビジュアルマーチャンダイジングとは顧客の創造と維持、および需要の創造を目的に、流通の場においてマーチャンダイジングを軸に、すべての視覚的要素を演出し管理する活動」。すなわち、差別化を狙ったスタイリングの主張やアイテム戦略、キャンペーン商品、重点販売商品、ベーシックアイテムの強化、新規ブランドの導入などがわかるように訴求していくのがビジュアルマーチャンダイジングであり、その目的は単なるディスプレイではなく、店舗空間を利用し、販売促進効果を向上させることにある。

このビジュアルマーチャンダイジングは、コンピレーションマーケティングにおいては二つの側面で変化していくことになる。第一には、コンテンツ提案ではなく、コンテクストを提案することである。従来のビジュアルマーチャンダイジングは店舗空間を利用した、モノの提案であったり、コーディネート提案であったりすることが多い。コンピレーションマーケティングでは、モノを必要としているわけではなく、コンテクストを提案していくことになる。第二に、自己解決できるビジュアルマーチャンダイジングになっていくことである。スローファッションにおいては強烈な提案は押し付けとなり、消費者の自己解決を妨げてしまう恐れがある。できる限りコンテクスト自由度の高いビジュアルマーチャンダイジングの方向性が求められる。

コンピレーションマーケティングにおける流通

①流通チャネルの多様化　ファッションマーケティングのこれまでの流通チャネル政策は、人が集まるファッションビルやショッピングモール、百貨店など、規模の生産性を生かすための多店舗展開によって試みられてきた。多店舗展開をすることによって、商品の露出度は高まり、認知され売上に貢献すると考えられてきたからである。しかしコンピレーションマーケティングでは、消費者がコンテクストを自己解決する。したがって、多店舗展開を含めた流通チャネルも消費者自身が解釈をしていくことになるから、「若者の街の渋谷」「おしゃれな代官山」「大人の銀座」といったような、街に対するイメージは意味を持たなくなってくる。コンテクスト自由度を高めるためには、「街のイメージと店舗展開」とか「商品コンセプトと業態」といった先入観を解放した上で流通チャネル戦略を展開していかなければならない。コンピレーションマーケティングでは多種多様な流通チャネルを開拓していくことが求められてくるのである。

②ローカルコンセプト　一方、多種多様な流通チャネル戦略を展開していくということは、グローバル化した流通チャネルでの展開を意味する。グローバル発想の典型としてショッピングモールがある。しかし、ショッピングモールはマクドナルド化的発想のもとにつくられている。したがって、グローバルな視点からのコンセプトはコンピレーションマーケティングの意図するところではない。むしろコンピレーションマーケティングにおいては、消費者にとって自己編集可能な、身近でローカルな視点に立った商品を考えていかなければならない。ローカルコンセプトとしては、地域限定発想がある。そこに行かなければ購入できない、その地域独自の技術や考え方に基づい

た商品がローカルコンセプトになる。

多種多様な流通チャネルシステムとの連携を図りながら、「隠れ家的」な店舗をつくりだすことがコンピレーションマーケティングにおける流通チャネルのあり方である。

おわりに――問われる自己編集能力

現在ファッション市場の中心は、ＤＣブランドを始めとするＳＰＡ型のブランドがファストウェアを提供している状況にある。そうした中で、ブランド主義から脱却し、脱流行傾向や快適性を追求する傾向、すなわちスローウェアの考え方が芽生えてきている。

本章では、スローウェアをファストウェアの対立軸として位置づけた。機軸として、「コンテクスト自己解決×コンテクスト企業提案」と「コンテクスト自己完結×コンテクストの他者コミュニケーション」の二つを用いて説明した。これに基づいて、スローウェアはあくまでスローファッションに向かうための一段階に過ぎないことに言及し、スローファッションに対応するために必要なものがコンテクストの自己編集、すなわちコンピレーションであることを解明した。

また、スローファッションに対応するための新しいマーケティングの方向性として、コンピレーションマーケティングの枠組みを従来のファッションマーケティングとの比較の中で検討した結果、戦略形成上の方向性やマーケティングミックス政策に対する考え方が示唆された。

しかしながら、コンピレーションマーケティングはコンテクストの自己編集という視点からすると新しいものの、既存のファッションマーケティングのシステムの上に成立するものであるから、従来型の合理的、効率的なマクドナルド化されたファッションを全面的に否定するものではない。合理化・標準化、あるいは時間的なファストさ、すなわちスピードのある企業対応はコンピレーションマーケティングにおいても必要であり、その意味でコンピレーションマーケティングは従来のファッションマーケティングを拡大させたものであるとも考えられる。

今後、コンピレーションマーケティングをさらに展開させていくためには、コンテクストの自己編集をどのように規定し、測定するかを検討するとともに、それに対する具体的なマーケティング戦略を実践し、研究対象として理論化していくことが不可欠である。

参考文献

Barnard, Malcom（1996）, *Fashion as Communication*, Routledge.

Easey, Mike（2002）, *An Introduction to Fashion Marketing*, in Mike Easey edits, *Fashion Marketing*, Blackwell Science.

Flocker, Mike（2003）, *The Metrosexual : Guide to Style*, Da Capo Press.

Hines, Tony and Margaret Bruce（2001）, *Fashion Marketing : Contemporary Issues*, Butterworth Heinemann.

Kaiser S.B.（1985）, *The Social Psychology of Clothing and Adornment*, Mcmillan Publishing Company.（高木修・神山進監訳（一九九四）『被服と身体装飾の社会心理学（上・下）』北大路書房）。

King, Charles（1964）, *Fashion Adoptation ; A Rebutal of Trickle Down Theory*, American Marketing Association.

Maslow, Abraham. H.（1970）, *Motivation and Personality*, 2nd ed., Harper & Row.（小口忠彦訳（一九八七）『改訂新版　人間性の心理学』産業能率大学出版部）。

Ray, P. and S. Anderson（2000）, *Cultural Creatives*, Three Rivers Press.

Ritzer,George（1996）, *The McDonaldization of Society*, Pine Forge Press.（正岡寛司監訳（一九九六）『マクドナルド化する社会』早稲田大学出版部）。

Solomon, M. R. and Nancy J. Rabolt（2004）, *Consumer Behavior : In Fashion*, Pearson Education.

Sproles, G.B.（1981）, "Analyzing fashion life cycles : Principles and perspectives", *Journal of Marketing*, vol. 45.

江尻弘他（一九九〇）『アパレルマーケティングⅠ』繊維工業構造改善事業部会。

大沼淳・荻村昭典・深井晃子監修（二〇〇二）『ファッション辞典』文化出版局。

大橋照枝（二〇〇五）『「満足社会」をデザインする第三のモノサシ』ダイヤモンド社。

荻村昭典（一九八七）『服装学への道しるべ』文化出版局。

柏木博（一九九八）『ファッションの二〇世紀――都市・消費・性』日本放送出版協会。

神山進（一九九〇）『衣服と装身の心理学』関西衣生活研究会。

窪田真（一九九七）『アパレルのマーチャンダイジング』文化女子大学教科書出版部。

杉原淳子（二〇〇四）『ファッション・マーケティング』嵯峨野書院。

高木修（一九九六）『被服と化粧の社会心理学』北大路書房。

高見俊一・川畑洋之助（二〇〇一）『ファッション販売論』社団法人衣料管理協会。

高見俊一・川畑洋之助・風間健（二〇〇六）『マーケティング――アパレルビジネスのための』社団法人衣料管理協会。

真柴隆宏（二〇〇四）『スローライフな未来が見える』インターシフト。

『JUKI MAGAZINE』（二〇〇三）「特集1　時代はスローファッション　良質のファッション製品を味わい・楽しむスローファッション作りの仕組みとポイント」vol.216（http://juki-wc.juki.co.jp/jm/magazine/vol/vol216/jmv216p07.html）。

第三部

トリガー（契機）型スロースタイルマーケティング

第6章 等身大の選択肢
——シナリオづくりをサポートするスローファイナンス

岩瀧 敏昭

Summary 本章は、ファイナンスやクレジットカードビジネスが描く消費者像を題材としてリッツア（Ritzer, 1996, 1998）が「マクドナルド化の社会」において警告しているマクドナルド化の鉄の檻に如何に対応するかという視点に立って検証し、新たに進展しつつあるソーシャルファイナンス、マイクロファイナンス、地域通貨などの実態を踏まえつつ、ファイナンスにおけるスロースタイルマーケティグを考察する。

Key Word ●ソーシャルファイナンス●マクドナルド化●透明性●ファイナンスシナリオ●ファイナンスイノベータ

はじめに——一つのＭＢＡ（経営管理学修士）講座

アメリカの名門私立大学であるコロンビア大学のビジネススクールに設けられたソーシャルエンタープライズプログラム（社会事業専修）の中で、これまでのビジネススクール教育では取り上げられることのないテーマが講義として扱われるようになってきているようだ。その中のひとつに「金融とサステイナビリティ」というテーマがあり、ここでは地球の温暖化抑制を促すCO_2（二酸化炭素）の排出権を、いわゆるエコファンドとして取引する仕組みやＣＳＲ（企業の社会的責任）に取り組む企業、環境への配慮を欠かさない企業を対象にした投資形態としてのＳＲＩ（Socially Responsible Investment, 社会的責任投資、倫理的投資）[1]、さらには発展途上国の貧困削減につながるプロジェクトに融資するマイクロファイナンスなどがカリキュラムとして取り上げられている（『ソトコト』二〇〇五年一月号、三八頁）。

また、ヨーロッパにおいては、オランダのトリオドス銀行に代表されるソーシャル・バンクの活動や**ソーシャルファイナンス**といった革新的な銀行、金融商品が話題となっている。

日本でも、ごく最近の事例として日立製作所がCO_2排出権の新型債券を、欧州気候取引所で売買される排出権先物価格を基準に発行したことについて、新たな金融手法を活用した債券としてマスコミがとりあげていたが（『日本経済新聞』二〇〇六年二月二六日付）、かならずしも革新的な商品とはいえないところはあるが新しい方向性として注目されるところである。

本来、金融は資本主義経済の核として利潤追求を使命としており、一方、環境の議論はある意味ではその経済活動の利潤追求とは別の社会的論理で動いているもであったはずである。

その点からみると、これらの動向は、金融商品から生まれる個別企業の利潤追求と社会全体の利益をどのように両立させるかという新たな金融ビジネスモデルとして注目されるものであり、見方を変えるとロハス的な志向（本書序章・第1・第7章参照）の金融ビジネス分野のマーケティング戦略といえなくもない。

もう少し個人の生活に近いファイナンスやクレジットカードの議論としてロハス的志向のものがないかと考えてみると、たとえば、かなり前からクレジットカードを利用すると、その利用に伴うカード会社側の収益の一部が環境保護や動物愛護の団体に寄付されるといった仕組みの、いわゆる提携カードはあるが、これ以外にはほとんどみあたらない。

本書終章で三浦（二〇〇六、五〇頁）が述べている「ファスト」と「スロー」についての、

$$\text{performance（効率）}=\frac{\text{output（産出物；効果）}}{\text{input（投入資源）}}$$

という考え方に照らしてみるならば、クレジットカードやファイナンスは、outputを一定にしてinput（時間、材料、コスト）を低減し、performanceを高めて、いかに効率化をはかるかを競うビジネスモデルの例であり、ファストな世界の典型的なものといえる。

そこで本章では、この「スロー」や「ロハス」といった消費スタイルとは、ほとんど対極的な位置にあるファイナンスやクレジットカードについて、海外で成長しつつあるソーシャルファイナンスやマイクロファイナンスの考え方などをふまえて、個人のスローライフスタイルのファイナンスマーケティングを提言していきたい。

一　消費を時間から解放したクレジットカード

消費の多様化がクレジットカードの起点

一九八七年の国民生活白書は次のように指摘した。「生活の利便や快適性の向上のための手段として行われてきた消費は、いまや生きがいそのものに深くかかわりはじめ、自己実現や自己表現の手段としての意味合いを濃くしつつある」と。その頃のマーケティングの課題として、それ以前の大まかな「大衆」としての消費者を、一九七〇年代に終わりを告げる高度成長期の志向であった「人並み」意識と感性で結ばれた「少衆」として、また価値観やライフスタイルの感覚で分化する「分衆」としてとらえる議論がスタートしたように思われる。

この一九八〇年代後半を境に日本のクレジットカードの利用は大きく拡大している。それまでのクレジット取引は割賦販売に代表されるように、戦後の復興期から高度成長期にいたるまでの、個人の将来所得による支払いを前提に、大型耐久消費財の購入を中心として発展してきたが、八五年以降、クレジットカードの特にマンスリークリア方式という、ほぼ現金支払いに近い感覚での利用が拡大し、「キャシュレス化」といううたい文句で、急激なスピードでクレジットカードが個人の消費生活の中に浸透した。

この時期の、いわゆるバブル期の消費の動向について、上村（一九九四）は、人とは違う個性的な商品の選択による大衆から個人への脱皮願望の現れのはずであったが、実際は「見せびらかし消費」であったと分析している。また、この分析をふまえてみると、クレジットカードは、上村が指摘する「見せびらかし消費」の一翼を担うことによって普及したのではないかと考えられる。

なぜなら、このバブル期の日本においては、個人の将来所得は常に右肩上がりであり、消費活動に投入される所得なり財源に対して、枯れることのない水源地であるかのような認識が蔓延していたし、このため本来の「労働」と「所得・財」と「消費」の資源変換プロセスによる消費活動がかなり歪んだ状況となっていたからだ。

簡単にいうと「財を所有することが消費のタイミングの自由度を増す」という消費技術の時間特性を前提に考えるならば（久米　二〇〇二、五一頁）、この時期の「お金はあとでどうにかなる、それよりも今、ここで消費のタイミングを逃してはならない」といった時間的文脈を優先させた消費行動に対して、クレジットカードは、その消費の時間的自由度を増すための必須アイテムであったわけである。

ところが、バブル崩壊後の不況に突入した一九九〇年代中盤以降においても、クレジットカードの利用拡大は一向にとまる様相を示さなかった。

この状況については、バブル期における個人の海外旅行やエンターテーメントな分野に関連する消費活動に、クレジットカードのマンスリークリア方式とばれる一回払いの機能が利用され、その経験が、利便性として評価に結びつき、借金を良しとしない日本人において、借金感覚の伴わないクレジット機能として定着したからだと一般的に理解されていた。しかし今日的に見ると必ずしもそのように理解できない点も多くある。

いろいろな商品には、かならずしも実証的とはいえないかもしれないが、商品進化の法則のようなものが考えられる。石崎（二〇〇三、七七～八九頁）は商品進化の指標として消費者のニーズへの対応度を指摘している。商品が消費者に受け入れられていくためには、最初に商品としての生命力や競争力がなければならないだろう。それは言い換えれば、「具体的であるか」「抽象的であるか」は別にして、「個人にとって、社会にとって、役に立つのか」といった点の社会的な合意形成につながるものと考えられる。

この点に関連して石崎の指摘をふまえて整理すると以下のようになる。

図１　商品進化の方向性

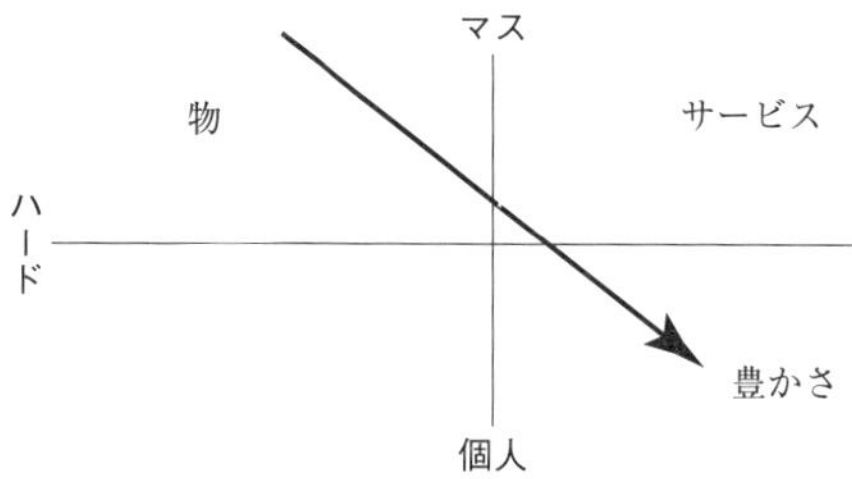

たとえば道具のように誰にでも役に立つということが明快な場合とその役立つということが個人的な場合とがあり、商品の豊かさという考え方でマトリクス（鋳型）を作るとハードからソフトへ、一般的なものから個人の方向へ流れて、企業が商品の生命力、競争力を維持するためには、結果的に個人のニーズへ対応していくことになる（図１）。すなわち、この対応度が商品進化の指標につながり、実際にその対応度が上がっているかどうかを感覚的に察知することはできるのであろうが、数量化することはかなり難しいと考えられる。

次にもうひとつの対応度の考え方として「対応の方向性」をみることが重要となる。そしてこの方向性の問題としては、偏ったニーズへの対応、「方向性の偏向」といったものが生じる場合が考えられる。この点について石崎は具体的な例として、「携帯電話が軽くて、小さくなり提供されるサービスが一段と便利になってきたことは周知のところであるが、カメラ付き携帯が出現した段階で消費者ニーズがあるからという理由はあるにせよ、携帯できる電話という商品としては偏向した進化と理解されても仕方のない」ことだと指摘している（二〇〇三、八三頁）。

そこで前項のクレジットカードをこの商品進化の考え方で整理してみると、クレジットカードは、それまでのクレジット取引にはない、消費の時間的文脈に対する自由度を増す利便性を提供する商品として進化したことは言うまでもないが、その後の進化の方向性については大きく偏向してきたと考えざるを得ない。

少し意地悪な見方をすると、多くのカード会社は、バブル期に金銭感覚が麻痺した状態であった日本人に対して、消費シーンの利便性を前面に出してクレジットカードを持たせることに成功した。そこでは本来クレジットカードの利用は短期的ではあれ「負債」を負っていることに違いはないわけであるが、その点についてはほとんど触れられることのない営業戦略であったといえる。

バブルの崩壊後の不況期には、「個人の所得や財」が逓減し、消費が従来のような自由度をもてないことから、個人の資金不足に対するニーズを受けた形で、キャシング（個人向け小口融資）やカードローンといったファイナンス機能を充実させる営業戦略に切り替えていった。

カード会社からすると高金利による収益性の高いキャシングの利用拡大は願ってもないことであり、また同時期に銀行が規制緩和に乗じてカード会社に対するＡＴＭ（現金自動預け入れ払い機）の開放などを行ったことから「便利でお手軽なキャシング」という商品は確固たる進化を遂げることとなる。

しかし、そこに消費者ニーズがあるからという論理で、このファイナンス機能がクレジットカードの機能として商品進化したことは本当によかったのであろうか。

また、現在、多くのカード会社が収益性の面で、「ショッピング利用の収益効率の悪さ」から「キャシング利息収益依存症」に陥っている状況が、はたして消費者ニーズとそれに伴う商品の豊かさという観点からみた場合のマーケティング戦略として妥当なものといえるのであろうか。

毎日のように消費者金融会社の「便利でお手軽なキャシング」のコマーシャルを見させられる今日的な状況においては「一九八〇年代に消費者がはじめて出会ったクレジットカードとは、そのような商品であったのか？」と疑問を抱かざるを得ない。

一九八〇年代後半から九〇年代前半にかけて、特に二〇～三〇代の若い人達に対するカード会社、消費者金融会社の攻勢はすさまじいものがあった。そしてその後に発生する多重債務者の問題や自己破産者の急増現象は、リッツァの「マクドナルド化の負の副産物」の典型例といえる。

クレジットカードの進化とマクドナルド化

リッツアの指摘する「マクドナルド化」に関する一連の著作（Ritzer 1996, 1998, 2004）の中で、クレジットカードがその「マクドナルド化」の代表的な事例として取り上げられている。

たとえば、その著作の中で「マクドナルドが調理済みの食べ物の受け渡しを合理化したように、クレジットカードは消費者金融ビジネスを合理化（マクドナルド化）した。クレジットカードが出現するまで、ローンを組む過程は手間がかかるうえに面倒で、しかも非合理的であった」（Ritzer 1998, 邦訳一六九頁）とビジネスの実態から、その「合理化」の内容を説明している。

さらにここで述べている合理性の意味するものとして、クレジットカードの場合については以下のような点を中心に説明している（Ritzer 1998, 邦訳一七三、一八一、一八四、一八六頁）。

（1）利用限度額や利率、負債総額、購入できる物品・サービスなどの数量的側面を重視する計算可能性。

（2）ローンを申し込み審査を受ける時や、物を購入する場合などの効率のよさを重視する効率性。

（3）クレジットカードの規格や提供されるサービスなどは、顧客が一度利用すると予測がつくことになる高い予測可能性。

（4）人間的技能の人間によらない技術体系への置き換え、クレジットカードそのものがもつ一種の非人間的な技術体系。

リッツアの指摘するこれらの内容は、かならずしも特別なことを指しているわけではなく、一般の消費者がカード会社に対して、クレジットカードの申し込みをした時やカード会社のサービスセンターなどに、何かの問い合わせを行った時に感ずる「なんともいえぬ奇妙な違和感」や、会員の皆様へといって送られてくるダイレクトメールの「オートマティックな感覚」を思い出していただければ、すぐに理解されるものではないかと思われる。

同様のことは、たとえばファストフードレストランのメニューを見て注文するときにも感ずることだし、ディズニーランドのミッキーやミニーの愛嬌たっぷりの仕草にも、馬鹿でかいショピングモールの整然とした店舗街を歩くときなどにも感ずることである。

この点についてリッツアは「クレジットとローンは、今や高度に合理化された作業ラインの方法で提供されているのである。そのためさまざまな合理性の非合理性、とくに脱人間化が産業につきまとうことになっている」（Ritzer 1998, 邦訳一七〇頁）と説明している。

さらに、このような多くの消費者が感じるクレジットカードの「過度に一般化された対応」を「無」という言葉で表し、「特有な実質的内容を相対的に欠いており、概して中央で構想され、管理される社会形態」として定義し、その代表例としてクレジットカードを位置づけている（Ritzer 2004, 邦訳五～一一頁）。

しかし、一方でこのようなクレジットカードが大好きで、その利点を大いに享受している消費者が数えきれないくらいいることも確かである。このためリッツアは、このような複雑さゆえに、「無」の分析と研究の必要性を述べている。

また、この「無」を定義することにより対比的な概念である「存在」について定義することを求め（Ritzer 2004, 邦訳一一頁）、この「存在」から「無」にいたる連続体の間にそれぞれの現象が位置づけられると述べている。

そこで第二節では、この考え方が「グローバル化」とも切り離せない議論であることから、その点もふまえて「ポストマクドナルド化」の視点からクレジットカードやファイナンスビジネスを再考してみたい。

二　シミュラークル（複製）としてのクレジットカード

日本の多くのカード会社は、提携先や取引先などに対して自社のクレジットカードを売り込むにあたって、意識していたかどうかは別として、P・コトラーの「ヘビーユーザーが企業に収益をもたらす四項目の理由」のような内容を使って説明を行っていたように思われる。

その内容は、クレジットカードの持つ情報収集機能は顧客と企業の信頼関係を構築することに役立ち、その顧客動向に合わせてセールスを可能にし、長期間取引の実績のある顧客に対してアプローチがしやすくなり、さらに顧客は企業の提示した価格に対して従順に反応する、といったものであった。

そこでは常に、クレジットカードが顧客と企業の間のエクスターナル（外部の）マーケティングやインタラクティブ（双方向の）マーケティングのツールとしての重要な役割が果たせることを強調していた。

しかし皮肉なことに、先に述べたクレジットカードの商品進化であったはずのキャシング機能が、多重債務者や自己破産者の多くが利用する商品であったために、リッツアが指摘する「私的トラブルを顕在化させ」（Ritzer 1998, 邦訳一六三頁）、企業側からすると「クレジットカードの利用が多い顧客は、いつ不払いが起きるかもしれない」という色眼鏡をかけて見る必要が生まれてきた。

この結果、ワン・トウ・ワンマーケティングのような場面においては、クレジットカードよりも単なるポイントカードのほうが顧客情報の収集機能という点では有効に機能するといった評価が生まれる状況になってきている。

一般的に、消費者がその企業の常連（クレジットカードにおいては会員）であり、ヘビーユーザー（クレジットカードにおいては常に残高がある会員）であれば、彼らは普通の客とは異なる対応を企業側に求めるものであるが、クレジットカードやファイナンスにおいては、一方でリスクの高い顧客として認識しなければならないというジレンマが企業側に生じ、もっとも収益に貢献する顧客を常に監視しなければならない対象として扱うことになっている。

特に、一九八〇年代の日本においては、この問題に拍車をかけるように、カード会社の経営者や幹部層（クレジットやリテール（小口）ファイナンスに知見がない銀行などの親会社の出向や派遣者が多かった）や顧客と接する従業員（派遣社員、パート、アルバイトがかなり重要な役割を担っている）などが、完全にファストフードレストランのマニュアルに基づく顧客対応と同様に、中央の管理機構が作ったビジネスマニュアルにもとづき顧客イコール債務者といった態度をとるなど、いわゆる「マック職化」(2)（Ritzer 1998, 邦訳一〇三～一二二頁）していたことも見逃せない事実であろう。

そこで以下の項では、これらもふまえて、日本のクレジットカードビジネスが巻き込まれている、「マクドナルド化」の大きな渦の中で、「スロースタイル」という視点から新たなマーケティングスタイルをどのように再考すべきかを検討していきたい。

支払い日のないクレジットカード

多くの先行研究における消費者意識調査の中で、クレジットカードの保有状況や保有の動機、今後の利用などについて聞いているものがあるが、これらの調査が示す消費者のクレジットカードに対する意識は「あまり使いたくはないが、必要に迫られ仕方がない」といった反応が多いようである。この背景には「過剰債務に陥る危険がある」「プライバシーが侵害される」といった回答がかなり含まれている。消費者からするとリッツアが指摘する「私的トラブル」に巻き込まれたくないという意識が強く働いているものと思われる。

また現実的な問題として、カードの利用顧客の稼働率（顧客が一年に一回以上、カードを利用する率）はせいぜい四〇～五〇％という数値もある（日本クレジット産業協会　二〇〇五）。

日本のクレジットカードの発行枚数は二億七〇〇〇万枚といわれているが、その半数以上は、一年間に一回も使われることのないスリーピング状態ということになる。

もし、その使わない理由が先の調査結果のようなものだけであれば、クレジットカードの利便性や有用性がもっと消費者の心をつかんで利用頻度が高まってもよいように思われる。

しかし残念ながら、かならずしもそのような状況になっていない理由は何であろうか。

P・コトラーの「サービスの特徴」（Kotler 1991）に示される「無形性」（Intangibility）や「変化しやすい」（Variability）の考え方にもとづいて、クレジットカードをあらためて「サービス」として整理すると、もともとは単なるプラスティックプレートであって、そのサービスの内容については、個人が事前に体感することができないものであり、一度利用した者にとっては比較的わかりやすいという特徴を持っているが、しかし一方でそのサービス内容は非常に変化しやすいので、消費者がどのクレジットカード（サービス提供者）を選択するかにあたっては、しばしば他人の評価を前提とすることになるという特徴がある。

さらに、カード会社側からすると、その利用頻度維持や顧客維持のマーケティングために、会費を無料、低い手数料率での提供、マイレージやポイント等の特典を提供するなど、価格設定による刺激策をとらざるを得ない商品である。このため最も容易に競合相手に模倣されるマーケティング・ミックスであって、カード会社からすると持続的な競争優位性はほとんど発揮できないのが特徴である。(3)

この点に関連して、リッツアは「あらゆるクレジットカードは、すべて同等級の他のクレジットカードのシミュレーションである。他のカードの基になった「オリジナル」なカードなど存在しない。つまり「リアル」なクレジットカードはない」「クレジットカードはシミュレーションの上に構築されたシミュレーションの果てしない螺旋ともいえる世界」と指摘している（Ritzer 1998, 邦訳二一一～二一三頁）。

また、さらに「オリジナルが存在しない複製としてのシミュラークル（模擬像）」というボードリヤールの考察にあてはまっている点についても言及している（Ritzer 1998, 邦訳二一二頁）。

カード会社がここで指摘されている「シミュレーションの果てしない螺旋」から逃れ、「リアル」なカードを発行するとしたら、「利息はとらない」「支払日のないクレジットカード」以外に考えられないのではないか。

（笑われるかもしれないが）実はここに「スロースタイル」へと変革していくための手がかりが隠されていると思

われる。

クレジットカードにおけるアメリカの国際ブランドの支配

筆者は今から一五年ほど前に、ニューヨークの高級百貨店のサックス(4)を視察したことがある。その際に同社の役員からクレジットカードの発行業務の説明を受けた。

今では、そこで受けた説明内容の多くは記憶にないが、ひとつだけ同社の役員の誇らしげな言葉を今も忘れることができない。それは同社の売り場で行われるクレジットカードのセールス方法として、お買い物をしてビザやマスターなどの国際ブランドのクレジットカードを提示した顧客に対して、「ビザやマスターのカードをお持ちであれば、是非、わが社の本当のクレジットカードをお持ちになりませんか」というセールストークを売り場の店員たちにさせているというものであった。

彼の説明した「本当のクレジットカード」とは、その当時、まだアメリカや日本では、ハウスカードと呼ばれる自社の顧客のための自社ブランドカードを大型小売業や百貨店などの企業が独自のシステムによって数多く発行し、地域性をいかした顧客管理やサービス提供などが可能な時期であっただけに、国際ブランドのマニュアルとシステムに依存した型で、特色ある独自の顧客サービスをあきらめたカードに対して、一矢報いてやろうという気概をもって述べた言い方であった。

ビザやマスターのいわゆる国際ブランドカードは、もともとアメリカの銀行の州際業務の緩和対策として使われる単なる共通マークの意味しかもたないものであり、この説明をした役員には「国際ブランドの導入は顧客サービスについての明確な経営ポリシーのない経営者が取る経営戦略」という認識があったようで、そこでいう「本当のクレジットカード」という意味は、「このクレジットカードはお得意様としてのＩＤ（身分証明書）を示すもので、利息収入を追い求めるというよりは、顧客と百貨店のコミュニケーションツールとして発行している」といった意味が込められていたようである。

実は、日本においても、国際ブランドが制度面やシステム的な面で入り込む以前には、このような必ずしも利息収入追求型ではない「スローでローカルな」コミュニティカードの色彩の強いハウスカードがたくさん存在していた。

ところが、地域の商店街や老舗の百貨店がそれぞれに発行していた独自のクレジットカードに対して、各カード会社が、「顧客が海外へ行ったときに利用できなくては不便である」といった単純な国際化という理由のもとに国際ブランドマークをつけていったという経緯があり、その過程で、クレジットカードはある意味で個性を失い、「独自の顧客対応のできない」どれも同じ顔したプラスチックの板へと変身していったわけである。

それは、見方を変えると、当時の日本のクレジットカード会社の大半は銀行や流通業、メーカーといった大企業の子会社で、そこに働く経営者や幹部職員の多くはそれまでほとんどクレジットカードビジネスを行ったことのない者が多く、国際ブランドが示すインターナショナルルールと呼ばれるマニュアルには、とても太刀打ちできない状態であったことにも起因するであろう。また、この状況はクレジットカードビジネスの「グローバル化」「マック職化」を意味するものであったが、当時においてそれは、およそ抵抗しがたい流れであったとも考えられる。

クレジットカードと銀行のマクドナルド化

一九五〇年以降の日本の消費構造は、社会学的にみると「プレモダン」「モダン」「ポストモダン」の三層構造を引きずっていたといわれている。

その構造のなかで、多くの日本人は消費生活の中で「節約すること」「貯蓄すること」「借金をしないこと」を呪文のように唱えてきた。また、その子供たちはその親たちの呪文と一九八〇年代におこる劇的な社会の変化のパラドックスを体験してきた。

先に述べたバブル期のクレジットカードの普及拡大は、その意味では個人の理性的な判断を麻痺させることで成立したマーケティング戦略だったともいえる。

さらに、その麻痺した理性脳には、いまでも時々「クレジットカードを本当に使ってよいのか」という躁うつ的な症状が後遺症として存在している。

アメリカのクレジットカードビジネスに関連してこんな話がある。

「一九九〇年に、バージニア州在住のザバウ・シェパードに対して、たくさんのクレジットカードが送りつけられてきた。しかし実は彼女は犬であった。彼女は立派な名前ゆえに、コンピュータが、彼女に多くの「信用」をあたえてしまったのだ」（Boyle 1999, 邦訳一六頁）。

このころのアメリカにおいて、クレジットカード会社は、名前と住所があり、コンピュータ上のクレジットヒストリーに問題がなければ、その個人が希望する、しないにかかわらずクレジットカードを送りつけて、受け取った個人がそれを利用した段階で、クレジットカード契約をおこなうというような営業戦略をとっていた。

このため現在でも、アメリカの平均的な世帯においては、食費よりも個人負債（住宅ローンはのぞく）の支払いに当てる金額の方が多いといわれる状態になっている。

ベルは、アメリカ人がクレジットを受容する行為を、「道徳上の大革命」を伴っていたと表現している。それは「アメリカ資本主義のエートスとしてのプロテスタンティズム、およびそこでの本質的部分である禁欲主義を前提とすれば、アメリカにあっては、貯蓄と節約こそが倫理的な行為でなければならない。もし人が何かをほしいのであれば、まずは貯蓄すべきである。そして貯蓄は社会の生産を高めるものであるがゆえに社会的に正当とされる行為である。しかしこれをあまり徹底すると大衆消費社会の進展が阻まれる可能性がある」（Bell 1976, 邦訳一五七頁）というような考え方で評価していた。

つまり、社会が豊かになったから自動車がもてるようになったのか、自動車を少し無理しながら購入したことで、社会が豊かになったのかという、社会的な連鎖関係をどのようにみるのかということになってくるのであろう。

さらに、アメリカの経済心理学者ジョージ・カトーナはクレジットを、支出の流れを収入の流れから分離することにより「消費者の行動に自由度を与えた」と評したが、実際には将来所得を先取りする形で、未来を現在のために奉仕させる時間的束縛を強める仕組みとして機能しているわけである（流通産業研究所　一九九三）。また、クレジットカードという擬似的な貨幣は、コンピュータという神が作り出す金融制度上の、新たな道徳観をもって、われわれを束縛のしているのかもしれない。

いわば、その伝道者が銀行やクレジットカード会社ということになるのかもしれない。

一方、見方を変えると、われわれが銀行にお金を預金する行為は、個人が銀行に一定の利息をもらうことを前提に行う信用供与であり、銀行に対してファイナンスを行っているのと同じことである。また預金通帳は、個人が銀行に与ええたクレジットカードと機能的には同義の部分がある。

銀行論的にいうと、本来銀行は、個人や企業など預金を行う者のエージェント（代理人）として、預金者から集めたお金の運用を行い、その成果の中から、代理人としての費用をもらうべきものとして存在してきたはずである。しかし、日本においては、近年、その銀行がファストフードレストラン以上に、各々の顧客の独自のオーダーが受けられない「もっともマクドナルド化」した存在になっているとはいえまいか。

いうまでもないが、バブル期の日本における銀行においては、土地を担保にして、きわめてマニュアル化された形式的なファイナンスの審査方法で、個人や企業のリスク測定を行い、相手が公害垂れ流しの企業であっても、地上げ屋であっても、社会的に糾弾されるような企業でも、土地さえあれば融資を行ってきた。さらに、一旦そのビジネスモデルが破綻すると、まったくどの銀行も同じように、エージェントとしての役割を放棄したかのように、ゼロパーセント金利の預金行為を強引に推し進めてきた。

マクロ的な資金循環の中で、本来、銀行の持つ公共性とは、経済発展の仕組みに寄与すること、国民の生活を豊かにするためのサポート役として機能すべきものであった。しかしマクドナルド化が促進していく課程において、個人や企業との関係性が希薄になり、収益性は低いが社会的な貢献度の高い事業活動を行う企業や組織、個人とのかかわりを、切り捨ててきた実態がある。銀行のファストな世界にあって、M・ウェーバーのいうところの「精神なき専門人[6]」によるファイナンスとなっていったのではないかと考えられる。

そこで、次の第三節では、現在、世界各地で進展している、ソーシャルファイナンス、マイクロファイナンスなどにおける、既存の金融ビジネスにはない革新性について概観し、そこに内在している「スロースタイル」の考え方をもとに、既存のクレジットカードやファイナンスビジネスに何を示唆しているかを考察していきたい。

三　ソーシャルファイナンスやマイクロファイナンスにみるスロースタイル

金融グローバリズムやファストな金融の世界とは一線を引いた形で登場した**ソーシャルファイナンス**は一般的には「金銭的収益と同様に社会的収益もしくは社会的配当を追求する機関によって提供される金融活動」として定義されている（トラスト60　二〇〇六、一〇頁）。

またマイクロファイナンスは「自営業者、低所得者、零細企業に対するマイクロな（きわめて小口の）金融サービス全般」として定義されている。

これらを概観しながら、本節ではこうしたファイナンスの担い手であるソーシャル・バンク（営利金融機関だが、定款で社会的あるいは環境のための目的などに資金供給することをうたっている）やクレジットユニオン（金融協同組合、非営利の協同組合方式で、貯金、融資などの金融サービスを提供する）が進める「スロー×ローカル」な、そしてサステイナブル（持続可能）なビジネスモデルとしてのスローファイナンスマーケティングを模索してみたい。

オランダのトリオドス銀行やイタリアの倫理銀行のソーシャルファイナンス

経済的な利益追求を尺度として発展してきた伝統的な金融機関がファイナンスの対象としてきたのは、少なからず金銭的な利益が上がる企業や組織、非常に有望な事業性のあるベンチャービジネスなどに限られてきたのが実態である。

このような状況において、ファイナンスを行うか否かの意思決定の尺度の中に、社会的貢献の要素や環境的、社

図2　ソーシャル・ファイナンス主体をめぐる資金の流れ

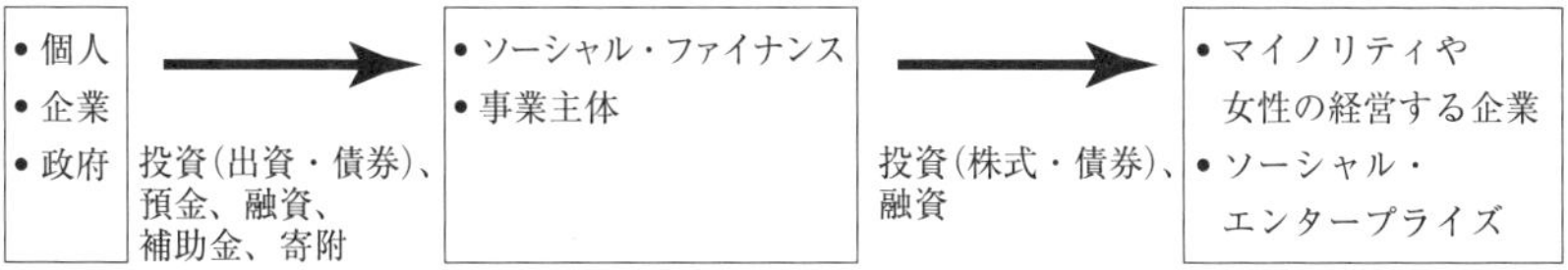

会的収益に重きをおいた考え方を持ち込んだことで、革新的な金融ビジネスとして成長してきたのがソーシャルファイナンスである。

また、ソーシャルファイナンスは、「企業や組織、個人が銀行に預けたお金を、社会的に意味ある活動等に運用されることを望む」という預金者側の発想も深く関与しており、預金者側の納得のいく運用が行われる銀行を作ろうという考え方にまで踏み込んだ形となっている。

図2はソーシャル・バンクを中心とした預金とファイナンス等の資金循環を表したものである。

特に、近年、ヨーロッパでこのようなソーシャルファイナンスが注目されてきた背景には、通常の金融機関では不採算とみられて対応しないような分野での活動や軍事産業のような分野には投資を行わないなどのＳＲＩ（社会的責任投資、倫理的投資）のような経済活動について、社会全体の関心がたかまってきていることと、既存金融機関のビジネスとしての限界があげられる。

①オランダのトリオドス銀行（Triodos Bank）　トリオドス銀行の名前は「三つの形態（観点）からのアプローチ」という語源に由来している。この三つの形態とは、社会的、倫理的、金融的アプローチというものであり、銀行としてのキャッチフレーズは「あなたのお金を、ほかとは違ったものにする」というもので、一九八〇年に設立されている。

このため「預金商品の目的にあわせて融資先は社会・環境・文化的な付加価値の達成を目的とする事業やプロジェクトを選択し、いわゆるソーシャル・エンタープライズ（社会的企業）に資金供給することによって社会貢献すること」「透明性や社会的な責任の分野でパイオニア的な役割を果たすこと」「業務を健全に行うこと」などを目標としている。

また、人権擁護、慈善、自然・環境保護などの商品名をつけた預金商品と融資分野では自然と環境、社会事業、文化・地域振興、南北問題などに貢献する事業を融資対象としている。

さらに、この銀行は「預け入れられた資金がどのように使われるかを正確に知ることができる」というお金の流れの「**透明性**」を最大のセールスポイントにしており、融資先リストの公開が徹底されていることと、単に問題のある融資先を排除するネガティブスクリーニングだけではなくポジティブスクリーニングの手法を採用しているところである。(7)

金融ビジネスに於いて、この「透明性」と「融資分野の開示」という革新性は既存の金融ジネスが持ち得ないものであった（神座　二〇〇五、トラスト60　二〇〇六、唐木　二〇〇六、真柴　二〇〇四）。

②イタリアの倫理銀行（Banca Popolare Etica）　イタリアの倫理銀行は、元々は、MGAという協同組合が組合員から資金を集め、それを社会的なプロジェクトを提案している人や組織に対して貸し付けていたが、一九九〇年代初めに行われた法制度の変更の下で、広く一般から預金を集めるためには銀行としての認可が必要であったことから、一九九八年に倫理銀行として設立されている。業務内容は一般銀行と同じで預金の受け入れ、融資、クレジットカードの発行などである。

この銀行の特徴は、預金者が自分の預金をどの分野の資金として融資し、貢献させるかを選択することができる点にある。

この融資を行う分野は次の四つに限られている（神座　二〇〇五、重頭　二〇〇四）。

（1）社会的な協同の分野（障害を持つ人の社会参加や生活改善などの取り組み等）
（2）国際協同の分野（発展途上国の組織との協力やフェアトレードの推進等）
（3）環境や有機農業関連（サステイナブルなエネルギー資源の調査・実験や環境に配慮した農業や交通手段等）

（4）文化と市民社会（伝統文化の保存や貧しい地域の雇用の創出・住居の提供等）

③日本のソーシャルファイナンス　日本においては、既存の金融機関としては二〇〇〇年の労働金庫による「NPO（非営利組織）事業サポートローン」がこの分野の先駆けといわれている。また、同時期から信用金庫分野でソーシャル・ベンチャー向け商品が取り扱われるようになった。全体として地域に密着した地方銀行や信用金庫などが早く取り扱いを開始したようだが、現状では、社会貢献に対する評価手法や、利益の極大化を追求しないものについての審査等が難しいようで、取り上げられないものが多く、あまり伸びていないようだ。

また、既存の金融機関とは別にNPOバンク、市民金融の名称で呼ばれるものも生まれており、その草分け的な存在として、一九九四年にスタートした未来バンク事業組合(8)や九八年に事業を開始した「女性・市民信用組合設立準備会(9)」などが活動している。

これらのNPOバンクは銀行法に基づく銀行業務は行えないことから、預金を受け入れて融資を行うことはできない。そこで資金を集めるために組合等を組織し、そこに趣旨に賛同した人々が小口の出資を行うという形態をとっている。

さらに、これらのものよりもさらに早い段階から地域住民と金融機関の協力によって作られた仕組みもある。一九八九年に（株）プレス・オールターナティブと永代信用組合とが提携して「市民バンク」という組織を発足させている。この市民バンクは融資の審査を行い提携先の金融機関との仲介を行うことが業務の中心で、その審査にあたって、融資の申込者から通常の事業計画書などのほかに「その事業や活動を行うに当たっての私の夢」を書いた「夢作文」の提出を求め、融資の対象となる事業の持つ採算性以外に、社会性や事業を行う人の人柄などを考慮している。現在、この形態の「市民バンク」が数多くできてきている（神座　二〇〇五、六頁）。

以上のようなソーシャルファイナンスを、神座は「既存のファイナンスの枠組みからはずされていたソーシャル・ベンチャーの資金ニーズと既存金融機関の商品提供の溝を埋める形で問題解決をもたらすイノベーション」

図3　スローファイナンスマーケティングの革新性

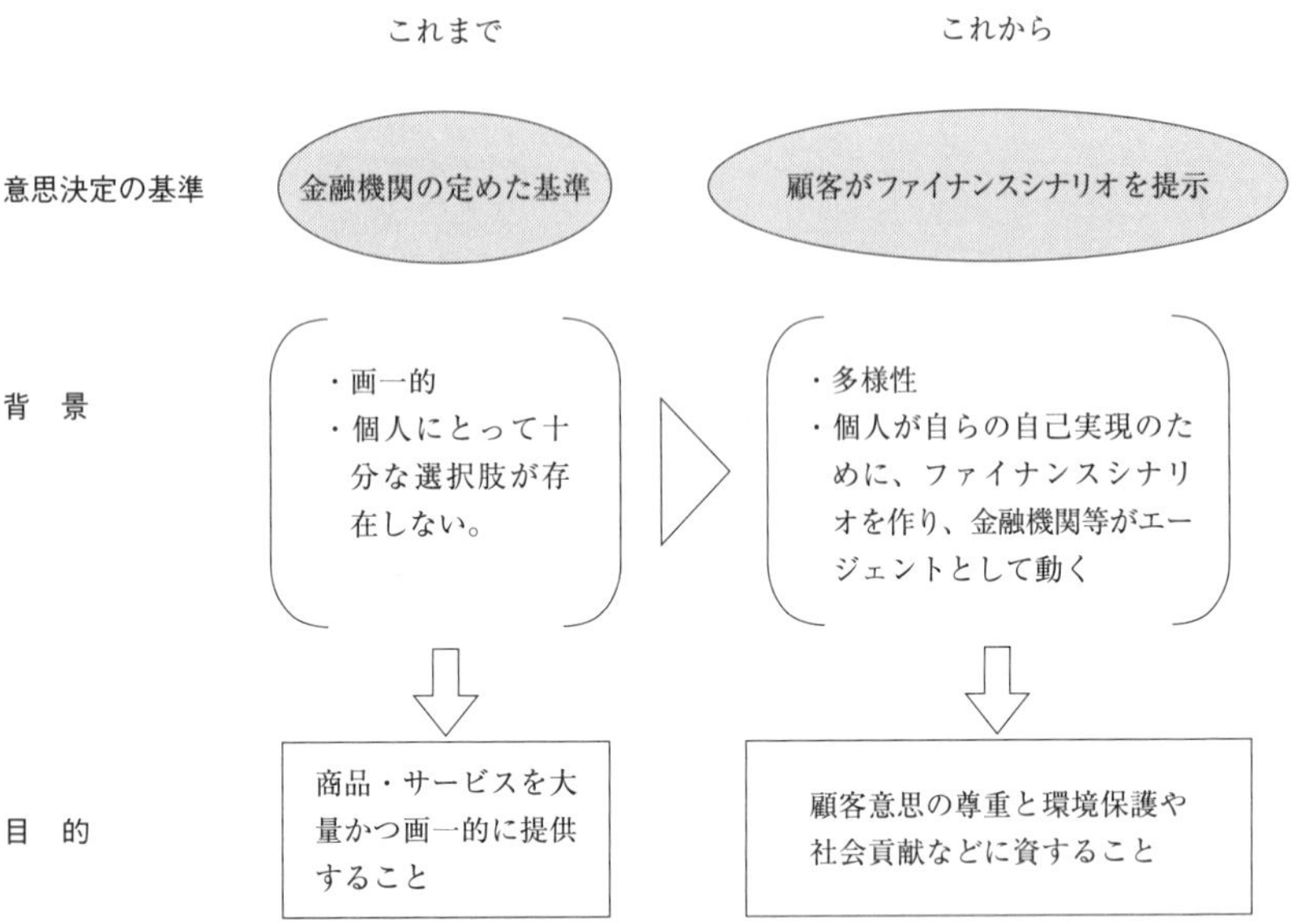
これまで
これから
意思決定の基準
金融機関の定めた基準
顧客がファイナンスシナリオを提示
背　景
・画一的
・個人にとって十分な選択肢が存在しない。
・多様性
・個人が自らの自己実現のために、ファイナンスシナリオを作り、金融機関等がエージェントとして動く
目　的
商品・サービスを大量かつ画一的に提供すること
顧客意思の尊重と環境保護や社会貢献などに資すること

（二〇〇五、七頁）と位置付けている。また、唐木は「ソーシャルファイナンスの活動がオルタナティブとしてのあり方を提示し、市場社会がそれを評価し、一般の金融機関の中にも自らのレピュテーション（評価）の向上と支持を得るために、取り入れるものが出てくるのではないか。さらには、その方向に進む事例が多くなることによって資金の流れが変わるソーシャルイノベーションにつながるのではないか」（二〇〇六、一七五頁）と指摘している。

言い換えるならば、このソーシャルファイナンスの動向は、従来型の金融機関が行ってきた預金（個人や企業などの預金者から見ると金融機関への融資）とファイナンスの分野の「ファストマーケティング」、すなわち金融機関の都合が意思決定において優先し、法規制などの名のもとに横並びの商品が横行して顧客の選択肢がなく、大量に画一的な商品サービスを売りさばくという手法に対するアンチテーゼとして、「スロースタイルマーケティング」の方向性を示唆しているのではないかと考えられる（図3）。

一方で、多くの人々の考え方として、自分が融資したお金が、自分の住む環境を破壊することや、戦

争や社会不安を生むために使われるとしたら「自分達の預金を銀行がどのようなところを対象にして融資しているのかという透明性」を求めるであろうし、「そのファイナンスの社会貢献の度合いや環境や文化などへの影響」といった内容を考えることになるであろう。

その意味からすると、個人の立場からみても、マクロの資金循環の中に組み込まれている認識の上に立ちながら、気軽にスローフードドレストランを選択する感覚で、ファイナンス対するマイスタイルをもとめることになるのではないか。そのような中で自らがシナリオを描きつつ、スロースタイルなファイナンスを実現していく消費者が増えていくのではないかと考えられる。

「スロー×ローカル」ファイナンスモデル

日本政策投資銀行の調査によると、全国で地域通貨を発行している事例として、二〇〇三年の段階で三六八件の内容が報道されているとのことである（日本政策投資銀行関西支店企画調査課　二〇〇四）。実際の流通性はともかくとして、この数の多さに注目する必要がある。このような地域通貨の発行主体は、主にＮＰＯが中心となっており、地域におけるボランティア活動の推進や環境保護プログラムの推進ツールとして地域通貨が用いられているようだが、拡大してきた最大の背景には、地域にお金が循環しないという問題があるようである。

この地域通貨には、簡単に大きく分けて次のような種類がある（坂本・河邑　二〇〇二）。

（1）紙幣発行型

アメリカのニューヨーク州トンプソン郡イサカという町で発行された「イサカアワー」が代表的な例。実際に紙幣のような券やクーポン形式のものを発行する方式。日本では滋賀県草津市の「おうみ」などがある。

（2）通帳記入型

ＬＥＴＳ《レッツ》（Local Exchange Trading System, 地域交換取引制度）に代表される仕組みで、会員が通帳を持ち、その通帳にプラスとマイナスの残高を記入していく方式。日本では先駆的な千葉の「ピーナッツ」や北海道苫小牧「ガル」などがある。

（3）小切手方式型

小切手のように、紙券に裏書をしながら利用するもので、ドイツの「交換リング」、フランスの「ＳＥＬ」などがある。

（4）タイムダラー型

アメリカの法律家であるエドガー・カーンが創設したもので、取引した内容の値段を一時間一ポイントというような形式で清算単位として時間の考え方を入れている。日本では愛媛県の「だんだん」などがある。

（5）ＩＣカード型

通帳記入型や小切手方式の内容を組み合わせたような仕組みで、ＩＣカードを利用したもの。アメリカのミネアポリスで行われている「コミュニティ・ヒーローカード」などがある。

このような、地域通貨の機能は、市場性のない分野の活動に対して評価尺度を与える機能、たとえば、コミュニティの中にあって、ボランテイア活動への評価にもとづく代価として使用されるものや、人が人に対して感謝や貸し借りしているときの価値観を価格に含むといったもの、あるいは、円やドルなどの法定通貨の世界では、儲からないと排除されてしまう活動に対して、再評価を与え、その評価額を財源にして地域に資金を回す循環機能がある。

先に紹介したアメリカの「イサカアワー」や「コミュニティ・ヒーローカード」の場合は、（ここでは詳しい仕組みの説明は行わないが）この地域通貨を受け入れているお店で買い物をするならば、どの商品でも購入するたびに、ボランテイア活動などに対して一定の寄付を行ったことになり、それが地域貢献に結びついている。またこの地域通貨を受け入れいるお店側は、寄付に相当する額の法定通貨の負担を行うが、寄付という行為に対して積極的な顧客は比較的裕福な顧客層であることから、これを取り込むことができるというロックイン効果が期待できる。つまり、「一般的な市場性のないファイナンス」と「市場性のある活動」との両面において、スロー×ローカルなWin-Winの関係（相互に利益が得られて、良い関係が築ける関係）が構築できるわけである。

前項のソーシャルファイナンスとも密接に関係してくるが、地域通貨の取り組みは、地域経済が疲弊し、地域の組織や企業がマクロの資金循環から取り残されていく危機感の中で、「地域のお金は地域の中でまわす」という新たな資金循環のあり方として注目されてきているのではないかと考えられる。

一方、地域にお金がまわらないという問題から、既存の金融機関等に頼ることなく資金をまわそうとする考え方がコミュニティファイナンスと呼ばれる手法である（日本政策投資銀行関西支店企画調査課　二〇〇四）。

このコミュニティファイナンスには次の三つのタイプがある。

（1）法律などの公的な制度を利用したもの

代表的な例としては、アメリカの地域際投資法（community reinvestment Act）に基づき金融機関が地域に資金を投入しているかどうかを監視し、レッドライニング（貸出差別）や地域に対する極端な貸し渋りを行った金融機関の格付けを下げることによりコミュニティファイナンスを促進させる。

（2）人々の意識や社会的な関心を利用したもの

先述のＳＲＩ（社会的責任投資、倫理的投資）といわれるもので、投資判断を行う際に財務面以外に、「環境格付」「社会格付」のようなスクリーニングの手法や倫理観、地域貢献といった面も重視。ソーシャルファイナンスとほぼ同義である。

（3）信頼と評判のスキームを金融技術にとりいれたもの

代表的な事例としては、バングラディシュのグラミン銀行によるマイクロファイナンス（小規模融資）があげられる。通常なら融資の対象外とされてきた地域の貧困層の女性たちを支援するもので、女性たちが結成したいくつもの小グループにグループ単位で融資を行う方法。グループ内の信頼や評判がモラルハザードを防ぎ、銀行の下部組織として設立された多くのＮＰＯが債務者の生活改善や資金管理のアシスタントを行うことで、極めて高い返済率を維持している。

以上のようなコミュニティファイナンスを広く実現させていくには、地域に埋め込まれた資金ニーズを的確にキャッチし、それを正当に評価しようとする貸し手とのマッチングをどのように進めていくかが重要である。言い換えれば、これは地域通貨と同様に、既存の金融機関やファイナンス・カンパニーが持ち得ない、効率の呪縛から脱却した「スロー×ローカルなファイナンス」といってよいであろう。

そこで、次節では、ソーシャルファイナンスや地域通貨、コミュニティファイナンスの内容を踏まえ、スロースタイルファイナンスのマーケティングデザインを検討してみたい。

四　スロースタイルファイナンスのマーケティングデザイン

「スローフード」や「スローライフ」という考え方と相対するものが「ファスト」の世界である。両者の基本的な概念の違いは、「効率的」か否か、あるいは「合理的」か否か、という点に集約されるものと考えられる。「金融ビジネス」「ファイナンス」「クレジットカード」はファストな世界の代表であり、ファイナンスビジネスの主体である既存の金融機関等は常に「金銭的な利益の効率を求める」ということの考え方のもとに存在してきた。

では、一方のスロースタイルを基軸としたオルタナティブなファイナンスマーケティングとはいったいどのような姿をもつものなのだろうか。

コーズ・リレイテッド・マーケティングとクレジットカードのスロースタイル

前節では、人々が地域通貨やソーシャルファイナンスを活用するとき、そこには「環境保護や地域社会に貢献することができる」といった姿勢が含まれていることをみてきた。このような寄付や社会貢献という、人々（顧客）のコミットメント意識（心）を利用したマーケティング手法については、コーズ・リレイテッド・マーケティング(10)（cause related marketing）と呼ばれている。これは、特定の社会的な目的や意義（cause）に関連してプロモーションを行う方法であるが、このマーケティング手法はかなり以前からクレジットカードの世界においては「アフィニティ（affinity）カード」と呼ばれる提携カードとして使われてきた。

たとえば、一九八〇年代にアメリカン・エクスプレスが行った手法は、顧客のカード利用にともなう収益の一定比率を自動的に「自由の女神修復のための基金」として寄付するというものであった。消費者からすると、日常の買い物でカードを利用することによって、特定の目的に沿った寄付（ここでは自由の女神の修復という目的に沿った寄付）という行為が手軽にできることから、このキャンペーンは消費者にかなり受け入れられた実績がある。

現在、日本のクレジットカード会社が発行するカードにおいても、「環境保護」「地域貢献」に関するこの手のアフィニティカードは、いろいろな提携カードとして存在している。

そして、環境保護や地域に貢献するといった、顧客の特定目的に合わせたこのカードが「地域」に根ざしたものであれば、そのカードの利用で、地域の資金循環に貢献することも考えられる。

このクレジットカードにおけるコーズ・リレイテッド・マーケティングの内容は、先に述べた従来の金融ビジネスが持つ「効率」や「利益追求」からみると多少違うようにも考えられる。また、一見、「イサカアワー」や「コミュニティ・ヒーローカード」のような地域通貨の様相に似ていなくもない。

しかし、この仕組みの中には、スロースタイルの持つ、いわば「精神的なゆとり」のようなものが、ほとんど感じられない。リエターは、その著書『マネーの崩壊』の中で、「コミュニティをつむぐ通貨」の一説として次のように述べている。「互酬性のない、お金による交換が、贈り物の交換に取って代わるときコミュニティが衰退する」（Lietaer 1999, 邦訳一九八〜二〇五頁）。

これは、具体的にはこうである。「仮にあなたが、壊れた椅子を直すために、金物屋に行って釘を買ってお金を払うことをしたとしよう。このような行為は釘以外にも、日常的に起こるわけだが、このような行為が何度繰り返されても、何か特別な理由がない限り、あなたは金物屋と個人的な関係を築くことはない。これに対して、もうひとつのケースとして、あなたは同じように釘を買いに行く、その途上で偶然隣人に会い、そこで今から釘を買いに行くことを話しかけた。すると、隣人はちょうどよい釘が家にあるといって、それを使ってはと言ってくれた。あなたがお金を支払おうとすると、隣人は「お金は要りません」といい、あなたはお礼をいって、釘を受け取って家に帰った」。

リエターは、この二つの取引の違いについて、釘を手にいれたという面では両者は同じだが、人類学的観点からすると、後者において、前者にはない「何か」が起きていると指摘している。

それは、数日後あなたが隣人に会えば、まず挨拶をするであろうし、物は違っても同様の行為をあなたが隣人に対して行う可能性もある。リエターはこの点に関して、この贈り物が、単なる購入にはない、「人間同士の関係性を強めるもの」「コミュニティをつむぐ取引」として存在していると述べている。

先にあげた募金つきクレジットカードには、「地域」や「環境保全」に貢献するといった側面はあるが、地域通貨などが持つ「コミュニティつむぐ糸」のような人と人の関係における、スローで豊かな人間としての「精神的なゆとり」が感じ取れないのである。

本来、クレジットカードを使うということは、「私はどこの誰で、いくらの収入があって、この購入した商品の代価は、必ずお支払いします。ですから、何も説明せず無言であってもお構いなく」というプラカードを首にかけて、買い物をしているようなものであるが、一方で、クレジットカードが利用されることによって、少なくとも、現金取引のような完全な匿名性は薄れ、人と人とのリレーションシップ（人間どうしのつながり）の構築しやすい環境が整えられる可能性も出てくる。

また、地域通貨にあって既存のクレジットカードにないものとして考えられるのは、「顧客である個人が、自己実現のために自ら参加できる仕組み」という点かもしれない。

このため、今後のクレジットカードをスロースタイルマーケティングとして考えた場合には、見田の指摘する個人の対自欲求から生まれてくる「創造」「愛」「アイデンティ」の三つの要素を中心に、顧客が自ら行うカスタマイズを受け入れていくという方向性が考えられる（真木・三田　一九八六）。また、時間とコストはかかるが詳細な部分にまでマイスタイルのカスタマイズを可能としていくことで、「私」のことをわかってくれているクレジットカード、「私」の自己実現欲求に資するクレジットカードというコンセプトが生まれ、その点を機軸にして、クレジットカードは「人と人との関係性の革新を図る」サステイナブルな取引として変容できるのではないかとも考えられる。

新たなシナリオを提言するスロースタイルファイナンスマーケティング

アメリカの西海岸にウエルズ・ファーゴという銀行があった。この銀行の経営者は、一九九〇年代の後半に、「顧客の利便性」をもっとも重視し、それを高める戦略を展開した。このため顧客が最も利用しやすい集合場所として、店舗をスパーマーケットなどの中に置くインストアブランチ化を徹底した。また、同様の理由で、二四時間のテレホンバンキングやインターネットバンキングを活用して、デリバリー・チャネル（顧客に商品・サービスを提供する経路）の再構築をすすめ、顧客にとって不便なチャネルを削っていった。しかし、この戦略はまもなく破綻し、この銀行はほかの銀行に買収されることになった（戸谷他　二〇〇三）。

この話のひとつの結論は、「この銀行は便利だけれど付き合いにくい」という顧客の評判があがり、人と人とのリレーションシップを求める顧客からすると満足のいかない銀行ということになっていったことである。

また、このウエルズ・ファーゴは、膨大な顧客情報を持ち、他社に比べて精緻な顧客別収益性についての分析が可能であったが、残念ながら、「正しく顧客について理解する」ことができていなかったようだ。

この事例は、前節であげたソーシャルファイナンスやコミュニティファイナンスのもつ特徴と、顧客を理解するという点では同じような視点に立っているのであるが、何か決定的な違いがあることが見て取れる。

ソーシャルファイナンスの例であげた、オランダのトリオドス銀行の「あなたのお金を、ほかとは違ったものにする」という思想や日本の市民バンクにおける融資を審査するにあたっての、「夢作文を提出してもらう発想」の中には、顧客のもつ、自分や社会に対する「思い」や「意思」を知り、それを大切にするという文脈が流れていた。言い換えれば、顧客となって預金を行う者とファイナンスを受ける者との間にある種の「あなたは、どのようにいたしますか？」という会話が存在しているようにも思われる。

またその背景には、ソーシャルファイナンスなどの担い手側に、受け入れた預金の使途や融資先に関するスロー×ローカルな「信念」と、そのお金の**「透明性」**を重視することについての確固たる自信が伺える。しかも顧客との間に、その点についての相互理解が存在しているものと考えられる。さらに、これらの取り組みは、（人が生きていくためにはどうしてもお金のお世話にならなくてはいけないわけだが）自分が生み出したお金や自分を通過していったお金の「使途」、あるいはそのことが自分と社会に与える「効果」「影響」、場合によってはその「使途」に対して、NOやYESをいえる「選択肢」が必要ではないかといった点を再考させてくれる内容でもある。

これは、リエターのいうマネーシステムの未来へのシナリオのひとつ、「サステイナブルな豊かさのシナリオ」に通じるのでないか。おそらくこのシナリオがスロースタイルであり、マネーをめぐるパラダイムを変革させることにつながる「個人の身近な選択肢」を提案していくことになるのであろう（Lietaer 1999, 邦訳一三三～一三七、二六七～二六八頁）。

この考え方を受けてスロースタイルファイナンスマーケティングについて定義するならば、「その担い手である金融機関等が、顧客が何を望んでいるのかを把握し、さまざまな情報を提供する透明性の確保を実践し、勇気を持って顧客に選択の自由を与えるマーケティング手法」といえるかもしれない。

それは逆の見方をすると、プロデューサーである顧客が、自らの自由な意思と自己実現を図るために**ファイナンスシナリオ**を提示し、それに基づいてエージェント（代理人）が活躍するという構図を示唆している。[11]

たとえば、スウェーデンの無利子の預金と融資のシステムをもつＪＡＫ会員銀行やバングラデシュでマイクロファイナンスを行うグラミン銀行は、既にその活動において、金融グローバル化の画一化したファイナンスマーケティングでは果たしえないスローファイナンス＝人単位の多様化を前提に、個々の人々それぞれがマネーライフのシナリオを提示しうるオルタナティブな金融としての役割をはたしている。今後は、このような活動が「サステイナブルな金融システム」へと変革していくためのファイナンスイノベータとして発展していくことが期待されている。

おわりに――金融グローバリゼーションと利息の未来

リエターはお金の四つの基礎的な要素[12]について、おおよそ次のような内容で、わかりやすく説明している。国が国家通貨を発行する。この国家通貨の始まりは銀行への債務である。たとえば、あなたが三〇万ドルの住宅ローンを借りることになる。すると銀行は、あなたの口座に三〇万ドル分のお金を振り込むことになるわけだが、実はそのお金は全く無から創られている。これがお金というものが生まれる瞬間である。あなたがその貸付金を引き出し、住宅供給者に代金として支払う、そのお金がまた銀行に預金され、またマネーシステムへと流れ出していく。このプロセスが繰り返し続くこととなる。（Lietaer 1999）

グローバルシステムとしてのお金は、国家において無から作られ、そのお金が銀行への債務の形で個人や組織に貸し出されることから始まる。そして貸し出しに伴う利子をその個人や組織に払わせるという仕組みで形成されている。リエターは、この「利子」がマネーシステムに参加する者の競争を推進し、終わりなき経済成長を駆り立てることになる点について、「一一番目のコイン[13]」という寓話をもとに次のようにも述べている。

「私たちは、ただ交換をスムーズに行うための手段を得たいだけなのに、現在の金融システムは、私たちに借金を負わせ、お互いに競争させることになっている」（Lietaer 1999, 邦訳六九頁）が、人々はそのことを、きわめて当たり前のこととして受け入れている、と。また、このマネーシステムは終わりなき経済成長を要求しており、その中で利子は「これだけの成長が必要であるという必要成長量を決定している」(Lietaer 1999, 邦訳七〇頁) と。

たとえば、「キリスト教のはじまる時代に一ペニーを平均的な利率で投資したら、今頃、その投資額は、地球の重さ以上の金塊にまで増えていることになる。また逆に一ペニー借りていたら、同じ額の借金を増やしていたことになる」(Boyle 1999, 邦訳一七頁) という話があるが、これは計算上成り立っても、荒唐無稽であることは誰が考えてもわかることである。しかし、利子の背景となる無限の経済成長という考え方をもとに、その成長を追い求めていったならば、その先には単にマネタリーベースとはおよそかけ離れた額のクレジットマネーが存在するだけではなく、経済的な破綻や地球環境の崩壊が待っていることとなる。

そこで、このような経済システムを変革していくための方向性として、マルグリット・ケネディは、利子配分に中立性を持たせ、交換機能だけに限ったマネーシステムを作るべきであると述べている。そして、その変革における個人レベルでの意識改革として次のような提案を行っている。

　利子をなくし、安定した経済システムへ根本的に変革することは、個人のレベルではできないが、自分のお金が倫理的に問題のない生産物やプロジェクトに投資されているか、自分の購入するものが環境や社会に問題を起こしてはいないかなどに配慮することができる。その意識改革の具現化として、地域通貨の発行と運用がある（河邑他　二〇〇〇、六八頁）。

この提案は、二〇〇一年に経済が破綻したアルゼンチンにおいて、人々の生活に果たした地域通貨の役割について想起させるものであり[14]、既存のエコノミストたちが解決できずにいたさまざまな問題に答えるための重要な鍵となる。

これらの内容は、われわれが無意識に受け入れている金融グローバリゼーションと利息というファストな世界に対する「脱埋め込み」(disembedding)[15] 的な対抗軸としてのスロー×ローカルな世界を眺望しているのではないか。

また、マクドナルド化の中で国や企業に奪われてしまったファイナンスの原点について、個々の人々がもつスタイルとしてのスローファイナンスという立場から検討すべき必要性を示唆しているのではないか。

注

(1) 個人や機関投資家が、企業の収益性だけでなく社会性も考慮して投資を行い、環境保護や社会的な責任を果たしている企業事業者を支援していくという投資手法。
(2)「マック職化」とは、労働におけるマクドナルド化のこと。
(3) 日本のクレジットカードビジネスにおいて、一般的にカード会社が新商品や新サービスを開発しても、その先行メリットは半年から一年くらいといわれており、競合他社において同様の商品やサービスがかなり早い段階でつくられる状況にある。
(4)「サックス」とは、ニューヨークの高級百貨店サックス・フィフス・アヴェニュー（SAKS FIFTH AVENUE）の通称。
(5) 早稲田大学商学部教授書間文彦氏の大阪大学社会学経済研究所行動経済学研究センターにおける「脳科学と経済学との対話――カード破産を脳で読む」の発表によると、クレジットカードや消費者金融による多重債務者には、神経経済学的にみると理性脳と情動脳の競争（調整）があり、理性脳（言い換えれば標準的な経済学の考え方）だけでは説明できない人間行動であると解説している。
(6) マックス・ウェーバーのいう、官僚制組織の中における人間の化石化（マシーンを動かす化石燃料のようなもの）の中から生まれてくるものとしての、人間性を失った「精神なき専門人」。
(7)「スクリーニング」とは、投資先をふるいにかけるという意味で、ここでは特に社会貢献や環境保護に積極的であるのかを考慮する手法のこと。
(8) 東京都の市民活動家が立ち上げたノンバンク形式の金融業。
(9) 女性、市民を対象とする非営利、協同の金融システムとして全国的に発展している。
(10) ここでは「よい目的なので支援していこう」といった意味。
(11) JAKはJord Arbete Kapital（土地、労働、資本）の略。経済開放のための国民協会という営利法人がスウェーデン政府の認可を受けて銀行となった。

（12）お金の「基礎的な要素」とは次の四つである。①お金は無から作られる、②作られたお金は銀行が預金者から預かる、③預かったお金は債務の形をとって一般人に貸し出され利子を払わせる、④お金は国家に帰属する。

（13）利子がどのように今日のマネーシステムに織り込まれ、人々の間で競争を起こしているかを描いた、小さな村を舞台とした寓話。

（14）アルゼンチン国内において、経済破綻した法定通貨の代わりに、国民の間で地域通貨が活用され、機能していた実例が多くあった。

（15）disembedding　とは社会の中に埋め込まれた状態から離脱していくというような意味で、社会学者アンソニー・ギデンズはこの状態を「社会関係を相互行為の局所的な脈絡から引き離し、時空間の無限の広がりの中に再構築する」と表現している。ここでは「再帰的なプロジェクト」といったイメージを意味する。

参考文献

Bell, D. (1976), *The Cultural Contradictions of Capitalism* , New York Basic Books.（林雄二郎訳（一九七七）『資本主義の文化的矛盾（上）』講談社）。

Boyle, David（1999）, *Funny Money*, Harper collins UK.（松藤留美子訳（二〇〇二）『地域通貨は冒険する――マネーの正体』集英社）。

Kotler, P. (1991), *Marketing Management : Analysis, Planning, Implementation & Control*, 7th , Prentice-Hall.

Lietaer , Bernard A. (1999), *Das Geld Der Zukunft*, Riemann Verlag.（小林一紀・福元初男訳（二〇〇〇）『マネーの崩壊』日本経済新聞社）。

Ritzer, George (1996), *The McDonaldization of Society*, Pine Forge Press.（正岡寛司監訳（一九九九）『マクドナルド化する社会』早稲田大学出版部）。

Ritzer, George (1998), *The McDonaldization Thesis : Explorations and Extensions* (1st Edition), Sage Publication.（正岡寛司監訳（二〇〇一）『マクドナルド化の世界』早稲田大学出版部）。

Ritzer, George (2004), *The Globalization of Nothing*, Pine Forge Press.（正岡寛司監訳（二〇〇五）『無のグローバル化――拡

大する消費社会と「存在」の喪失』明石書店）。

石崎悦史（二〇〇三）「商品進化論の構想」『同志社商学』第五四巻、第五・六号、同志社大学商学会。

上村忠（一九九四）『ポストバブル時代の消費動向』中央経済社。

神座保彦（二〇〇五）「ソーシャル・ファイナンスと社会企業家」『ニッセイ基礎研 report』七月号。

唐木宏一（二〇〇六）「ソーシャル・ファイナンスの開発」谷本寛治編『ソーシャル・エンタープライズ――社会的企業の台頭』中央経済社。

河邑厚徳・グループ現代（二〇〇〇）『エデンの遺言――根源からお金を問うこと』日本放送出版協会。

久米勉（二〇〇二）「消費におけるタイミング」『マーケティング・ジャーナル』第八四号、日本マーケティング協会。

坂本龍一・河邑厚徳編（二〇〇二）『エンデの警鐘――地域通貨の希望と銀行の未来』日本放送出版協会。

重頭ユカリ（二〇〇四）「ヨーロッパにおけるソーシャルファイナンス」『農林中金』六月号、農林中央金庫。

戸谷圭子・栗田康弘（二〇〇三）『カスタマーセントリックの銀行経営』金融財政事情研究会。

トラスト60編（二〇〇六）『ソーシャル・ファイナンス』金融財政事情研究会。

日本クレジット産業協会（二〇〇五）『日本の消費者信用統計の消費者信用実態調査』日本クレジット産業協会。

日本政策投資銀行関西支店企画調査課（二〇〇四）『地域通貨とコミュニティファイナンス』日本政策投資銀行。

真木悠介・見田宗介（一九八六）『人間開放の理論のために』筑摩書房。

真柴隆宏（二〇〇四）『スローライフな未来が見える』インターシフト。

三浦俊彦（二〇〇六）「スロースタイル・マーケティング――消費者の変化とクレジットカード会社の戦略対応」『クレジット研究』第三六号、日本クレジット産業協会クレジット研究所。

流通産業研究所編（一九九三）『消費者信用概説』流通産業研究所。

第7章　物語を構築する力
——共に世界を想像するスローフード

中西　晶

Summary　本章では、スロースタイルムーブメントのトリガーとなったスローフードのコンセプトについて主として社会学的な視点から検討し、そのマーケティング上の可能性について展望する。具体的には、イタリアのスローフードムーブメントの出自、「マクドナルド化」の議論に代表されるアメリカの反（嫌）ファストフードの動きについて批判的に検討したうえで、日本におけるスローフードのコンセプトの特徴とこれからの方向性について展望する。

Key Word　●文化の消化吸収力●食の愉しみ●世界想像力●物語構築力●対話可能性

はじめに——多様なスローフード解釈

スロースタイル、あるいはスローライフというムーブメントのトリガーのひとつとなったのがイタリアにはじまる「スローフード」の動きであるということはよく知られている。しかし、そのコンセプトについて必ずしも広く合意された定義があるというわけではない。このことがスローフードに関する活動やマーケティングを迷走させている部分がある。解釈の多様性自体はポストモダンにおけるマーケティングとしては歓迎すべきものである。しかし、われわれは多様であることを認識するだけでなく、どのように多様であるかという、多様性の内容（コンテンツ）やなぜ多様になったのかという文脈（コンテクスト）を理解しておく必要がある。

本章ではこのような問題意識のもと、まず第一節で一九八〇年代後半のイタリアにおいてスローフードというコンセプトが誕生した経緯を確認し、初期のスローフードムーブメントに見られる志向性を明らかにする。次に第二節では、スローフードの対極におかれるファストフードの発祥の地でもあるアメリカにおける最近の動向から反（嫌）ファストフードへの流れとカルチュラルクリエイティブスやロハスといった新しい消費者像、ライフスタイル像の登場を概観する。イタリアのスローフードムーブメント、アメリカの反（嫌）ファストフードムーブメントを踏まえたうえで、第三節では、日本においてスローフードというコンセプトがどのように解釈されるのかを、これまでの歴史的文化的経緯を踏まえたうえで検討する。第四節では、これまでの節からスローフードというコンセプトがどのように構成されていったかを整理し、現在われわれはポストモダンの社会にいるという時代認識を持ったうえで、企業のマーケティングという視点から今後の日本におけるスローフードの位置づけを探り、新たな企業と消費者の関係について考える。

一　スロームーブメントのトリガーとしてのスローフード

スローフードとはなにか

日本においてもかなり一般的に広く知られるようになった「スローフード」（Slow Food）という言葉であるが、現在それが十分な解釈もされずに一人歩きしている現象がある。最初に、「スローフード」とは具体的にどのようなコンセプトなのか、その本来的な意味、出自について探ってみることが必要である。

「スローフード」のコンセプトは、一九八〇年代のイタリアに始まる。冬季オリンピックの開催されたイタリア北西部ピエモンテ州ブラの町で、後にスローフード協会会長となるカルロ・ペトリーニとその仲間たちのＮＰＯ（非営利組織）団体「アルチゴーラ」の会話のなかから「スローフード」という言葉が生まれてきたとされる。当時、ローマのスペイン広場にマクドナルドが出店することが話題となっており、マクドナルドに象徴される「ファストフード」に対して自国イタリアの食文化を「スローフード」と定義したのである。

　現在、スローフードムーブメントの運動主体となっているスローフードインターナショナルの日本組織「スローフードジャパン」のホームページ[1]の説明によると、「スローフード運動は、バラエティ豊かな地域の食を再発見し、これを愉しみながら、人が豊かに、そして平和に生きていくうえで欠かすことのできない「食の喜び」を取り戻そうという運動」であると説明している。このことから、スローフードのコンセプトの前提に「バラエティ＝多様性」「愉しさ／楽しさ」「（精神的な意味での）豊かさ」「平和」などがあるということが理解できる。スローフード協会では、自分たちの使命として、「食の源になる多様な生命の保持」「食の担い手と消費者との緊密な関係づくり」「味覚の教育」の三点を掲げており、それぞれの概要は、次のとおりである。

イタリア、ブラの町

①食の源になる多様な生命の保持　「食の源になる多様な生命の保持」とは、各地に息づく多様な食を認め合い、愉しむことが、スローフードの出発点であるという信念のもと、その源である生態系の多様性を保持していくことである。しかし、直接「自然環境」の保護に取り組むというよりもむしろ、ファストフードに代表される世界的な食の均質化のなかで、あくまでも食を楽しむ立場として、失われつつある品種や伝統的な漁法・加工法を発見し守っていくことに力を入れている。つまり、現在スローフードは、しばしば「エコグルメ」や「エコガストロノミィ」（エコロジカルな美食術）などの言葉と同等に

扱われることも多く、エコロジーとの近接性が強く感じられるものの、視点は自然側ではなく人間側にあり、エコシステムとしての「土地」を守るという感覚よりも社会システムとしての「郷土」を守るという発想が強い。

すなわち、ファストフードがグローバルに画一化された食品を象徴するのに対して、その地域ならではのドメスティック（家庭的）で固有なものであることを示している。このことは、スローフード協会のペトリーニ会長が、スローフードとは「その土地の産物であること」「すぐれた素材であること」「その土地の風習にあった生産法であること」「その土地に活気を与え郷土の社会性を高める食品であること」を条件として挙げていることからも確認することができる。(2)

②食の担い手と消費者との緊密な関係づくり　スローフード協会では、質のよい素材を提供する生産者と消費者が緊密な関係をつくっていくことを通じて、すぐれた小規模生産者を守っていくことを重視している。同時に、食べ物がその手間に見合う適正な価格で流通するようなフェアな市場をつくっていくことを目指している。協会では、さまざまな食材や加工食品の展示・試食、各種催し物が行われる世界規模での味覚博覧会「サローネ・デル・グスト」を一九九六年から隔年で開催している。

消費者と生産者の関係のウエイトでいえば、グローバル資本の脅威にさらされている（特に郷土の）小規模生産者の保護が優先し、消費者はそれを受容すべきであるという考えである。あるいは、そうした考えに賛同することのできる消費者を啓蒙していくことに重点を置いている。消費者は「適正な価格」で手に入れることができるだけの経済力を持っていると想定している。フェアトレードという視点を持ってはいるが、それはローカリティを持つがゆえに、発展途上国との貿易格差問題などについて言及しているわけではない。

③味覚の教育　スローフード協会のいう「味覚の教育」とは、すぐれた素材や調理法への感性を育み、真に快適な食卓をとりもどすために、食を通じて消費者の五感や好奇心を刺激する機会を提供することであるとしている。

特に、五感の発達期にある子供たちへの味覚の教育に目を向けていくことに重点を置いている。具体的には試食のノウハウや食品についての知識の提供や、「食育」プログラムの推進、持続的な農業・畜産の担い手や調理人など、さまざまな分野でスローな食の専門家を養成する「食科学大学」の運営が挙げられる。

少数の大企業によって製造される工業製品としての人工調味料や加工食品に味覚が馴らされてしまうことへの危惧や健康上の問題などはこれまでもしばしば議論になってきたところである。

スローフード宣言

近年、概念の普及にともなってその意味合いをやや弱めつつあるものの、スローフードにはファストフードのアンチテーゼとして成立したという歴史的過程がある。ファストフードの拡大による食の画一化、安全性を軽視した食の氾濫、スピード重視の社会の傾向についての危機感、不安感、意識の高まりがあったということを協会のホームページでは説明している。

このことは、一九八九年のパリ国際大会の宣言（「スローフード宣言」）に如実に現れている。この段階では、「スローフード」というのはあくまでもファストフードへの感情的抵抗感から生じたものという印象が強く、より極端にいえば「郷土料理（の保護）」とほぼ同意であった（次頁図1参照）。

パリ宣言によると、ファストフードやファストライフは「ウイルス」であり、「（全世界的）狂気」であり、「人類を絶滅に向かわせるもの」であり、「没個性化」するものであり、「味覚を貧困化」するものである。一方、守るべきものは、「慣習」や「家庭」「落ち着いた物質的よろこび」であり、「郷土料理」であり「味覚」である。前述したように、スローフードムーブメントの初期には、エコロジカルな発想は必ずしも明確に打ち出されておらず、自然回帰というよりむしろ伝統回帰志向であるといえる。

その後、「スローフード」の概念が世界的に広がっていくにしたがって、スローフード運動は、「時間」や「人間」「自然」といったより抽象的なテーマが掲げられるようになる。図2（二三三頁）の二〇〇三年のナポリ国際大

図１　スローフード協会1989年パリ国際大会宣言

工業文明という旗印のもとに生まれ育った私たちの世紀は、最初に自動車を発明し、それによって生活モデルを形づくってきた。

私たちはスピードに束縛され、誰もが同じウイルスに感染している。私たちの慣習を狂わせ、家庭内にまで入り込み、「ファストフード」を食することを強いる「ファストライフ」というウイルスに。

今こそ、ホモ・サピエンスは知恵を取り戻し、人類を絶滅に向かわせるスピードから自らを解放しなければならない。ここでファストライフという全世界的狂気に立ち向かい、落ち着いた物質的よろこびを守る必要がある。この狂気を効率とはき違える多くのやからに対し、五感の確かなよろこびを適度に配合した、ゆっくりと楽しみを持続させながら打つワクチンを、私たちは推奨する。

食卓で、「スローフード」を実践することから始めよう。ファストフードの没個性化に対抗し、郷土料理の豊かさと風味を再発見しよう。

生産性という名のもとに、ファストライフが私たちの生活を変貌させ、環境と景観を脅かしているとすれば、スローフードこそ、今日の前衛的回答である。

真の文化は味覚の貧困化ではなく、味覚の発達にこそあり、そこで歴史や知識やプロジェクトが国際交流することによって文化の発展が始まる。

スローフードは、より良い未来を約束する。

カタツムリをシンボルとするスローフード運動は、その遅々たる歩みを国際的運動にするために、多くの有能な支持者を必要とする。

注：下線は筆者。

会での宣言にもあるように、遺伝子操作技術という脅威に対して動植物を守るという視点に限定されてはいるが、エコロジカルな視点も表に出てきている。

一方で、「すべての文化に広めていかなければならない」という表現にもあるように、スローフードのコンセプトを他の文化にも普及させるべきだという発想に、「文化帝国主義」あるいは「規範主義」がより強く打ち出されている。現在、スローフード協会は、今では世界中で七万人以上の会員を擁し、発祥地のイタリアのほか、ドイツ、フランス、スイスといった西ヨーロッパの国々とアメリカ、日本に連絡調整機関があり、各国の支部（コンヴィヴィウム）を取りまとめている。こうしたことは、スローフードムーブメント自身がグローバル化しはじめていることを感じさせる。

図2　スローフード協会2003年ナポリ国際大会宣言

コミュニケーションを合言葉に始まった我々の世紀は、グローバル文明、スピード文明がもつ問題を、コンピューターと同時に受け継いだ。人々の距離と関係は縮められ、情報網は拡大して行った。しかし人間は時間の中で生きる必然性と、自らの生活リズムを守る必要性から逃れることはできなかった。ファストフードという問題、それを成立させている状況の問題は、相変わらず手付かずのままである。規格・標準化された生産と、消費主義を第一に考える工業化された農業経済や、はかない均一化された食への傾向。いまだファストライフというモデルが、生活習慣を左右しつづけ、味覚をないがしろにし、まるで誰にでも同じものを配給するのが当たり前かのごとく、安い値段で食べもの、飲み物を提供しつづけている。スローな生活という思想を、単に食事を急いでとることに対して反対したり、ファストフードに反対するためだけのものでなく、時間の価値が認められ、人間と自然が尊重され、喜びが存在理由となる世界を守るために発展させて行かなければならない。これらのテーマは、我々の運動当初から国際的評価を得たが、これからはすべての国に、すべての文化へ広めて行かねばならない。

動植物の絶滅と戦うために、生物多様性をまもるために、農村文化が遺伝子操作技術の犠牲にならないよう、食に関する伝統技術と知識が失われないよう、そして共生の場が失われないよう、スローフードとともに食卓からはじめよう。食の知識を得ること、食がもたらす価値ある喜びを享受するということは、今では投げ売りされる危機にある遺産が、失われやすいものであることを認識し、それを保護することを意味する。つまり動・植物種と、生産物、料理、食物を守り、援護することである。協会の教育プログラムによって、感覚と物質を関係づける方法論によって、そして人々の中に大いなる豊かさをはぐくむ多様性によって、スローフードは農業から食文化まで、あらゆる領域を網羅する前衛運動である。

スローフードはすべての言語を話し、より良い未来を約束する。

注：下線は筆者。

思想としてのスローフードムーブメント

以上のようにスローフードムーブメントとは、その原点において地域性（ローカリティ）に軸足を置いたものであり、グローバリズムに対抗するものである。時間的な「スロー」vs.「ファスト」という視点はむしろ後付けであり、たまたまグローバリズムを代表するものが「ファストフード」であったと見たほうがよい。すでに見てきたように、スローフードムーブメントの発端には、グローバル資本主義市場経済に対する抵抗感と郷土の伝統文化に対する愛

図3　ファストフード、スローフード、そしてオルタナティブフード

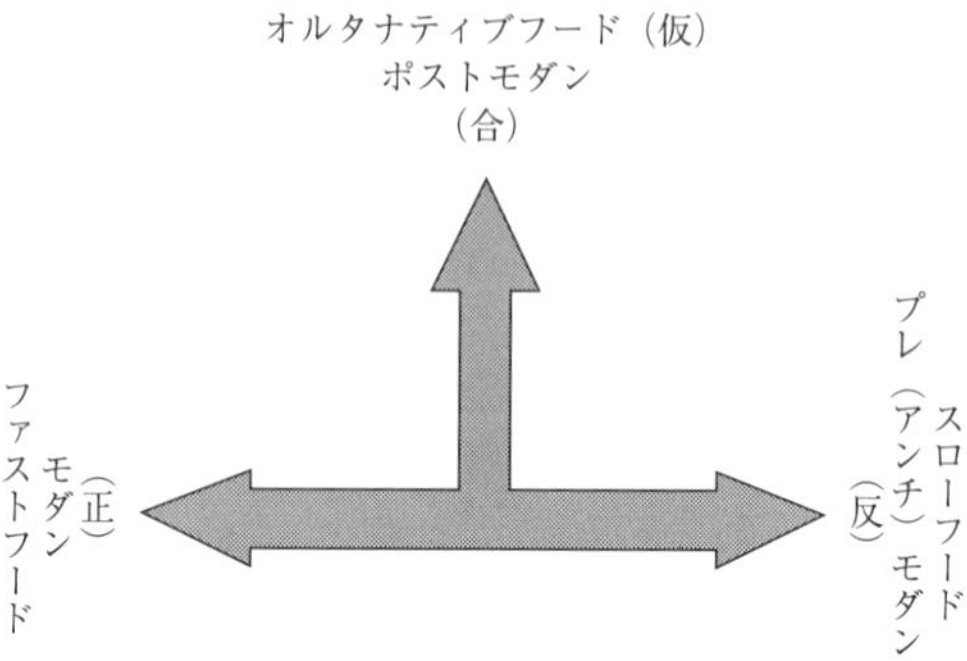

着がある。ファストフード、ファストライフが止まることを忘れてしまったのに対して、当初のスローフードムーブメントは進むことを拒否し、立ち止まって過去に執着するという面がある。また、地域エゴイズムや教条主義的色彩も感じられないわけではない。

　したがって、イタリアで発生したスローフードムーブメントは決して近代（モダン）に対する脱近代（ポストモダン）を象徴するものではなく、むしろ、過去に回帰し地域に根ざすことを正当とする前近代（プレモダン）的な側面を多々持っているということができる。少なくとも、二項対立的な視点からの反近代（アンチモダン）であっても、近代を脱構築するものとしてのポストモダン（今田　一九八七）ではない。スローフードムーブメントには、ファストフードシステムをはじめ、均一化、先端技術、工業、グローバル化など近代の産物に対する嫌悪感はあるものの、それに対抗して家庭食、多様化、伝統技術、農業、郷土などへの復古を主張するのみであり、より創造的な代替案を提案するには至っていない。

　しかし、スローフードムーブメントというローカルな活動が一部先進国のなかに普及していったのは、モダンの産物があったからに他ならない。グローバル化された社会であるからこそ、日本にいる消費者もイタリアのスローフードムーブメントを知ることができる。インターネットで情報を集め、航空機に乗って現地へ出向いたり、保存技術によって「すぐれた生産者」の食材を取り寄せたりすることが可能である。われわれは、単純にモダンを否定するのではなく、プレモダン（アンチモダン）、モダンの双方を埋め込んだうえでのポストモダンのなかで、もう一度「食」という行為を考えなければならない。

　ファストフードに対して構造としての「反」、プロセスとしての「後」ではなく、概念的、価値論的な「脱構築」、

あるいは弁証法的「止揚」として考えてみる必要がある。しかしながら、われわれはまだその名称を確立していない。したがって仮にオルタナティブフードと呼ぼう。オルタナティブフードは、ファストフード（「正」）とスローフード（「反」）の止揚の結果生まれた概念（「合」）として位置づけられる（図3）。

二　アメリカにおけるファストフード批判

「マクドナルド化」の社会学

アメリカでは、ファストフードの代表であり、イタリアにおけるスローフードムーブメントの発端ともなったマクドナルドとその影響について社会学的な視点からの研究がある。各章でもたびたび触れてきたが、アメリカの社会学者リッツァはアメリカのファストフード、クレジットカードなどの新しい「消費手段」の問題を提起した。マクドナルド化とは、「ファストフードレストランの諸原理がアメリカ社会のみならず世界の国々の、ますます多くの部門で優勢を占めるようになる過程」（Ritzer 1996, 邦訳一七～一八頁）を言う。

リッツァの主張するマクドナルド化の概念はドイツの社会学者マックス・ウェーバーの「合理化」の概念に端を発している。リッツァは、マクドナルド化には合理化を追求する四つの原理があるとする。それは、「効率性」「予測可能性」「計算可能性」「非人間化」である（本書序章・第6章も参照）。第一の「効率性」とは、目的のための最短コースが決められているということである。第二の特徴は、「計算可能性」で、サイズ、時間、コストなど質をすべて量に換えるということである。第三は「予測可能性」でメニューからサービスからすべて画一化することで可能となる。第四の特徴である「非人間化」は、自動的に料理する機械や客が長居しにくい椅子に象徴される。

リッツァは社会学者であるからウェーバーを基本とした理論展開をしているが、経営学の視点から言えば、むしろ企業の生産現場において確立し、工業社会を支えてきたテイラーイズム（科学的管理法）が消費場面にまで浸透し、現場の労働者だけでなく消費者もが標準化と均一化の一端を担わされているということを明らかにしたといったほうがよい。消費者は規格化されたメニューの中から選択肢を選び、店員の決まりきった問いかけに余計なことをいわずに必要なことだけを答え、自らトレイを運んで席に着き、食べ終わったらごみを捨て返却所にトレイを置く。消費者の行為は、ファストフードのオペレーションシステムのなかに埋め込まれてしまっているのである(3)。

また、当然ながらマクドナルド化の問題は、グローバリゼーション（世界のアメリカ化という意味での）につながるものである。スローフード運動は、当初イタリアの食文化を守るという反グローバリゼーションの思想があったことは前述のとおりである。ただし、イタリアのスローフードムーブメントがそこで生活する当事者の立場から食材など生産側のプロセスと内容（コンテンツ）に注目した議論を中心にしているのに対して、マクドナルド化の議論では、消費側のプロセスとそれを支配するシステムに目を向け研究者としての視点からアメリカ消費社会を検討している。

リッツァの『マクドナルド化する社会』が出版されたのは一九九六年、イタリアでのスローフードムーブメントが生まれてから一〇年後、今から一〇年前ほど前のことである。

スーパーサイズ・ミー

近年、アカデミックな世界におけるファストフードシステム批判だけでなく、一般生活者を対象とした大衆文化においてもファストフードの脅威を描くものが現れた。二〇〇四年一月のサンダンス映画祭のドキュメンタリー部門で上映され、最優秀監督賞を受賞した『スーパーサイズ・ミー Supersize me』である。アメリカでは、上映五週間で五〇〇万ドルの興行成績をあげるヒットとなり、社会現象にまで発展した。本編の監督モーガン・スパーロックがこの映画を製作しようと思い立ったきっかけは、二〇〇二年一一月のあるＴＶのニュース報道である。それは、肥満症に悩む二人のティーンエイジャーが「自分たちが肥満になったのはハンバーガーが原因」とマクドナルドを相手取り訴訟を起こしたというニュースであった(4)。

スパーロックは、インタビューで「このニュースを見た時、僕は、彼女たちの言い分が正しいのか、マクドナルド社の言い分が正しいのか自分で証明してみようと思った」と語っている。アメリカの三七％の子供が肥満症に悩んでいるというが、これが自己管理の甘さか、ファストフード側に問題があるのかをはっきりさせなければならないという認識がこの映画をつくる動機だった。(5) スパーロックは、「一カ月間、一日三食、マクドナルド以外は食べない」という方針で、自らの肉体を実験台にドキュメンタリー映画を撮り始めた。一日三回マクドナルドの商品を食べること、マクドナルドのメニューの全てを一度は食べること、メニューに無いものを買わないこと、「スーパーサイズ」メニューを勧められたら、必ず「スーパーサイズ」にすること、というポリシーを貫き、三〇日間の肉体的・精神的な変化を克明に記録した。

さらに、映画では、現在のアメリカ人の食生活がファストフードの世界に強く侵食されていることを描いている。各地の学校給食においてもファストフード化が進んでいることや広告宣伝やキャラクターを使用することによって若年層を囲い込んでいることなどが指摘され、反ファストフード、嫌ファストフードの気分を高める内容になっている。アメリカ人の肥満と不健康の原因をファストフードに求めるこの映画はしかし、代替案を提示するには至っていない。

『スーパーサイズ・ミー』は日本、イギリス、オーストラリアなど世界二六カ国で上映された。上映に際してマクドナルド側もさまざまな対応を行っている。サンダンス映画祭での上映後には、「スーパーサイズ」の販売を停止し、オーストラリアで上映されたときには映画に対するネガティブキャンペーンを繰り広げた。また、スパーロックが行った実験を追試するものも現れ、いくつかの反例もあがっている。(6) その意味では、具体的な代替案の主張こそないものの、この映画は消費者が自らの食生活におけるファストフードの位置づけを考え直すきっかけとなったということは十分に理解できる。

カルチュラルクリエイティブスとロハスの登場

同時期、新しいライフスタイルを持った消費者像が生まれつつあった。それが他章でも紹介された、一九九八年に社会学者レイと心理学者アンダーソンによって提唱された「カルチュラルクリエイティブス」である（Ray and Anderson 2000）。「カルチュラルクリエイティブス」とは、直訳すれば「文化創造者」であるが、しばしば「生活創造者」と訳される。彼らはイタリアでスローフードムーブメントの始まった一九八六年から一五年間にわたって、全米で述べ一五万人に対するアンケート調査、一〇〇以上のグループインタビュー、個別インタビューを通じてアメリカ人を「モダニスト」「トラディショナリスト」「カルチュラルクリエイティブス」の三つに分類した。以下にそれぞれの特徴を示す。

①モダニスト（Modernist）――お金をたくさん得ること、自分をよく見せることや選択肢を多くもつこと、トレンドの最先端にいて革新的であることを重視する。一方、先住民やニューエイジ、伝統的な人々に対して拒否態度をとる。
②トラディショナリスト（Traditionalist）――男女の性役割分業を維持し、家族・教会・地域に属している。男性は軍隊に奉仕すべきと考え、外国人を歓迎せず、聖書を信奉している。
③カルチュラルクリエイティブス（Cultural Creatives）――エコロジーや地球環境、人間関係、平和、社会正義、自己実現そして自己表現に深い関心を寄せる。

レイらによれば、カルチュラルクリエイティブスが出現するまでは、モダンかトラディショナルかという二者択一を迫る文化間の闘争があった。しかし、これからはカルチュラルクリエイティブスが、第三の選択肢を新しく切り拓いていくと結論づけている。前節で検討したとおり、イタリアにおける初期のスローフードムーブメントには、レイらのいう「トラディショナリスト」の人々の考え方と共通する点が強い。また、時代認識としても「トラディショナリスト」群が「プレモダン」に、「モダニスト」群が文字どおり「モダン」に対応するのに対して、「カルチュラルクリエイティブス」層は「ポストモダン」に対応する（図４）。

また、同様に「ロハス」(LOHAS=Lifestyles of Health and Sustainability)というライフスタイル概念が登場してきたのもこのころである。カルチュラルクリエイティブスを対象に環境に配慮した家庭用品、衣料品、クリーンエネルギー商品など消費財をセレクトあるいは独自につくって販売するビジネスを行っている企業ガイアム(GAIAM)の創設者とカルチュラルクリエイティブスの概念を提唱したレイによって一九九九年ごろロハスというコンセプトは開発された。スローフードムーブメントが明らかにイタリアにおける地域消費者(生活者)から発生した動きなのに対して、ロハスはアメリカ企業が中心となって発信しているマーケティングコンセプトである。[7]

一九九九年の秋、「ナチュラルビジネス・マーケットトレンド・カンファレンス」の主催団体であるナチュラルビジネス・コミュニケーションズ社[8]はロハス市場の対象ビジネス・商品を定義し、その市場規模を算出した。同社が実施した調査の結果によると、マーケットの規模は二二六八億ドル(約三〇兆円)と試算された。この調査結果をふまえて二〇〇〇年三月に『LOHASジャーナル』が創刊され、「LOHAS会議」が開催された。さらに二〇〇一年秋には消費者を対象とした調査が行われ、二〇〇二年五月にレポート「LOHAS市場を理解するために――LOHASコンシューマーの定義とビジネス、ブランディングの機会」が発表されている(大和田 二〇〇三)。

調査によれば、ロハス市場は「持続可能な経済」(Sustainable Economy)、「健康なライフスタイル」(Healthy Lifestyle)、「代替的な健康管理」(Alternative Healthcare)、「自己啓発」(Personal Development)、「環境配慮型ライフスタイル」(Ecological Lifestyle)(以上の頭文字をとってSHAPEという)の五つから構成される。ロハスはマーケティングコンセプトであるから、健康や持続可能性に配慮する商品やサービスを積極的に選択するため、ファストフードを選択しないことはあるが、イタリアにおけるスローフードムーブメントの

図4 モダニスト、トラディショナリスト、そしてカルチュラルクリエイティブス

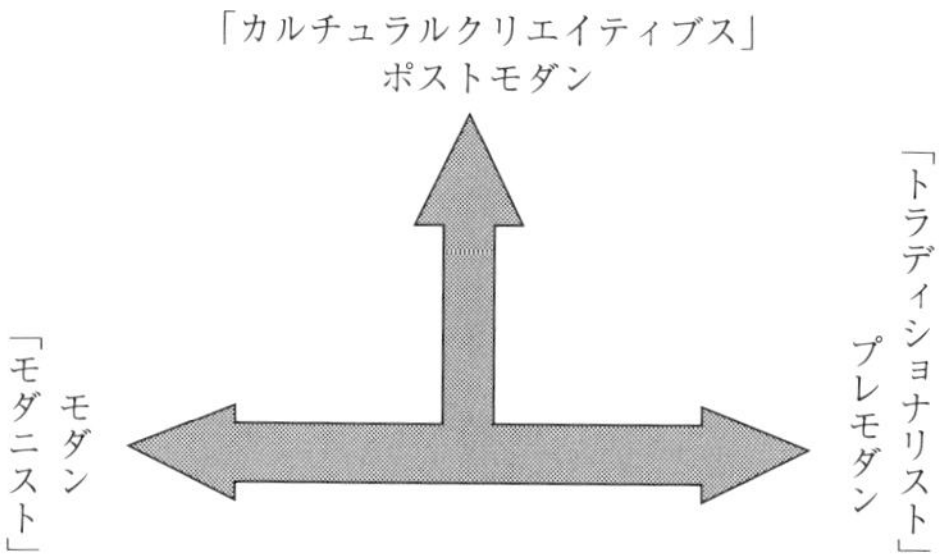

ようにファストフードを全面否定するものではない。

三　スローフードを消化する日本

日本文化の消化吸収力

古くは平安時代に中国の文字である「漢字」から「かな文字」を生み出し、明治維新の際には「和魂洋才」の精神のもと欧米の産業社会のシステムを取り入れ、急速な「文明開化」を成し遂げてきたように、これまでの歴史上、日本は、外来文化を消化してきた、あるいは「換骨奪胎」してきたといえる。平安時代においては中国大陸の、明治維新においては欧米列強の影響力に脅威を感じながらも、それらのシステムを日本なりに「脱構築」してきたのである。これは、日本の「**文化の消化吸収力**」の高さであり、食文化においても例外ではない。その消化力の高さを示す例を下記に紹介する。

①すき焼きと牛丼　日本では江戸時代まで仏教の影響もあり、肉食文化は正当なものではなかったが、明治維新で「文明開化」が叫ばれ、肉食も解禁されるなかで、「牛鍋」、すなわち「すき焼き」がドメスティックな鍋料理の一つとして普及定着してきた(9)。また、その「牛鍋」の残り汁を丼飯にかけた庶民の料理として生まれてきたのが、日本オリジナルのファストフードといえる「牛丼」である(10)。家族や仲間で食卓を囲み会話を楽しみながらゆっくりと箸をすすめる日本版スローフードといえる「すき焼き」と日本版ファストフードの代表である「牛丼」は同じルーツから生まれたものであり、しかも外来の食文化を咀嚼し消化したものであるということが確認できる。

②卓袱《しっぽく》料理　明治維新以前、江戸時代の鎖国文化のなかでも唯一外国文化を受け入れられる地域があった。出島《でじま》のある長崎である。その長崎で生まれ育ったものが、和・洋・中（正確には和・蘭・唐）を折衷した「卓袱料理」で

ある。卓袱とは、中国語でテーブルクロスを意味し、中国流にひとつのテーブルを囲んで大皿から各自が自分の箸で小皿に取り分けて食べるという食事のスタイルである。当時から中国人が住み、中国料理店も多かった長崎の町人たちの間に新しい食事のスタイルとして普及した。さらに、貿易で訪れるオランダ人やポルトガル人などの料理にも触れる機会があった長崎の人々はこれも取り入れて無国籍（多国籍）料理としての卓袱料理を創り上げていった。現在でも慶事の場合の宴会食として食されることが多い[11]。日本料理でもあり、西洋料理でもあり、中華料理でもありながらそれらを消化し独自のものとしてできたのが「卓袱料理」なのである。

③佐世保バーガー　卓袱料理発祥の地長崎に近い佐世保でも食の脱構築は行われている。それはファストフードの代表であるハンバーガーであり、「佐世保バーガー」という地域ブランドでテレビ・雑誌等のメディアでも近年注目を集めている[12]。佐世保は日本におけるハンバーガー伝来の地である。第二次世界大戦後、佐世保には米軍基地が設けられたが、マクドナルドが銀座に進出するより二〇年前の一九五一年、米軍から直接レシピを聞いてつくり始めたのがはじまりとされる。当時、外国人バー街を中心に、基地の外には多くのハンバーガーショップが並んでいた。そのハンバーガーを佐世保独自のものとしてアレンジして出来上がったのが「佐世保バーガー」である[13]。各ショップが「手づくり」にこだわり、サイズは非常に大きく、前述したマクドナルドの「スーパーサイズ」を超えるものもある。

以上のような例と同様に、一九七〇年代に展開されたマクドナルドをはじめとするファストフード類も日本の食文化のなかで咀嚼され消化されてきたといえる。丸山（二〇〇三）は、日本におけるマクドナルドの最初の出店が、郊外で店舗展開していたアメリカの場合と反対に東京銀座の三越という日本における最先端の流行の発信地というべき場所で成功を収めたという点に注目している。マクドナルドが成功を収めたのは、七〇年代当時の日本に特有のアメリカナイゼーションの風潮に合致したためであり、それは人々が「ハンバーガーとコーラ」というアメリカを象徴するシンボルに情緒的に反応したものである。つまり必ずしもマクドナルドの合理的、効率的に空腹を満たしてくれる利便性ということのみに惹かれたものではないということを丸山は指摘している。そして丸山は、アメリカの文物が日本に移入される場合、日本的な文脈のもとで再解釈され、新たな位置づけが与えられることをその理由として述べている。

その意味で、スローフードにはじまるスローライフスタイルが、鎖国され閉じた文化を形成していった江戸時代のライフスタイルとの類同性をしばしば指摘されるのは示唆的である。マクドナルド化に対するアンチテーゼの代表としてしばしば位置づけられるスローフードとは、リッツァがいうようなポストモダン（脱近代）の産物ではなく、むしろプレモダン（前近代）の復古なのではないかと考えられる。

バブル期における学習

一九八〇年代のイタリアでスローフードムーブメントが生まれた時期に日本はバブルの真っ只中に突入していった。この時代は、交通輸送システムや食品の保存加工技術の進展もあって、日本には世界各地の料理を提供するレストランや食材を販売する事業者が多く出現した。こうした環境のなかで日本の食文化における（広義の）グローバル化によって消費者の「学習」は進んでいった。エスニックフードに並んで、スローフードの発祥地イタリアの料理は「イタめし」という言葉が定着するほどに普及した。フランス料理よりもカジュアルで、日本人の舌にもあったイタリア料理は、家庭料理としても外食としても日本の食卓に取り入れられるようになった。七〇年代前半の高度成長期の日本人がアメリカの「ハンバーガーとコーラ」に情緒的な反応を示したのと同様に、八〇年代後半の日本人はイタリアの「パスタとチーズとワイン」に何がしか心を動かされたのである。

しかし一方で、「二四時間働く」「ジャパニーズビジネスマン」という広告コピーが登場し、コンビニエンスストアが各地に出店し、インスタント食品の品数も増えて、電子レンジが普及するなど、人々は生産活動に没頭し、時間間隔を麻痺させていった。その合間に強迫的に行われる消費は、むしろ生産活動で得た成果を「蕩尽」するような勢いであった。それは、ファストライフのピークであり、ファストフードは二四時間の生産活動を食生活の面から支える強い見方でもあった。だからこそ、消費者は意識的にしろ無意識的にしろ喜んでファストフードシステムのなかに自ら組み込まれていった。あるいは自らの生活のなかにファストフードシステムを組み込んでいった。

蕩尽の食生活のなかでも、人々はさまざまな体験や経験をする。レストランで他の国の料理を食べたり、家庭で日本ではあまり知られていなかった食材を調理したりすることは、その国の食文化の疑似体験となり、新しい経験である。そうした体験や経験を通して消費者は日本の伝統的な食生活とアメリカから輸入消化したファストフード以外の世界があることを学んでいったのである。

「失われた一〇年」というのは、生産の場面でしばしば使われる言葉であるが、消費の場面ではどうだったであろうか。それは、消費の選択肢の淘汰が行われた時代である。バブル期の学習のなかで消費者は「いいもの」についての学習機会を得た。通常経済であればなかなかアクセスできなかった製品やサービスにも手が届き、「見る目」を養うことができた。バブル崩壊後、消費の二極分化が進むなかで、中途半端なものは捨てられていった。

「どっちの料理ショー」や「料理の鉄人」などいわゆるグルメ番組がテレビの人気番組として登場した一九九〇年代後半にはインターネットの一般消費者への普及がはじまり、消費者はメディアを介してさまざまな食に関する情報を収集できるようになった。また、通信販売システム（ネット通販含む）を通じて各地の名産品を自宅にいながらにして取り寄せられるようになった。

世紀が変わる二〇〇〇年ごろになると、集団食中毒事件やBSE（牛海綿状脳症）問題、そしてBSE問題に便乗した牛肉偽装表示事件などが相次いで発生し、「食の安全性」が社会問題として取り上げられるようになった。安全性という意味では、バイオテクノロジーの発達によって生まれた遺伝子組み換え食品に対する不安感が高まったのもこのころである。厚生労働省は二〇〇一年から遺伝子組換え食品の安全性審査を食品衛生法上義務づけるなど、政府としても積極的に食の安全性に取り組むために、二〇〇三年には食品安全基本法が設定された。

現在日本の消費者は、食に関する情報や知識が豊富になり、多様な食へのアクセスが可能になる反面、健康や安全という面で不安感、危機感を強めている。さらに、食を通じてエコロジーや文化を考えるといった、より広い世界へ視野を向けようとする動きもある。本書でもしばしば使われているマズロー（Maslow 1962, 1971）の欲求段階説とリンクさせれば、自己の生存や安全に関する低次欲求が改めて高まり、他方で自分を超えた自然や文化、次世代に対して何かをしたいという自己超越欲求を持つ人も増えている。しばしば、同じ人間のなかで低次欲求と高次欲求が矛盾せず並存する。日々の食生活で安全なものを食べたいと強く願い、そのために自分自身がより学習し、その食生活に関するもっと広い世界にも貢献できるようにいまの自分を超えていこうと思い描く。現在の日本の消費者の傾向をひとことでいえばこのようになろう。

日本におけるスローフードの展開

イタリアにおける伝統主義的な思想背景を持つスローフードムーブメントとアメリカにおける反（嫌）ファストフードムーブメントをやはり消化吸収しながら、日本においても「スローフード」というコンセプトは普及していった。

普及学（Rogers 1962）の視点から見ると、「スローフード」というコンセプトのイノベーターが現れたのは、一九九九年のことである。当時、カゴメ食品は、「アンナマンマ」というブランドを立ち上げ、このブランドに「スローフードにかえろう」というコピーをつけた。マンマ＝お母さんがつくる大皿パスタ料理をイメージし、「南イタリアの健康な食卓」を基本コンセプトにパスタ、トマト、オリーブオイルというイタリア料理の三大食材をベースとした展開を行い、生産もイタリアの専業メーカーに依頼した（乳井　二〇〇〇）。しかし、ブランド展開としては注目されたものの、当時はこの「スローフード」という言葉が消費者に十分受け入れられたとは言いがたい。食品メーカーの一企業が提案したコンセプトは、少なくともこの段階における日本の消費者に十分に「消化」されないまま終わってしまったのである。結局二〇〇六年四月現在、カゴメのホームページには、本ブランドを紹介するに当たって「スロー」という言葉はなく、むしろ「時間をかけなくても、美味しくて豊かな食卓は生まれる」[14]という表現を使っている。

オピニオンリーダーの出現といえるのは、雑誌『ソトコト』二〇〇〇年五月号でのスローフード特集である。表紙にマクドナルドのマークを逆さにして使用するなど、かなり刺激的な内容でもあった。さらに、二〇〇一年には「ニッポン東京スローフード協会」も設立された。二〇〇二年にはＮＨＫの「クローズアップ現代」でも取り上げられ、二〇〇三年には、島村菜津の『スローフードな人生！』が文庫版として出版されるなど、スローフードのコンセプトは急速に普及していった。二〇〇四年には、『ソトコト』が「ＬＯＨＡＳ」の特集を行い、スローフードとロハス、カルチュラルクリエイティブスの関連付けが行われつつある。

現在はそのオピニオンリーダーに触発されたアーリーアダプター（初期採用者）群がこぞってスローフードのコンセプトを採り入れているところである（たとえば、二〇〇六年三月三一日現在「楽天市場」で「スローフード」というキーワードで検索すると五〇〇件以上がヒットする）。しかし、そのなかにはスローフードムーブメントまで遡ったコンセプトの検討をしているものは少なく、一方で独自の解釈を積極的に打ち出せているものもほとんどない。その意味では、日本における「スローフード」というコンセプトのマクドナルド化が進展しつつある。

したがって、これから単に「スローフード」を標榜するだけでは企業のマーケティング戦略としては既に遅いということになる。むしろ、スローフードが忘れているもの、見ていないものにあえて目を向ける必要がある。

四　世界想像力を高めるコミュニカティブマーケティング

スローフードというコンセプトの構成

これまで検討してきたイタリア、アメリカ、日本のスローフードおよび関連する事項の歴史的展開を表1（次頁）に示す。これをみると、さまざまな場所でさまざまな主体が関与し、さまざまな主義思想が投入され、実践が行われ、イベントが発生するなかで、スローフードのコンセプトは構成されていったと見ることができる。さまざ

表1　スローフードというコンセプトの構成

	イタリア	日本	アメリカ
1971		マクドナルド第1号店が東京銀座にオープン	マクドナルド、日本に進出
1985			マクドナルド、イタリアに進出
1986	マクドナルドがローマに第1号店。ブラで「アルチゴーラ」結成		マクドナルドがローマスペイン広場に第1号店
1989	「アルチゴーラ・スローフード協会」設立 国際スローフード協会設立大会（パリ）にて、「スローフード宣言」採択	（バブル経済ピーク、土地・株価最高値）	
1996			「マクドナルド化する社会」（Ritzer）出版
1998			「カルチュラル・クリエイティブス」のコンセプト提示（Ray and Anderson）
1999		「マクドナルド化する社会」（Ritzer）翻訳出版 カゴメ食品「スローフードにかえろう」のコピーで「アンナマンナ」ブランドを展開	ガイアム社が中心となって「ロハス」のコンセプトを提示
2000		『ソトコト』5月号が「スローフード」の特集 雪印食品集団食中毒事件	『カルチュラル・クリエイティブス』（Ray and Anderson）出版。
2001	「日本におけるイタリア年」（～2002）	「日本におけるイタリア年」（～2002） BSE 問題、牛肉偽装表示事件	（9.11同時多発テロ）
2002			ティーンエイジャー2名がマクドナルドを訴訟
2003	スローフード協会ナポリ国際大会宣言	「食品安全基本法」施行	BSE 発生 マクドナルド、「i'm loving it!」グローバル・キャンペーンをスタート
2004		『ソトコト』4月号が「LOHAS」の特集 『スーパーサイズ・ミー』上映	1月『スーパーサイズ・ミー』がサンダンス映画祭で最優秀監督賞を受賞 3月マクドナルド、「スーパーサイズ」の販売停止
2005		「食育基本法」施行 有限中間法人「ロハスクラブ」設立	
2006		トド・プレス、三井物産が「ロハス」のライセンス・ビジネス開始	

まな主体（非人間含む）のネットワークのなかで理論やコンセプトが構成されているという視点は、科学技術と社会との関係性を見るアクター・ネットワーク理論[15]とも共通点がある。

イタリアのスローフードムーブメント、アメリカにおける反（嫌）マクドナルドブームは、ファストフードシステムを排除あるいは否定することを内包している。しかし、すでに見てきたように日本においてはファストフードシステムを消化吸収したうえでスローフードのコンセプトも受け入れることが可能である。企業にとっては、このコンセプトが構成されていくプロセスにどのように関与するのかというスタンスを明らかにするとともに、自らを含むネットワークの構造を理解し解釈することに努めることが必要になろう。

日本においてスローフードというコンセプトがどのように構成され、消化吸収されていくのかは注目に値する。すでに見てきたようにスローフードが輸入された概念であることもあって、一部メディアがイニシアティブをとり、それに注目する生産者や消費者が自らの都合のよいあるいは自分勝手な解釈をしている段階である。

たとえば、スローフードを考えるときに、生産者（原材料から加工食品まで含む）と消費者（料理を食べる人）との間は「調理者」が存在する。かつて、「私つくる人、僕食べる人」というテレビCMコピーが物議を醸したように、特に家庭食の場合、ジェンダー（社会・文化的性差）問題を含まざるを得ない。伝統的な家庭食を理想とするイタリアで始まったという出自やマクドナルド化を批判したリッツァ自身が「所属している階級にかかわらず、女性は家族に食事を提供する責任を担っている」（Ritzer 1996）とアメリカでの伝統的価値観を披露していることからもわかるように、スローフードの理解の仕方によっては、「それは本当に女性にとっていいことなのか。結局女を台所に縛ることになるのではないか」（斎藤　二〇〇二）という見方もできるのである。

スローフードにおけるジェンダー問題に関しては、『スローフードな人生！』を執筆し、日本におけるスローフードブームの火付け役の一人ともなった島村（二〇〇五）がインタビューで語った内容[16]が示唆的である。彼女は、現代の忙しく働くビジネスパーソンにとっては、「スローフードと言われてもピンとこない」という人もいるという質問に対して、以下のように答えている。「独身でバリバリ働く女性がいつも通っている食堂では、シェフが

「仕事で疲れているだろうから」と、彼女たちのために、生産者のもとに足を運んで身体によさそうな食べ物を作ってあげようとする。そういうお店もちゃんとあるんです。するとね、彼女たちの方が、スーパーマーケットで無意識にレトルト食品を買っているお母さんたちより、ずっと生産者や作る人を支えていることになります」。

つまり、このようなことは、自らが生産活動に従事する働く女性であっても、消費者としても地域の小生産者を支えることになり、その行動（食生活）はスローフードの精神に近いということである。これが意図的に行われれば、そうした行動をとる働く女性は、無自覚な専業主婦よりもスローフード的な生活を送っていることになる。同様に、スローフードが食の多様化という視点を示しているということから、「多様化という意味では、「スローフード＝お母さん」という構図が決まっているのもおかしい。よくスローフード関連で「おふくろの味」をテーマにしたシンポジウムなどを頻繁に開催していますが、「おやじの味」「働く人の味」をテーマにしたっていい」とも述べている。

世界を想像する力と物語を構築する力

消費者のスローフードへの関心が高まるのに対して、企業は先導するか、同調・追従するか、対抗するか、代替案を提示するかという意思決定が求められる。一九八〇年代に社会運動家であり起業家であるアニータ・ロディック率いるザ・ボディショップが地球環境問題や人権問題に対して強いメッセージを発信しながら消費者を先導しつつ、（「グローバル」ではなく）ワールドワイドなビジネスを展開していったように、これと同様の形がスローフード、あるいはより広くスロースタイルムーブメントでも起こりうる可能性がある。成熟した大企業は、この動きを前にどのようなマーケティング戦略をとりうるのか、新しい第三の道は考えられるのかを検討することになるだろう。

島村（二〇〇三）は、イタリアにおけるスローフードムーブメントを探求するなかで、スローフードとは「深遠なる哲学」であることを発見し、人間と人間、人間と自然の関係性の構築に注目する。彼女によればそうした関係性の根底に食を求めることこそがスローフードの本質なのである。したがって、スローフードの求めるもの、スローフードが提供するものは、料理を食べる人がその料理の由来や調理者の思い、原材料の出自やそれらが育った土地の気候風土、育てた人の苦労などさまざまなシーンを想像する力である。人は、対象にかかわるさまざまな事柄を想像することによって、それらの対象と語り合うことができる。二四時間働いている人間であっても、料理の苦手な専業主婦（夫）であっても、これからさまざまな味を学ぶ子供たちであっても、食卓にある目の前の一皿から世界は広がる。それがスローフードのいう「**食の愉しみ**」である。

ファストフードが物足りないのは、均一化された材料、標準化された調理法、無個性化された客席のなかで、想像力が働かないからである。ファミリーや友人同士、恋人同士でマクドナルドに行けばそれなりの「楽しさ」はあるだろうが[17]、ハンバーガーやコーラはその楽しさを構成するものではない。もし想像できたとしても、バックヤードでアルバイトが働いている姿か、せいぜい巨大企業の製造ラインである[18]。だからこそ、マクドナルドは消費者と自らが共に同じ世界にあるということを主張するために「i'm loving it!」のグローバルキャンペーンを二〇〇三年から開始した。

世界を想像する力（**世界想像力**）は、もちろん消費者によっても個人差がある。第二節でとりあげたカルチュラルクリエイティブスと呼ばれる人々、あるいはロハスの一部[19]は、そうした想像力を持っていると考えられる。したがって、**食の愉しみ**を提供するという意味でのスローフードビジネスに取り組む意図があるとすれば、彼らに対して自らの企業がスローフードの構成する世界の一部であることを提示する必要がある。

そのためには、自らが提供するスローフードに関わる物語をいかに構築していくか（**物語構築力**）が課題となる。食材であればその素材はどこで生まれ、どのように育ったのか、どのような人が何を考えて作ったのかを語り、料理であればどのようなことを思いながら調理したのかを語る。スローフードが小生産者や小規模業者を大切にするのは、こうした物語が消費者との対話を通じて相互的に構築されていくからである。単に一方向からの「情報提供」であれば、もうすでにファミリーレストランやスーパー、ファストフードですら実施している。

したがって、われわれは真の意味での「対話」の重要性を考えなければならない。

こうした対話、すなわちコミュニケーションを重視するマーケティングを「コミュニケイティブマーケティング」と呼ぶ。コミュニカティブ（communicative）とは、ここでは、**対話可能性**をさすものであり、生産者と消費者、生産者と中間業者、生産者同士、消費者同士、より限定的な意味では、レストランや家庭という食卓において、主体同士の濃密な対話が可能になることで、互いの世界を想像する力はより豊かになり、物語はより深いものになる。かつて、ノーマンとラミレズ（Norman and Ramirez 1994）は、戦略レベルにおいて「対話型戦略」の重要性を示したが、ミクロレベルにおいても、あるいはミクロレベルだからこそ、消費＝食事の一つひとつのシーンにおける「対話」が大切になる。食を媒介にした対話によって、時間的・空間的にそれに関わる主体を繋げることが、スローフードの持つ意味合いである。

スローフードという言葉は単に「食品」や「食材」あるいは「料理」をさすものではない。「食」に関わる行為すべてを包括した概念である。「食」という行為は生理学的な栄養摂取という生物として生きるために人間なら誰もがおこなう行動である。この「食」という人間の生存欲求を満たすために不可欠な行為を「世界」を感じる自己超越的な行為としてとらえるところに、このコミュニカティブマーケティングの本質はある。食材の育った風土から、それを育てるのに関与したさまざまな人々、加工・調理されるプロセスに参加した人や道具、そして目の前にある料理とそれをともに食する人（それが自分ひとりでもかまわない）、さまざまな主体がいまここでの食を構成している。企業としては自らがその世界を構成する主体として、そうした物語を描くことができるかどうかが課題となる。

二項対立を超えて

対話という視点が重要であるとすれば、スローかファストか、ローカルかグローバルかという二項対立の議論は意味がない。われわれが欲しているのは、前進か回帰かの二者択一ではない。時にははやく時にはゆっくりと、あるいは時には世界各地の時には郷土の文化を自在に往来しながら「時間を楽しむ時間」である。いってみれば、時間軸（スロー×ファスト）、空間軸（ローカル×グローバル）に加えて、それを自在に選択調整できるかどうかの自由軸の存在が必要になる。

　われわれはこれまで、プレモダンとモダンを脱構築するポストモダンとして、スローフードを基盤としながらも新しい食の可能性があることを考えてきた。また、カルチュラルクリエイティブスが、伝統主義とモダンの対立を超えたオルタナティブな文化を創出する可能性があることを見てきた。また、日本においてさまざまな文化が消化され受け入れられてきたことを確認した。こうしたことからもわれわれが求めるべきは、「ファストに対するスロー」ではない第三の方向性であることが明確になる（図6）。

　これまでのスローフードのコンセプトには二つの誤解があった。第一は、消費者が資本主義市場経済下の巨大企業がつくったシステムに組み込まれているという誤解である。消費者はそんなに無力ではない。第二は企業と消費者は対立する存在であるという誤解である。無力ではないなら、「戦う」のかという結論は短絡的過ぎる。これまで見てきたように、われわれは対話によって「ともに世界を構成する」という第三の選択肢も所持しているのである。

図6　第3の方向性

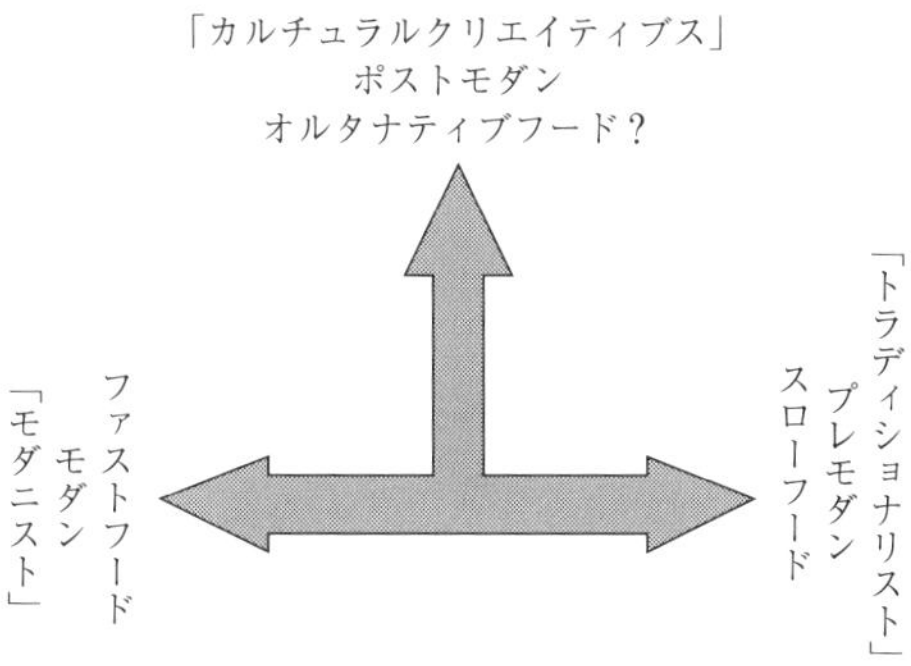

　産業社会が発展するにつれて、生産者優位、企業主権の時代から、アメリカの市民運動家ラルフ・ネーダーや日本における主婦連等がイニシアティブをとったコンシューマリズムを経て、消費者主権が謳われるようになった。そしていま、関係性マーケティングや経験価値マーケティングなど消費者に視点を置いた新たな試みが行われている。しかし、企業と消費者が同じ世界を構成する主体であるという発想はマーケティングにおいてまだ明確に表現されているわけではない。「スローフード」のコンセプトは企業主権、消費者主権の次にくる相互主権という認識が可能であるかを試す試金石である。

「スローフード」というコンセプトが単なるファッドに終わるのか、新しいライフスタイルのさきがけとなるのかはまだ明確ではない[20]。しかしながら、ひとつだけいえることは企業も消費者も自らのスタイルについて主体的な選択を行い、他者の選択を尊重することである。対立ではなく対話がこれからのマーケティングには求められるのである。

おわりに――第三の道へ

スロースタイルムーブメントの大きなトリガーのひとつは、いうまでもなくスローフードである。本章では、スローフードというコンセプトが、さまざまな地域のさまざまな関与主体が参加する歴史的文化的な影響をうけて構成されていくプロセスについて検討してきた。こうしたコンセプトの構成は、現在もわれわれを含むさまざまな主体によって現在進行形で動きつつある。まずわれわれはそのことを理解しておかなければならない。

一九八〇年代後半、イタリアにおいてスローフードというコンセプトが誕生したのは、アメリカのファストフードの進出に対する反発であり、初期のスローフードムーブメントには高度資本主義市場経済や産業社会・工業技術に対する嫌悪からの伝統回帰志向も強く見られた。一方、アメリカではファストフード批判の動きが耳目を集める一方、健康や自然環境に配慮する新しい消費者像、ライフスタイル像が登場し、反（嫌）ファストフード観も一部では高まっている。しかし、日本ではこれまで食生活も含めて外来文化を自分なりに消化吸収する力が強かったことからスローフードというコンセプトの普及においても単なる二律背反、二項分離ではなく、これまでとは違う新たな展開があるだろう。スローフードというコンセプトはさまざまな主体や事象の中で構成されていった。われわれはいまポストモダンの社会にいる。それは産業社会と消費社会を止揚あるいは脱構築した社会であり、生産者（企業含む）と消費者が対話をしながら今日を構成する社会である。スローフードというコンセプトにおけるマーケティングにはともに同じ世界に生き、世界を構成する主体としての認識が必要なのである。

注

（1）http://www.slowfoodjapan.net/index.html
（2）http://www.kobe-slowfood.org/hp-data/about/about.html（二〇〇六年三月三一日アクセス）
（3）同様なことは、インターネットでの注文表の記入、マイクロソフト、Office アプリケーションでの資料の作成などの場合もいえる。われわれは、企業の用意した「プラットフォーム」のうえを落ちないように慎重に注意して行為する。
（4）結局、裁判所は「大量に食べたのは本人の責任」として原告の請求を棄却した。
（5）http://movie.goo.ne.jp/special/supersizeme/（二〇〇六年四月一〇日アクセス）
（6）本編に対するマクドナルドの反応や他の実験結果については、インターネットのフリー百科『ウィキペディア』（http://ja.wikipedia.org/）のなかの『スーパーサイズ・ミー』の項に詳しい。（二〇〇六年四月二〇日アクセス）
（7）ロハスについての説明、情報は批判的なものも含めて、『ウィキペディア』（http://ja.wikipedia.org/）のなかの「ＬＯＨＡＳ」の項に詳しい。（二〇〇六年四月一〇日アクセス）
（8）一九九六年に設立されたナチュラルプロダクト業界のベンチャー。同社のミッションは、拡大しつつあるナチュラルビジネスについて個人と企業に最新の情報を提供するとともに消費者と企業の対話を促進し、創造性・革新性を働きかけ、サステイナブルビジネスを成功させ社会を良い方向に変化させることにある（大和田　二〇〇三）。
（9）http://www.kibun.co.jp/enter/nabe/n-rekisi_bunrui.html（二〇〇六年三月三一日アクセス）
（10）http://www.yoshinoya-dc.com/about/food/beef/index.html（二〇〇六年三月三一日アクセス）
（11）事例としては、『ウィキペディア』（http://ja.wikipedia.org/）のなかの「卓袱料理」の項を参照。（二〇〇六年三月三一日アクセス）および http://www.sippoku.co.jp/what's.html（二〇〇六年三月三一日アクセス）
（12）佐世保バーガーが全国的に知名度をあげる契機の一つは、二〇〇四年に作成された村上龍原作（集英社）宮藤官九郎脚本の映画『69 sixty nine』である。
（13）http://www.sasebo 99.com/sight_sasebo/bgmap.shtml（二〇〇六年三月三一日アクセス）
（14）http://www.kagome.co.jp/annamamma/life/contents.html（二〇〇六年三月三一日アクセス）
（15）たとえば、Latour（1987）などを参照。

（16）島村菜津「スローフードな日本！を目指して」（後編）http://nikkeibp.jp/sj 2005/interview/28/（二〇〇六年三月三一日アクセス）
（17）ファストフード・レストランの「楽しさ」については千葉（二〇〇三）の議論がある。
（18）あるいは、さまざまな都市伝説であろう。たとえば、『ウィキペディア』（http://en.wikipedia.org/）の「McDonald's urban legends」の項を参照。（二〇〇六年四月一〇日アクセス）
（19）ロハスはマーケティング上のライフスタイルコンセプトであるから、行動の表現形であり、規範主義や流行追随によってそのような表現形をとっているに過ぎない想像力の乏しいサブグループもあると思われる。
（20）一九八〇年代の「地球に優しい」というキャッチフレーズや一九九〇年代以降の「企業の社会的責任」（CSR）が中身の変わらないまま表面にラッピングされたように、「スロー」という言葉も時代の一過性の物として消費されかねない。

参考文献

Latour, Bruno (1987), *Science in Action How to follow scientists and engineers through society*, Harvard University Press.（川崎勝・高田紀代志訳（一九九九）『科学が作られているとき――人類学的考察』産業図書。

Maslow, Abraham. H. (1962), *Toward a Psychology of Being*, Van Nostrand.（上田吉一訳（一九六四）『完全なる人間』誠信書房）。

Maslow, Abraham. H. (1971), *The Farther Reaches of Human Nature*, Viking Press.（上田吉一訳（一九七三）『人間性の最高価値』誠信書房）。

Norman, R. and R.Ramirez (1994), *Designing Interactive Strategy : From Value Chain to Value Constellation*, John Wiley & Sons, Inc.（中村元一・崔大龍訳（一九九六）『「ネットワーク型」価値創造企業の時代――アライアンスによる新事業戦略』産能大学出版部）。

Ray, Paul and S.Anderson (2000), *The Cultural Creatives*, Three Rivers Press.

Ritzer, George (1996), *The McDonaldization of Society*, Pine Forge Press.（正岡寛司監訳（一九九九）『マクドナルド化する社会』早稲田大学出版部）。

Rogers, E.M. (1962), *Diffusion of Innovations*, The Free Press.（青池慎一・宇野善康訳（一九九〇）『イノベーション普及学』

産能大学出版部）。

今田高俊（一九八七）『モダンの脱構築――産業社会のゆくえ』中公新書。

大和田順子（二〇〇三）「ＬＯＨＡＳ市場におけるソーシャル・ブランド」水尾順一編『ビジョナリー・コーポレートブランド』白桃書房。

乳井瑞代（二〇〇〇）「ブランドを通してみた食ライフスタイル変化」（財）ハイライフ研究所。http://www.hilife.or.jp/pdf/20001.pdf（二〇〇六年四月一〇日アクセス）。

斎藤美奈子（二〇〇二）「スローフードは女の敵か味方か」『婦人公論』二〇〇二年二月二二日号。

島村菜津（二〇〇三）『スローフードな人生！』新潮社文庫。

千葉芳夫（二〇〇三）「合理化とマクドナルド化」『マクドナルド化と日本』ミネルヴァ書房。

丸山哲央（二〇〇三）「マクドナルド化と日本社会の『文化システム』」Ｇ・リッツァ・丸山哲央編『マクドナルド化と日本』ミネルヴァ書房。

終章　コンテンツと関係性の革新
――スロースタイルマーケティングの体系

三浦俊彦

Summary 終章では、これまでの各章で見てきた消費市場のさまざまな局面での変化をスロースタイル消費者の出現と位置づけ、スローの意味を問う中から、新時代の消費者の特徴を「自己実現欲求（マイスタイル）＋自己超越欲求（環境志向・社会志向）」と定義づける。そして、スロースタイル消費者の志向性を捉えたマーケティングをスロースタイルマーケティングとして分析し、その特徴を「提供物（コンテンツ）革新＋提供方法（関係性）革新」として提示する。

Key Word ●スロースタイル消費者●自己実現の欲求●自己超越の欲求●コンテンツ革新●関係性革新

はじめに――スローという新たな消費価値観

近年の日本の消費シーンを概観すると、イタリアで一九八〇年代に生まれたスローフード（Petrini 2002）の運動や考え方、またそれに影響を受けたスローライフの動き、さらに健康と環境を志向するロハスというライフスタイルへの関心の高まりなど、これまでの経済至上主義・効率至上主義に代わる新たな消費価値観の台頭が予想されるように見える。一九六〇年代の高度成長期から八〇年前後以降の成熟社会に移行する中で、消費者の価値観は自己実現へと大きく舵をきったと言われる。果たしてこのような大きな消費価値観の変化が、二一世紀の現在において本当に起こりつつあるのだろうか。そして、その中核を担うのが、スローライフやロハスといった考え方なのであろうか。もしそうであるならば、そのような消費者の価値観やライフスタイルの変化に対し、企業はどのようなマーケティング対応を行っていけばいいのだろうか。

このような問題意識の下、終章では、まず第一節で「スロー」の意味を検討した後、続く第二節で現在の消費市場を大きく動かすこのようなスローな消費価値観をスロースタイルと名づけて分析する。それら消費者分析を受けて、第三節では、**「スロースタイル消費者」**に適合する新時代のマーケティングとして「スロースタイルマーケティング」を提案し(1)、それが経験価値マーケティングとリレーションシップマーケティングを統合・止揚する新たなマーケティングの枠組みとなることを提示するとともに、実際の企業の展開例についても考察していくことにする。

一　スローvs.ファスト――スローの意味を問う

イタリアに一九八〇年に設立されたバローロ愛好協会が改組され、一九八九年にスローフード協会となって以来、マクドナルドに代表されるファストフードへの対抗軸としてのスローフード運動やその考え方は瞬く間に世界に広がっていった（エポックメーキングな出来事としては、本書第7章で取り上げた一九八九年一二月のパリ国際大会における世界一五カ国のスローフード協会代表による「スローフード宣言」がある。Petrini 2002)。日本でも二〇〇〇年五月に月刊『ソトコト』が初めてスローフードの特集を組み、以来、食事のみならず生活全般のスローを主張するスローライフの考え方が広まっていった（吉開 二〇〇五)。

スローライフという考え方の下では、経済の論理に対する自然や人間性の復権が叫ばれ、食材や健康へのこだわり、自然生活への回帰、環境志向など、さまざまな現象が見られるようになっている。スローライフと一口に言っても、このようにさまざまな発現形態があることから、本節ではまずスローライフにおける「スロー」の意味について分析する。

スローの意味

スロー（slow）の意味を問うに当たり、その反対概念であるファスト（fast）の意味を確認することから始めたい。

効率と効果　スローフードやスローライフの考え方が対立概念として捉えている「ファスト」概念の核心には、現代の資本主義社会が体現している「効率」（efficiency）という考え方がある。[(2)] この効率（ファスト）の代表的なものが、二〇世紀初頭に、部品の標準化やベルトコンベヤーシステムによる流れ作業方式によって大量生産体制を築き上げたフォードシステムである。そこでは、たとえば、T型フォードが、部品の標準化や生産の合理化、また生産プロセスの革新によって、年々効率的に生産されていき、販売価格も一九〇八年発売当初の八五〇ドルから、一九二四年には二九〇ドルにまで下げられていった（谷口　一九九八）。つまり、同じT型フォードが、より少ない費用で生産されるに至ったわけであり、これこそがまさに効率（ファスト）なのである。

一般に、「効率」は次の式によって説明される（中　一九九〇、加護野・井上　二〇〇四）。

$$\text{performance（効率）}=\frac{\text{output（産出物；効果）}}{\text{input（投入資源）}}$$

ファスト（効率）とはまさにperformance（効率。費用対効果とも訳される）の向上を目指すものであり、そのやり方は、分子のoutput（産出物、つまり製品など）はそのままに、分母のinput（投入資源、つまり時間・材料・コストなど）の低減（特に時間投入の低減）を基本とするものである。一方、スローの意味としては、同じく右の式で考えるなら、input（投入資源、特に時間）を考えず、output（産出物）の豊かさを追求すること（いいものをつくる、など）、と捉えることができる。換言すれば、スローとはすなわち効果（effect）を目指すということである。このように

図1　効率と効果

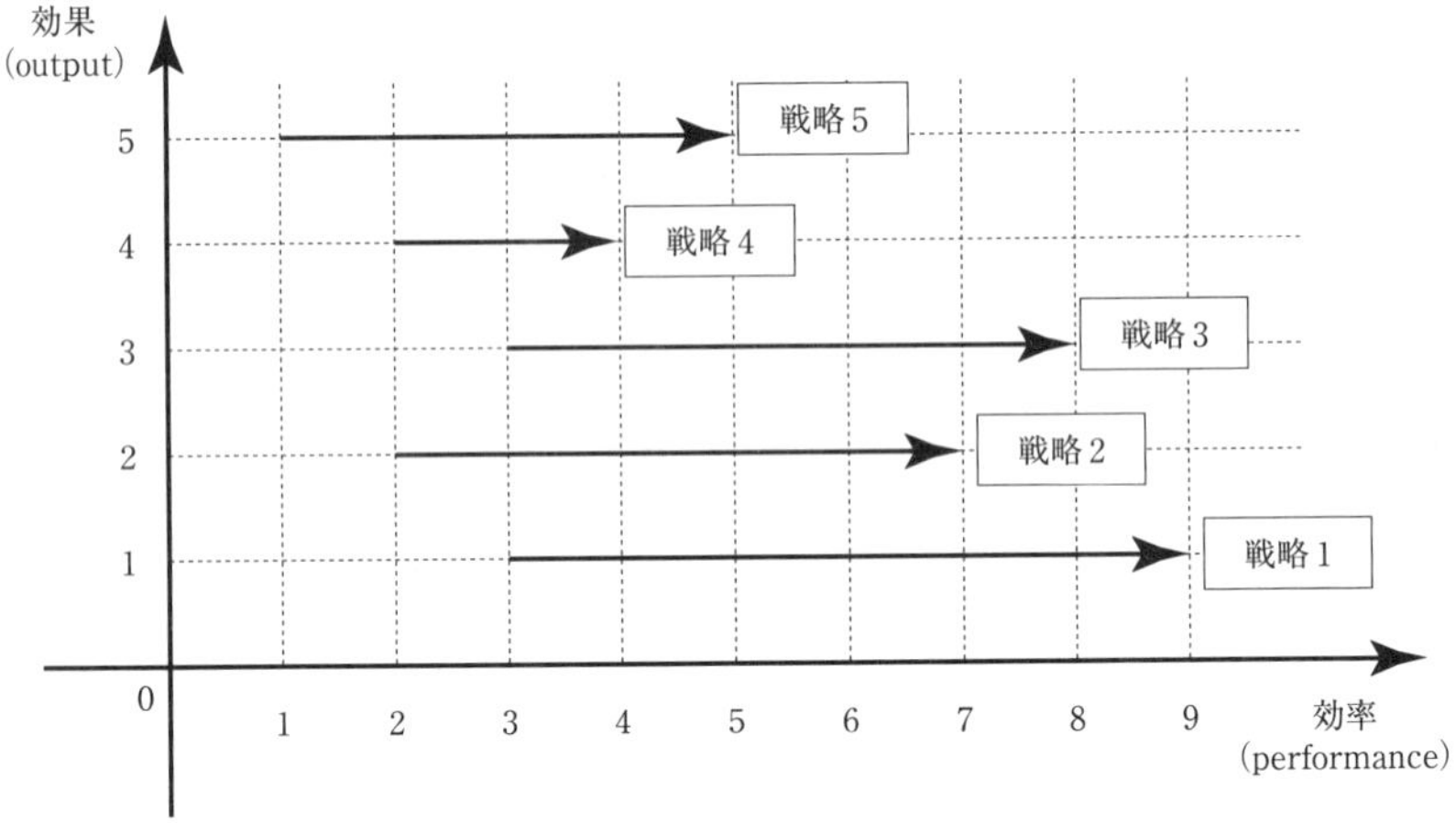

ファストとは「効率」を目指すものであり、スローとは「効果」を目指すものであるが、この効率と効果の関係を示すと図1のように表せる。

すなわち、ある戦略代替案のセットがあった場合（図の戦略1～5）、output（産出物の生み出す消費者利益）の大きさがすなわち効果であり、図では縦軸の値になる。図では、戦略5の効果（output）が5と最も大きく、消費者に多くの利益を与える高品質の製品開発の戦略であると考えられる（たとえば、広い場所で丁寧に育てられた地鶏の生産）。一方、戦略1の効果（output）は1と最も小さく、消費者に相対的に少ない利益しか与えない普及品質の製品開発の戦略であると考えられる（たとえば、狭い場所でのブロイラーの大量生産）。こうして、鶏肉生産に関する戦略代替案として、効果5の地鶏生産（戦略5）や効果1のブロイラー生産（戦略1）などが比較検討されることになる（戦略2～4についても鶏肉生産の異なる戦略が考えられる）。

一方、効率（performance）とは、それぞれの戦略代替案において考えられるべきものである。すなわち、戦略5（地鶏生産）をとったとしても、その戦略の効率（performance）は、どれだけ「材料や時間やコスト」（input）を投入するかによって大きく異なる。図では、戦略5の効率（performance）は、1～5となっているが、これは、分子の効果（output）が5であることを考えると、分母の「材料や時間やコスト」（input）は5→1と減少させうるということを意味している（output5でinput5なら、performanceは1。output5でinputが1に低減できたなら、performanceは5に向上）。同様に、戦略1（ブロイラー生産）も、「材料や時間やコスト」（input）を低減させることによって、効率（performance）を3から9にまで向上させることが可能であることを図は示している（同様に、戦略2～4も、input低減によってperformanceが向上しうることが示されている）。

このように、戦略代替案を比較検討する際には、output（効果）で測るか、performance（効率）で測るか、という二つの視点があるのである。**図1**の例では、効果（output）だけで考えるなら効果値5の戦略5（地鶏生産）が、また、効率（performance）で考えるなら効率値9を達成しうる戦略1（ブロイラー生産）が選択されることになる。ただし、先に見たように、効率的生産をめざしたフォードシステムに代表されるように、現代資本主義の基本精神はperformanceの向上を目指す効率の側にあり、効率的な戦略（上記例では戦略1のブロイラー生産）がとられることが多かった。これがすなわち、ファスト（効率）という考え方である。

生産のファスト、消費のファスト　現代資本主義の中心的思想としてのファスト（効率）とは、上で見たように、output（産出物）はそのままにしてinput（投入資源）の低減をはかるものであり、その例は現代社会の至るところに見ることができる。

まず、生産のファストの例は、先にあげたT型フォードをはじめ、今日ではほぼすべての製造業の生産現場においてみることができる。トヨタの有名な「カイゼン」も、作業方法・環境の「改善」や製品の設計「改善」により、これまでと同等なoutput（産出物）をより少ないinput（投入資源）で生産するというものであり、まさに「生産のファスト」といえる。もちろん、スローフード、スローライフ運動の敵役であるマクドナルド化（Ritzer 1996）の本家のマクドナルドもファストの代表例である。そこではサービスの工業化（Levitt 1976）と呼ばれる効率的な生産システムによって、ハンバーガーという分子のoutputは変わらないまま、そのoutputをより短時間・低コストで生産・提供する（分母の input の低減）という、全体としての perfomance 向上が達成されている。

次に、「消費のファスト」の例としては、高度成長期に普及した電気洗濯機による洗濯があげられる。そこでは分子の output（家族の衣服を洗濯する）は変わらないまま、分母の input（時間）が従来のたらいによる手洗いに比べ大きく削減されたと考えられる。そしてそれによって、output/input として表される performance（効率）は大いに高まったと考えられる。このように、ファスト（効率）の意味は、生産にしろ、消費にしろ、分子の output が決まっている状態で、分母の input（特に時間）を低減させることによって、全体としての performance を上げること、と捉えることができる。(3)

生産のスロー、消費のスロー　上で見たように、input の低減によって performance 向上を目指すのがファストであり、それが現代社会の中核をいまだ占めているのは疑いのない事実である。しかし、近年のスローフードやロハス意識の高まりと呼応するように、少しずつファストのアンチテーゼとしてのスローが社会に出現してきている。このスロー（効果）の意味としては、先の効率と効果の違いで見たように、input（投入資源、特に時間）を考えず、output（産出物）の豊かさを追求すること（いいものをつくる、など）、と捉えることができる。スローフードやスローライフの考え方の根底にあるのも、体にいいもの、自然にいいものをつくり、消費しようという output 重視の考え方と捉えられる。

まず、「生産のスロー」としては、有機野菜や先の地鶏生産があげられる。そこでは、より多くの input（時間・手間・コスト）をかけて、より健康的でおいしい野菜や地鶏（output）の生産が行われている。そこでは、よりよいものを生産しようという output（効果）重視の考え方が貫徹されており、多少のコスト増（input 増）は必要で仕方のないものと捉えられる。

次に、「消費のスロー」には、たとえば家庭での夕食を考えた場合、そこには二つの側面がある。つまり（1）夕食の生産と、（2）夕食の消費である。（1）夕食の生産では、TVディナー（アメリカ人がよくすると言われた、

図２　生産と消費におけるファストとスロー

	生　産	消　費
ファスト（performance 向上）（効率）	フォードシステムやトヨタの「カイゼン」、マクドナルドによるサービスの工業化	電気洗濯機による洗濯 電子レンジによるTVディナー 早弁・早食い
スロー（output 重視）（効果）	有機野菜や地鶏の生産	手洗いによる洗濯 時間をかけた手料理 会話を楽しみながらの会食

ＴＶを見ながらでも簡単に用意できる、電子レンジを用いたインスタント食品）などの手抜き（ファスト）をせずに、材料を吟味し手間をかける（input の材料費や時間をかける）ことによって、おいしく豊かな夕食（output）をつくることが考えられる。一方、（２）夕食の消費では、早弁・早食い（ファスト）をするのではなく、時間をかけて会話を楽しみながら（input をかけながら）食事することによって、楽しく豊かな夕食会食のひととき（output）を得ることが考えられる。これらをまとめると、スローの意味は、output（産出物）を豊かにすること、そしてそのためには、input（投入資源、特に時間）の量を厭わないこと、と捉えられる。

以上の議論をまとめると、図２のようになる。

スローのもう一つの意味

このように output 重視（効果志向）がスローの基本的意味であるが、スローにはもう一つの意味がある。それは、同じ output を生むのに、より多くの input（時間）をかける、ということである。output が同じなのにより多くの input をかけてしまうと、従来の伝統的考え方では、それは（時間の面で）非効率である。しかし、（１）仕事の場合、同じ仕事でもゆっくりやることができれば精神的ゆとりが生まれるであろうし、（２）消費の場合でも、昼休みが長くなってゆっくりランチをとることが出来れば精神的ゆとりが生まれるであろう。このように、output の形態が同じでも、input の時間をより多くかけることにより、「精神的ゆとり」という新たな output が追加されていると考えられる。その意味では、input の時間をかけることにより、output はその精神的ゆとりの分だけ豊かになっていると考えられ、したがって、先に見た第一のスローの意味（output を豊かにする）と軌を一にするものになる。「時間をかけることにより精神的ゆとりが生まれるメカニズム」とは、すなわち、経済に奪われていたファストな時間のリズムを、人間や自然の太古からの悠久のゆったりしたリズムに戻すことによって自然の一部としての人間本来のリズムが回復され（阻害されていた人間性の復権）、それによって精神的豊かさが達成されることだと思われる。

以上をまとめると、スローの二つの意味は、（1）（input を考えずに）output の豊かさを追求すること、（2）（input の時間をかけることにより）output に精神的豊かさを付加すること、と捉えられる。こうして、スローの究極的な意味は、いずれの場合も「output を豊かにすること」とまとめることができる。

二　自己実現と自己超越をめざすスロースタイル消費者

では、このようなスローな価値は、日本の消費市場においていつ頃からどのような背景の下で生まれてきたのであろうか。そしてそれがいかにして今日のスロースタイル消費者の誕生へとつながっていったのであろうか。

そこで以下では、まず戦後から現在にいたる消費社会の変遷の中で、ファストな価値やスローな価値がどのように出現・発展してきたかを検討する。

戦後消費社会の変遷とファスト＆スロー

日本の戦後消費社会の変遷は、①戦後復興期、②高度成長期、③低成長期、の三期に分けて分析することができる。

①戦後復興期（一九四五～五〇年代半ば）　敗戦によって国家・民衆が疲弊した日本にとって、いわゆる戦後復興期はモノのない政情不安の時代であった。人々は、食物を、安全を、働き口を求めていたのであり、マズロー（Maslow 1954）の欲求五段階説でいうなら、第一～第三の、「生理的欲求」「安全の欲求」「所属と愛の欲求」の時代であったと考えられる。

この時期は、企業の生産能力や生産技術が戦争で多大な打撃を受けた中、満足なモノを消費者に行き渡らせる以前に、満足なモノを生産することさえ困難な時代であった。つまり、満足な output をつくることさえ難しい時代であり、決まった output を前提にそれをより少ない input でつくるという、ファストの考え方が適用できる以前の時代であったといえる。

②高度成長期（一九五〇年代後半～七〇年代半ば）　高度成長期に入ると、一九六〇年の池田内閣の所得倍増計画なども受けて、人々は「隣に負けるな」の意識の下、三種の神器（冷蔵庫・洗濯機・白黒テレビ）や3C（車・クーラー・カラーテレビ）を競って買い集め、「いつかはクラウンに」という広告コピーが流行したように、周りから認められたいという、マズローの欲求五段階説に言う第四の欲求、すなわち「尊重の欲求」の時代に入ったと考えられる。

この高度成長期は、生産者においても、消費者においても、まさにファストが確立した時代だった。まず生産者（企業）については、多くの生産財・消費財企業が大量生産体制を確立し、三種の神器や3C、またビールや化粧品を効率的に生産するシステムをつくりあげることによって、決まった大量の規格品（output）を、より低コスト・短時間（input）で生産するというファスト体制を完成させた（この効率性追求のファストの考え方は、基本的に、先に見た二〇世紀初頭のフォードシステムに始まる、資本主義的効率生産体制に求められる）。

一方、消費者においても、二つの面でファストが確立した時代と言える。すなわち、（1）家庭における生産（洗濯、掃除、食事の支度、子育て等々、いわゆる家事労働）、（2）家庭における消費（食べる、音楽を聴く、ゲームで遊ぶ、旅行をする等々）、の両面においてである。まず、（1）消費者の「生産の側面」についてみると、先の電気洗濯機の例にも見られるように、家事労働の output（家族の衣料を洗濯する、家を掃除するなど）は変わらないまま、電気洗濯機や電気掃除機によって、それら家事労働に投入する input（特に時間）は大幅に削減されて performance は向上し、その結果、彼ら消費者の満足は大いに向上したと考えられる。また、(2)消費者の「消費の側面」についても、たとえば、テレビの購買を考えた場合、生産者のメーカーの技術革新・製品製法改善によって、その価格はどんどん下がり、番組などテレビから見る内容(output)は同じでありながら、それを購買するのに必要な金額(input)は下がっていった。こうしてテレビ購買の performance は向上し、消費者の満足は高まることになった。もちろん、より精細な画質の新製品の発売などは継起的に行われていたわけであるが(消費者が得る output の向上をめざした戦略)、基本的には、input の削減というファストの論理が企業戦略の中心であったと考えられる(先に見たトヨタの「カイゼン」はその代表例)。

③低成長期(一九七〇年代後半〜現在) 一九七三年と七八年の二度のオイルショックを経て、一九七〇年代後半から日本は低成長・安定成長の成熟社会に入ったと言われる。高度成長期に人々が目指した欧米並み生活水準は、豊かな社会の到来の中でほぼ達成され、人々のニーズは垂直的な上昇志向から、水平的な差異化志向へと移っていった(博報堂生活総合研究所 一九八五)。すなわち、高度成長期のように人々が「いつかはクラウンに」という上昇志向を共通して持っていた時代から、それぞれが自分なりのニーズ(ワゴンが好きな人もいれば、小さな車が好きな人もいる、など)を主張する時代へと向かっていったのである。マズローの欲求五段階説で言うなら、第五の「**自己実現**(self-actualization)**の欲求**」の時代になったのである。この時期を、さらに以下の三つの時期に分けて検討する。

③—a 一九八〇年代——スローの萌芽 この時期は、豊かな成熟社会の到来の中、また一九八〇年代後半のバブル景気の進展の中、たとえ投入する input(時間や金額)は増えたとしても、より自分のニーズや個性を主張することのできる商品やサービス(output)へと人々の欲求が移り、スローのスタイルが進行していった。まさに自己実現を求める分衆・少衆の時代になったわけであり(藤岡(和) 一九八四、山崎 一九八四、博報堂生活総合研究所 一九八五)、マイスタイルが出現した時代とも言い換えられる。

③―b　**一九九〇年代――ファストへの揺り戻し**　バブル崩壊後の不況の中、消費者の低価格志向が強まり、ダイエーなどGMS（総合スーパー）のPB（プライベートブランド）に始まり、ダイソーなど一〇〇円均一ショップやマクドナルドの半額バーガー、また「一〇〇〇円・一〇分カット」のQBハウス（理容店）などが、デフレの一九九〇年代に大きく注目を集めた。これらはまさに、output（日用品、ハンバーガー、散髪など）はそのままに、そこに投入するinputを低減するものであり（少額・半額にする、時間を節約する、など）、ファストへの揺り戻しが起こったと考えられる。

③―c　**二〇〇〇年代――スローへの再離陸期**　二〇〇〇年代に入り、景気が少しずつ回復する中、outputの豊かさを追求するスローが、再び現れ始めている。一粒何百円もするようなトリュフ型チョコ（ジャン＝ポール・エヴァンなど）や、一グラム当たり二〇〇〇円の純金より高いクリーム（コーセーのコスメデコルテAQ・クリームミリオリティは、一瓶四五グラムで税抜き本体価格九万円）が飛ぶように売れ、また、健康志向の高まりの中、従来製品より高い有機野菜や地鶏、そしてハイブリッドカーのトヨタ・プリウスも販売を伸ばしている。これらは皆、inputの低減よりも、より豊かなoutputの獲得を目指したものであり、不況から立ち直っていく過程に合わせて、消費者の志向もスローへと再離陸していっているのだと考えられる（ただし、ここでの消費者とは、従来の大衆型のそれではなく、一定の所得層のみを指しているので、その背後に存在する「格差社会」といわれるもう一つの時代状況を無視してはならない）。

さらに、近年のスローフードやロハスの流行、またリサイクルや有害物質など環境問題への関心の高まりは、単に自己実現のためだけにoutputの豊かさを求めているのではなく、環境や社会といった、個人を超えた事象をよりよいものにしたいという欲求から生まれていると捉えることができる。すなわち、そこでは、マズローの「自己実現の欲求」を超えて、マズロー自身が後年主張した第六の欲求「**自己超越**（self-transcendence）**の欲求**」の段階に入っている消費者たちが生まれてきていることを示している（Maslow 1962, 1971）。また小此木（一九八一）も、よ

図3　戦後消費社会の変遷とファスト＆スロー

時　期	ファスト vs. スロー
①戦後復興期（1945～50年代半ば）	ファスト以前
②高度成長期（1950年代後半～70年代半ば）	ファストの確立
③低成長期	
1）1980年代	スローの萌芽
2）1990年代	ファストへの揺り戻し
3）2000年代	スローへの再離陸期

り普遍的な人間価値をもつアイデンティティとして、「超越的同一性」をあげている。こうして自己実現欲求から始まった低成長期は、近年、自己超越欲求がそこに加わるという新たな段階に入っていると言える。

以上の歴史的変遷をまとめると、図3のようになる。

現在（二〇〇〇年代）の消費者――スロースタイルの出現

現代消費者の三つの特徴　このように、ファスト以前から始まった戦後日本の消費シーンは、高度成長期のファストの確立を経て、低成長期におけるスローの萌芽、ファストへの揺り戻し、スローへの再離陸期と、次々に変遷してきたと捉えることができる。そして、このような歴史的変遷をたどった現在、二〇〇〇年代の消費者の特徴は次の三点にまとめることができる。

まず第一に、自己実現志向（マイスタイルの主張）があげられる。前項で見たように、一九八〇年前後からの低成長の成熟社会においては、消費者の意識・行動において、自己実現志向が一つの大きな基軸となっている。高度成長期の画一的な上昇志向に代わり、成熟社会においては、「なりたいものになる、できることをしたい」という自己実現欲求が中心となり、それは八〇年代、九〇年代、二〇〇〇年代を通して、景気の好不況にかかわらず、通奏低音のように一貫していると考えられる。すなわち、八〇年前後以降の日本の消費者の基本は、「マイスタイル」なのである。

第二にあげられるのが、第一のマイスタイルから必然的に導かれる、「メリハリ消費」である。マイスタイルとは、人と同じようなことをするのではなく（皆が車にお金をかけ、皆がクラウンを目指す、のではなく）、自分の好きなこと（高関与の分野）にお金と時間（input）を多くかけ、自分の関心が高くない低関与の分野にはあまりお金や時間をかけない、ということである。その結果、マイスタイルの現代は、メリハリ消費（好きなことにはお金をかけ、そうでないものは簡単に済ます）が生まれることになる。たとえば、車好き（車に高関与）な人はローンを組んでもポルシェを買うが、（そのお金を捻出するためにも）低関与のファッション分野は低価格のユニクロ製品で済ます。一方、ファッションに高関与の人はがんばってアルマーニのスーツを買うが、低関与の食事は牛丼で済ます、といったことが現出する（このような関与の高低によるメリハリ消費は、昨今話題の消費の二極化現象の一つの有力な説明と考えられる。もう一つの有力な説明は、先にもあげた新たな階層分化の出現である）（三浦　二〇〇六）。

最後の第三にあげられるのが、健康志向・環境志向（社会志向）の高まりである。この内、前者の健康志向については、マイスタイルの高まりの中で、商品の output の豊かさだけでなく、それら商品の自分の健康への影響を考えるようになったということで、ごく自然に考えることのできる特徴である。その一方で、後者の環境志向（社会志向）は、必ずしもマイスタイルからは演繹的に導き出せるとは言えない特徴である（もちろん、健康志向の高まりが、食材の安全性を考える中からその食材が生産される農地の環境、地球の環境への志向性の高まりへとつながっていった、という道筋は考えられる）。実際に現在の消費者の中にも、環境志向を持った消費者もいれば、環境志向をあまり持たない消費者も存在する（たとえば、USA Roper Starch Worldwide によるアメリカでの調査では、①真の環境志向購買者（green purchaser）は市場の一一％に過ぎないが、②購買行動は活発でなくても環境志向の意識はある消費者まで含めると市場の約半数に達していることが報告されている）（Charter et al. 2002）。このように、今日、環境志向を持つ消費者と持たない消費者が混在する理由を考えると、先にあげたマズローの「自己超越の欲求」の時代がみえてくる。すなわち、成熟社会以降の現在、多くの消費者は五段階目の「自己実現の欲求」は持つに至っているのだが、彼ら消費者の中で、一部の消費者は六段階目の「自己超越の欲求」をも持った、また持ちつつある消費者になってきていると考えられる。「自己実現の欲求」に加え「自己超越の欲求」をも持った新時代の消費者にとって、自己を超えて環境や社会を考えることは普通のこととなりつつあるのである。

環境志向と社会志向は密接につながるものであるが、近年企業経営で注目を集めているCSR（Corporate Social Responsibility, 企業の社会的責任）論議の中でも、消費者の環境志向・社会志向の高まりが指摘されている。CSR経営の基本は、持続可能な発展のためには、経済・環境・社会のトリプルボトムライン（三種の決算・活動報告）を重視することと言われるが（田中 二〇〇五）、特にヨーロッパにおいては、環境問題に加え、社会問題（失業、女性、高齢化、教育など）への消費者・市場の関心が高く、社会価値増進へ向けての企業のCSR活動が活発に行われているようである（藤井 二〇〇五）。それに対し、日本では、社会問題より環境問題への消費者意識が高く、したがって企業のCSR活動も環境分野に傾きがちだが、少子高齢化や女性の社会進出、またニートやフリーターの問題が顕在化してくる中、今後は消費者の社会志向も、環境志向と共に高まってくることが予想される。

スロースタイル（スローライフスタイル）の出現 以上をまとめると、現代（二〇〇〇年代）の新しい消費価値観・ライフスタイルとしてのスロースタイルは、自己実現のマイスタイルに、自己超越の環境志向（社会志向）を加えたものとまとめることができる。

前者のマイスタイル（自己実現）は、自分の関心の高い高関与分野においては、input の低減よりもむしろ output の豊かさを求める、スローな価値を重視するのが特徴である（一方、低関与分野においては、input の低減をめざすファストな価値もあわせもっている。つまり、ファストに加え、スローな価値が新たに加わったのが特徴であり、それが「メリハリ消費」を生み出していると考えられる）。

後者の環境志向（自己超越）は、自分自身（自己）を超えて、社会や人類、地域や環境を大事に、それらの豊かな発展をめざすものである。

こうして、現代の**スロースタイル消費者**は、環境志向の制約の中、マイスタイルを確立した人の場合は「自己編集」（コンピレーション）を行い（たとえば、ファッションを自分流に古着やその他で自己編集する）、まだ確立していない人の場合は「自分探し」を行う（たとえば、旅行分野において、自分を見つめ、自分探しを目的に、自分なりの旅をアレン

図4　自己実現欲求と自己超越欲求による3つの消費者の分類

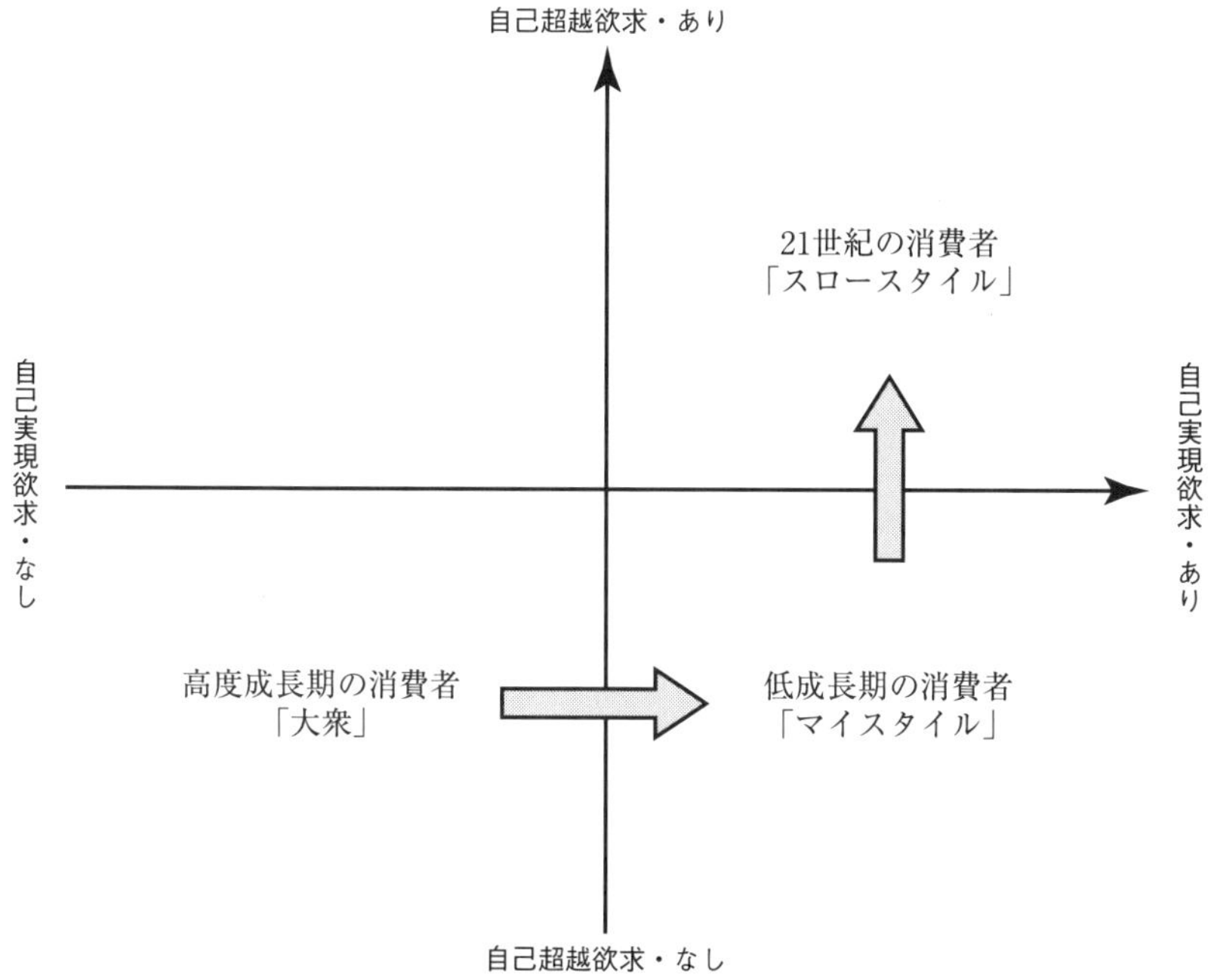

ジして行う）ことになる。

このようなスロースタイル消費者は、まさにカルチュラルクリエイティブスやロハスと呼ばれる今日生まれつつある新時代の消費者と軌を一にするものである。

序章や各章で紹介してきたように、カルチュラルクリエイティブス（生活創造者）とは、社会学者ポール・レイと心理学者シェリー・アンダーソンが、一九八六年から一五年間にわたり全米で延べ一五万人に行った調査に基づいて、その誕生を主張した新しいライフスタイルのことである（Ray and Anderson 2000）。全米の成人の二六〜二八％（五〇〇〇万人以上）を占めるといわれる彼らカルチュラルクリエイティブスは、オーガニック食品、代替医療、ハーブ、ヨガ、太極拳、メディテーション（瞑想）、エコ住宅・製品、ガーデニングなどを求める消費者であり、（1）環境的な懸念、（2）個人の精神的成長、（3）健康への関心、を特徴に持つ（レイ　二〇〇三）。そして、彼らカルチュラルクリエイティブスが、近年日本でも流行のロハスの中核を担っている。カルチュラルクリエイティブスの（したがってロハスの）三つの特徴の内、個人の精神的成長は、スロースタイルの第一の側面（自己実現、マイスタイル）に対応し、環境的な懸念は、第二の側面（自己超越、環境志向）に対応している（健康への関心は、マイスタイルと環境志向の中間と考えられる）。こうして、現代の新しい消費者像としてのスロースタイル消費者は、カルチュラルクリエイティブスやロハスと同根のものと捉えることができる。

以上の論議や歴史的な流れを踏まえてスロースタイル消費者を表すと、前頁の図4のようになる。図にあるように、高度成長期の消費者（大衆）は、マズローの第四の欲求「尊重の欲求」の段階にあり、隣に負けるなの意識の下、三種の神器や3Cを競って買い集めていた。それが低成長期（豊かな成熟社会）の消費者は、第五の欲求**「自己実現の欲求」**をもつようになり、自分にとっての価値や意味を重視するマイスタイルな消費者へと変貌を遂げていった。そして、二一世紀に入り、現代の消費者は、第六の欲求**「自己超越の欲求」**もあわせもつことにより、自己実現＋自己超越の**スロースタイル消費者**へと革新しつつあると考えられるのである。

三　コンテンツと関係性を革新するスロースタイルマーケティング

前節で詳細に論じたように、現在の消費者は、自己実現（マイスタイル）＋自己超越（環境志向）のスロースタイル消費者へと、大きく消費価値観を変化させてきつつあると考えられる。したがって、企業のマーケティング対応も、これら消費者の変化に適合したものに革新せねばならない。以下では、新しく生まれたスロースタイル消費者に対するマーケティングをスロースタイルマーケティングと名づけ、その理論的位置づけを明確にした上で、その体系および実際の企業における展開の方向性を検討する。

スロースタイルマーケティングの位置づけ

スロースタイルマーケティングの位置づけを考える上で、まず従来型マーケティング（ファストマーケティングとでも呼ぶべきもの）の特徴および限界を見ていこう。

まず、従来型マーケティング（ファストマーケティング）の特徴は次の三点にまとめることができる。

（1）企業と消費者の情報非対称性の下（企業の方がはるかに多くの製品情報を持っていたということ）、企業が製品（output）を決定。

（2）決めた製品（output）を効率的（低 input）に生産して消費者に提供。

（3）消費者に売れることが第一で、環境への配慮は二の次。

高度成長期はこうした戦略でも市場にうまく適合して成長できたであろうが、近年の消費者意識の変化（スロースタイルへの変化）の中では次のような限界が出てきている。

（a）情報非対称性が低下する中（消費者が豊かな社会の中で購買経験を積み重ね、さらに、インターネットの製品比較サイトその他から多くの製品情報を持てるようになってきたということ）、企業の決める製品（output）に満足しない高関与な消費者が出現するようになった。

（b）マイスタイルの消費をする消費者にとって、効率的製品（低 input の普及製品など）より、効果的新製品（高 output の高品質製品など）の方に魅力を感じるようになった。

（c）自己超越欲求が生まれる中、製品の良し悪しと共に、その環境・健康への影響を重視するようになった。

こうして、従来型のファストマーケティングに代わる新たなマーケティング、すなわち、スロースタイルマーケティングの登場が必要になった。言い換えれば、現代マーケティングの重心を従来型ファストマーケティングから、スロースタイルマーケティングへと革新していかなければならない時代になったのである。

では次に、このスロースタイルマーケティングの特徴について見てみよう。

スロースタイルマーケティングとは、スロースタイル（マイスタイル＋環境志向）な消費者に適合するマーケティングであり、製品の環境への影響に配慮しつつ、スロースタイル消費者のマイスタイル確立・維持をサポートするマーケティングである。すなわち、このスタイルは、企業が決めた完成品を提供していたマーケティング（ファストマーケティング）から、消費者と共に彼らのマイスタイルに合った製品をつくり上げるマーケティングへの革新と言えるものである。

この革新の方向性は、次の二つの側面について行われる。すなわち、（1）提供物（コンテンツ）の革新と、（2）提供方法（関係性）の革新である。

まず（1）の「提供物（コンテンツ）の革新」は、製品（output）の豊かさ向上を希求するマイスタイルな消費者を満足させるために、製品の機能的価値に加え、その情緒的価値をプラスしていくものである。すなわちそれは、製品の品質・機能に、製品のライフスタイルやストーリー、あるいは経験価値や環境志向のイメージを加えていくことであり、シュミット（Schmitt 1999）の経験価値マーケティング（Experiential Marketing）に通じるものである。単なるコンテンツとしての機能的価値から、当該製品が使われるシーンやライフスタイルといったコンテクストを提供する革新と言い換えることもできる。

次に、（2）の「提供方法（関係性）の革新」は、従来型ファストマーケティングの限界から生まれてくるものである。すなわち、従来型マーケティングでは、提供物（output）をすべて企業単独で決定し、企業にとって効率的なマス媒体（テレビ・新聞など）で広告し、マス流通チャネル（量販店など）で販売を行っていた。しかしそういった企業単独スタイルが、現在のマイスタイルで環境志向の消費者には適合しなくなって来ており、彼ら高関与で高知識な消費者と意見の交換をしながら、共につくり上げるマーケティングへと変容しつつある。提供物（output）の開発過程から最後の提供方法に至るまで、消費者と相互交流を行うことが必要になっているのである。これは、

図５　提供物（コンテンツ）と提供方法（関係性）による４つのマーケティングの分類

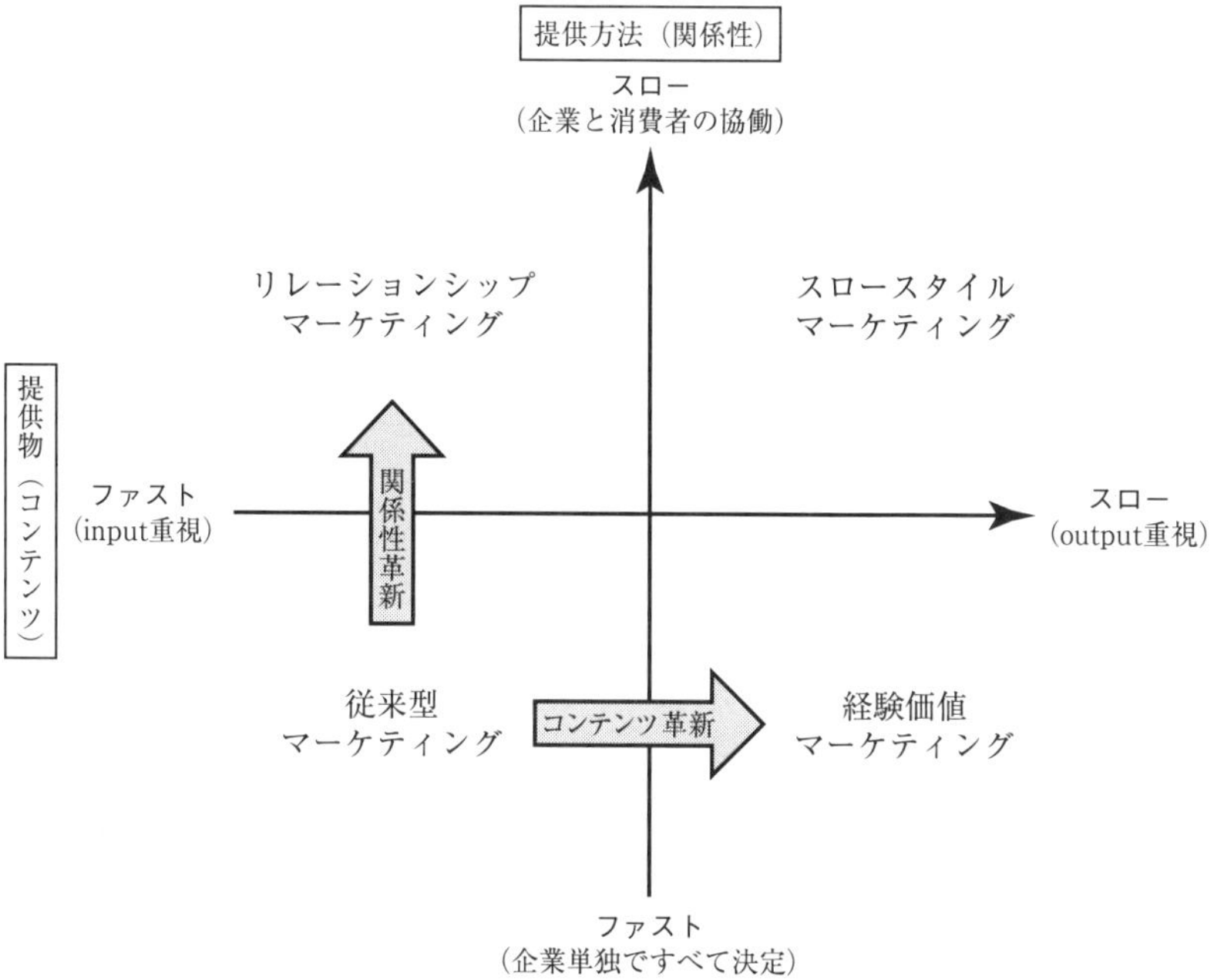

企業と消費者の関係性の革新とでも言うべきものであり（企業単独決定から、企業と消費者の協働へ）、近年研究が進みつつあるリレーションシップマーケティング（Relationship Marketing）に通じるものである。

　このように、スロースタイルマーケティングは、従来型マーケティングを、提供物（コンテンツ）と提供方法（関係性）という二つの軸で革新するものと捉えることができる。

　以上の議論をまとめると、図５のようになる。図に示されるように、スロースタイルマーケティングは、従来型ファストマーケティングを乗り越えるものとして提案されている。経験価値マーケティングとリレーションシップマーケティングを止揚・統合するものと考えることができる。そこで、次に、これら二つのマーケティングの意味について検討してみる。

経験価値マーケティング　図５にあるように、経験価値マーケティングは、横軸（提供物＝

コンテンツ）の革新による、従来型ファストマーケティングの乗り越えと捉えることができる。すなわち、従来型マーケティングにおいては、提供物がファスト（input 低減による効率的製品の提供）であったのに対し、その問題点を克服する形で、経験価値マーケティングでは、提供物がスローなものへと革新されているのである（経験価値やライフスタイルといった output の豊かさを提供）。

シュミット（Schmitt 1999）は、従来型マーケティングの問題点として、

（1）機能的特性・便益の偏重
（2）競争を製品カテゴリー内競争に限定
（3）消費者を理性的意思決定者と捉える
（4）方法論・手段が分析的・計量的・言語的

の四つをあげた上で、それら諸特徴をもつ従来型マーケティングをF＆Bマーケティング（features and benefits marketing, 製品の機能的特性・便益を過度に偏重するマーケティング）と断じ、機能的特性や便益・品質などを当然のものとみなしている現代の消費者に対しては、経験価値マーケティングによるその乗り越えが必要であると主張している。

シュミットの経験価値マーケティングの四つの特徴としては、

（a）（その名の通り）消費者の経験価値の重視
（b）（購買時点より）消費状況の重視
（c）消費者を理性的かつ情緒的な存在と捉える
（d）方法論・手段は多様（分析的・計量的なものと直観的・定性的なもの双方を含む）

図6　シュミットの経験価値マーケティング

SEM ＼ ExPro	コミュニケーション	アイデンティティ	製品	コブランディング	環境	ウェブサイト	人間
SENSE							
FEEL			経験価値マーケティングの				
THINK				戦略的プランニング			
ACT							
RELATE							

出所：Schmitt（1999）邦訳103頁。

があげられる。このような考え方に基づき、シュミットは、消費者の経験価値をSENSE（五感）、FEEL（喜怒哀楽）、THINK（考える）、ACT（行動する）、RELATE（他人と交流する）という五つのSEM（Strategic Experiential Modules, 消費者経験領域）に分け、それらに対し、コミュニケーション、アイデンティティ、製品、コブランディング（共同ブランディング）、環境、ウェブサイト、人間、という七つのExPro（Experience Provider, 経験マーケティング手段）を用いることによって、標的消費者にF&Bを超えるExperience（経験・体験）を与えるという経験価値マーケティングを提唱したのである（図6）。

このようにシュミットの経験価値マーケティングにおいては、企業からの提供物が従来型マーケティングが措定した機能や便益から、五つの経験価値に広げられているわけであり、まさに提供物の革新（**コンテンツ革新**）と言うことができる（このような理性的・定量的な機能的価値から、情緒的・定性的な経験的価値へのコンテンツ革新を主張するものとしては、たとえば、以下の文献を参照。Pine II and Gilmore 1999, Lindstrom 2005)。

シュミットの提供物（コンテンツ）革新の意味は、このように、定量的な機能的価値から定性的な情緒的価値への革新と言うことができるが、先に少し触れたように、別の側面から捉えなおすと、それは、コンテンツからコンテクストへの革新と言うこともできる。たとえば、シュミットがFEELの例にあげるパテック・フィリップ社の高級腕時計のケースを考えると、そこでは、時計は長く正確な時を刻み続ける製品（コンテンツ）として提供されるのではなく、その耐久性ゆえに親子何代にもわたって使い続けられるものとして母娘の愛情や、祖母の懐かしい思い出などの情緒的価値をも包み込んだストーリー（コンテクスト）として提供されている。経験価値マーケティングの示唆するところは、企業が消費者に提供するものは単なる機能的単品としてのコンテンツでなく、意味やストーリー、また夢やロマンをも内包したコンテクストであると言い換えることができる。(4)

リレーションシップマーケティング　図5の縦軸で示した革新に当たるのが、提供方法（関係性）の革新としての、リレーションシップマーケティングである。すなわち、企業単独ですべてを決めていた従来型ファストマーケティングから、企業・消費者の関係性を重視し、両者の協働で開発や提供方法をつくり上げていこうというのである（その際には、企業は多くの情報もオープンに開示していくことが、信頼性のある関係性づくりのためには不可欠である）。

一九八〇年代に生産財マーケティング分野とサービスマーケティング分野で研究が始まり、九〇年代に発展したと言われるこのリレーションシップマーケティングは、ペイン（Payne 1996）によると、（a）アングロ・オーストラリアン学派（Anglo-Australian approach）、（b）北欧学派（Nordic approach）、（c）北米学派（North American approach）という、大きくは三つの学派に分けることができると言う。(5) ただ、いずれにしろその研究の核心は、顧客との関係を、一回ごとの取引（transaction）ベースから、より長期的な関係性（relationship）ベースに革新していくことだと考えられ、その結果、リレーションシップマーケティングにおいては、新規顧客の獲得は単なる第一歩に過ぎず、それら顧客の維持こそが最重要のテーマとなってくると言われる（Payne 1996）。

このようにリレーションシップマーケティングは、従来型マーケティングと大きく異なるものであるが、上記三つの学派では、特に北欧学派が従来型マーケティングへの批判を展開している（東　二〇〇四）。たとえば、ハッカソン（Håkansson 1987）は、従来型マーケティングが単発的・離散的な交換だけを扱っているため、長期的な取引関係を扱えないと批判し、また、グレンルース（Grönroos 1994）は、従来型マーケティングが単発的・離散的交換に焦点を当てているため、匿名のマスとの単発的取引のみを対象とすることになっていると批判している（ただ東（二〇〇四）は、当該論稿において、それら批判の問題点も指摘している）。そしてこのような問題点を克服するものとして、リレーションシップマーケティングが提唱されてきているのである。

このリレーションシップマーケティングの基本要件について、嶋口（二〇〇一）は先行研究のレビューに基づき、

（1）「場」の設定
（2）信頼とコミットメント
（3）関与者間の高いコンテクスト共有性
（4）会話と対話
（5）調整と妥協
（6）誠実と献身
（7）社会性と革新

の七つをあげている。また、藤岡（章）（二〇〇一）は、北欧学派の諸研究を参照しながら、従来型マーケティングとの対比の形でリレーションシップマーケティングの特徴を図7（次頁）のようにまとめている。

図から明らかなように、リレーションシップマーケティングにおいては、顧客への価値の提供方法などの関係性が、従来型マーケティングの間接的で非相互作用的なものから、直接的で相互作用的なものへと革新されており、

図7　従来型マーケティングとリレーションシップマーケティングの対比

名称	従来型マーケティング 取引マーケティング （transactional　marketing）	リレーションシップマーケティング リレーションシップマーケティング （relationship marketing）
目的	交換の実現（取引の成立）	関係の実現・維持
主要マーケティング活動	4P*の操作と経営資源の最適配分	関係のマネジメント
価値の創造	企業	企業と顧客
品質決定要因	技術力	顧客との関係の質
顧客の役割	消費者・購買者	協力者・協働者
関係	間接的（非相互作用的）	直接的（相互作用的）
想定する財	消費財（特に包装消費財）	消費財・生産財・サービス
対象	最終消費者	最終消費者・企業
マーケティング遂行部門	マーケティング部門・営業部門	すべての部門
分析単位	企業と顧客の二者間関係	さまざまな二者間関係、ネットワーク
時間軸	短期的	長期的（継続的）

注：＊印の4Pとは、product、price、promotion、placeのこと。本書281,283頁参照。
出所：藤岡（章）（2001）p.147を若干修正。Grönroos（1987），Gummesson（1987）も参照。

その結果、顧客の位置づけも単なる受動的な消費者・購買者から、能動的な協力者・協働者と捉えられるようになっている。まさに、リレーションシップマーケティングは、提供方法の革新（**関係性革新**）によって、従来型マーケティングを乗り越えようとしたものと考えられるのである。

以上、経験価値マーケティングとリレーションシップマーケティングという、従来型マーケティングを乗り越える二つの研究を通して、その従来型からの革新の方向性が、それぞれ**図5**で言う、提供物（コンテンツ）革新と、提供方法（関係性）革新であることを理解した。それに対して、本章で主張するスロースタイルマーケティングは、**コンテンツ革新**と**関係性革新**を同時に達成することによって、それら二つのマーケティングを統合していくような、さらに一歩進めたマーケティングとして位置づけることができる。

実際、経験価値マーケティングは、提供物（コンテンツ）の革新を積極的に主張するものではあるが、企業・消費者間の関係性の革新については多くを語っていない（たとえば、**図6**の経験価値マーケティングの全体像においても、企業・消費者間の長期的関係性については明示的に触れられていない）。また、リレーションシップマーケティングの方は、企業・消費者間の関係性の革新を謳ってはいるものの、提供物（製品・サービス）の革新については特段の新機軸を示しているとは言えない（図7にもみられるように、リレーションシップマーケティングは必ずしも最終消費者対象のマーケティングだけを取り扱うものではないため、現在の消費者が欲している経験価値などについては特に言及がない）。

しかし、両者、すなわち、提供物（コンテンツ）の革新と、提供方法（関係性）の革新は、現在の**スロースタイル消費者**に対応していくためには密接に結びついた必要不可欠な戦略なのであり、その意味では、両者をあわせもつマーケティングの創造が必要である。そして、それこそがここで主張するスロースタイルマーケティングなのである。スロースタイルマーケティングは、経験価値マーケティングの**コンテンツ革新**と、リレーションシップマーケティングの**関係性革新**をあわせもつ、新時代のマーケティング戦略として位置づけることができる。

スロースタイルマーケティングの体系と実際例

このように、マイスタイル（自己実現）＋環境志向（自己超越）のスロースタイル消費者に対応する新時代のマーケティングとして、経験価値マーケティング（コンテンツ革新）＋リレーションシップマーケティング（関係性革新）のスロースタイルマーケティングが提示されたわけであるが、以下では、その体系および実際の展開例について検討する。

マーケティングプロセスは、一般に、ＳＴＰ（市場細分化戦略 segmentation, 標的市場の確定戦略 targeting, ポジショニング戦略 positioning の三戦略）＋４Ｐ（製品戦略 product, 価格戦略 price, プロモーション戦略 promotion, 流通チャンネル戦略 place の四戦略）と考えられるが（Kotler 1991）、スロースタイルマーケティングは、ＳＴＰと４Ｐという両プロセスにおいて、従来型マーケティングを大きく変革するものである。

ＳＴＰの革新　ＳＴＰは、（１）Ｓ＋Ｔによる市場標的（ターゲット）の確定と、（２）Ｐによる（競合他社と比較しての）自社製品・サービスのコンセプト明確化、に分けられるが、実は、ともに市場分析に関わるものである。なぜなら、前者のS（市場細分化）とT（標的市場の確定）は、文字通り、市場分析によるものであるが、後者のP（ポジショニング）も、その基礎は、市場・消費者が他社品との関係性の中で自社品をどのように知覚しているかに基づくものであって、したがって、市場分析なくして、自社品のポジショニングもコンセプト明確化もないからである。

このように、STPの核心は市場分析にあることが理解されたわけであるが、この市場分析局面において、スロースタイルマーケティングは従来型マーケティングを大きく乗り越えるものである。なぜなら、スロースタイルマーケティングでは、消費者・市場との関係性が大きく革新されるからである。従来型マーケティングが、マーケティング戦略策定の度にSTPのステップを踏んで標的市場を確定していたのに対し、スロースタイルマーケティングでは、自社の理念、ミッション（使命）、ドメイン（事業領域）に共感しうる消費者との長期的な関係づくりによって、市場分析の形も大きく変えていくわけである。

実際の展開例としては、世界六五万人のパソコン愛好者にWindows 2000のβ版（試験版）を配布して彼らの知識やノウハウを製品改良に生かしたマイクロソフト（Prahalad and Ramaswamy 2000）や、流行の半歩先を行くオピニオン層を囲い込んで彼らの知識やセンスを商品開発や品揃えに生かすセレクトショップのビームス（川島 二〇〇四）などの取り組みがあげられる。これらの例においては、世界六五万人のパソコン好きや、流行の半歩先を行くオピニオン層は、単なるターゲットの域を超えている。彼らは、もちろんターゲットに含まれるわけであるが、対象としてのターゲットを超えて、マイクロソフトやビームスと共に、それら会社の製品・サービスのポジショニングやコンセプトまで協働してつくり上げる存在にまでなっているのである。まさに関係性の革新により、STPのステップ自体が変革を迫られているわけであり、スロースタイルマーケティングを展開しようとする企業としては、このような消費者グループを組織化し、彼らと長期的な信頼関係をつくっていくことは喫緊の課題となっている。

関係づくりをすべき消費者グループには、多様なタイプが考えられる。しかし、まずもって考えるべきは、上にあげたような高関与・高知識の消費者層（スロースタイル消費者も含まれる）との関係づくりである。プラハラードとラマスワミ（Prahalad and Ramaswamy 2000）は、カスタマー・コンピタンス（customer competence, 顧客の力に基づく企業の競争力）という概念を提案しているが、このような高関与・高知識の消費者に自らの製品・サービスのポジショニングやコンセプトづくりに参加してもらうことによって、彼ら顧客の知識やセンスといったものが、企業のコンピタンス（競争力）に昇華していくのである。(6)

4Pの革新　4P戦略（製品戦略、価格戦略、プロモーション戦略、流通チャンネル戦略）の中では、特に製品戦略の革新が考えられる。革新の方向性は、（1）製品自体の革新、（2）製品開発過程の革新、という二つの側面がある。

まず（1）の「製品自体の革新」については、経験価値マーケティングが主張する、定量的な機能的価値中心の製品から定性的で情緒的価値をあわせもつ製品への革新があげられる。すなわち、現代のスロースタイル消費者に対しては、単に製品の品質や機能だけではなく、それらを超えた夢やストーリーを提供していかねばならない。ただ、環境志向などの自己超越的価値も重視するこれからのスロースタイル消費者に対しては、自分自身の経験に関わる五つのSEM（SENSE, FEEL, THINK, ACT, RELATE）だけでなく、それらを超えた社会、世界、人類に関わる情緒的価値（社会的価値とでも呼ぶべきもの）も製品に付加していく必要があるだろう。

次に、（2）の「製品開発過程の革新」については、リレーションシップマーケティングの主張する、企業と顧客の価値の共創（図7の「価値の創造」の段）という視点が重要となる。すなわち、現代のスロースタイル消費者は、企業が単独で作った押し着せの製品・サービスにはもはや満足しない。自分なりのマイスタイルな主張や好みを企業にぶつけ、企業と協働して、自らが欲するものを一緒に創り上げていきたいと望んでいるのである。

こうした流れの一つとしては、消費者参加型製品開発と言われるものがある。たとえば、コンピュータ・グラフィックスのエレファントデザイン社が運営するサイト「空想生活」では、デザイナーや消費者が家電や日用雑貨のデザインを投稿する。そしてネット上で人気投票を行い、勝ち残った開発製品案はユーザーから購入の仮予約を取り、購入希望者が一定数に達すればメーカーに発注が出されるという。また、ウェブコンテンツなどを開発するエンジン社のサイト「tanomi.com（たのみこむ）」では、「こんな商品が欲しい」という消費者の声に賛同者が相次ぐと、スタッフが企業に商品化を頼み込むコーナーがあるという。そのコーナーの盛況ぶりから、いまでは、「たのむ！　パイオニア」などといった企業別のコーナーも開設されている（三浦　二〇〇二）。

このようにスロースタイルマーケティングは、４Ｐの内、特に製品戦略の革新を迫るものであり、それが主導する形で他の三戦略も革新していくものと考えられる。(7)

おわりに――三つの論理

以上、終章では、近年の消費市場の大きな変化を読み解く中から、その核心を、スロースタイル消費者の出現と位置づけ、彼らの特性を分析する中から、新時代のマーケティングとしてのスロースタイルマーケティングの方向性を考察した。

これらスロースタイル消費者や、スロースタイルマーケティングの根本原理の一つであるスローという価値は、経済至上主義の近代社会へのアンチテーゼの中から生まれてきたものである。それは人間性の回帰や自然のリズムというキーワードでも表されるものであるが、そのように考えるとき、社会には三つの論理があると考えることができる。すなわち、経済の論理、文化の論理、自然の論理、である。

ここで、経済の論理と文化の論理は、人間がつくったものである。一方、自然の論理だけは、人間がつくったものではなく、人間が誕生する以前の悠久の昔から自然に息づいている論理である。input や output という言葉で定式化するなら、経済の論理は、（特に input 削減による）performance の向上を目的とするものであり、文化の論理は、output の向上を目指すものである（いくら時間やコストがかかっても、いい絵画・いい音楽などをつくる）。そして、自然の論理は、input と output のバランスの維持を行っているものである（input の低減も output の向上も求めない）。

このようにメカニズムの異なる三つの論理の中で、私たちは生活をし、企業はマーケティング活動を行っているのである。それでは、私たちは、そして企業はこれら三つの論理を前にどのように対処していけばいいのだろうか。おそらく一つの解答は、自然の論理に配慮しつつ、経済の論理による効率化（input 低減による performance 向上）と、文化の論理による効果（output の豊潤化）をバランスよく目指していくことだと考えられる。高度成長期以来の経済の論理に偏ったバランスを、文化の論理、自然の論理の方向へ意識的にシフトさせていくことが、現在求められている。これらの三つの論理をバランスよく組み合わせていくことによって、より人間的な消費生活としてのスロースタイルが、また、より人間的な企業活動としてのスロースタイルマーケティングが実現されていくのだと考える。

注

（1）「スロースタイル消費者」および「スロースタイルマーケティング」という用語は、本書の編者の一人である原田が提出したもの。

（2）現代資本主義社会のもつ、この「効率」概念の基礎には、ウェーバー（Max Weber）の言う近代化（合理化）の考え方がある（那須　一九九七）。

（3）performance（効率）の向上には、①本文で見た、output をそのままに input を低減させることとともに、②input をそのままに output を量的拡大すること（同一の労働投下量でより多くのハンバーガーを生産すること）も考えられるが、両者はアプローチの仕方は違うが、内容的にはコインの裏表の関係にある同一のものと捉えることができる。

（4）このコンテンツからコンテクストへの革新について、井関（一九七五）はすでに一九七〇年代において、単品の提案から、さまざまな商品の組み合わせによるライフスタイルの提案への革新という形で主張している。また、塩田（二〇〇五）は、モノのマーケティングからコトのマーケティングへの革新という形で表している。

（5）原語ではそこにあるように、「approach」という言葉が使われているが、それぞれリレーションシップマーケティング研究分野において、他と区別しうる研究グループを形成していると考えられるので、ここでは、「学派」という用語を用いた。一方、藤岡（章）（二〇〇一）は、このペインの三分類に、ペパーズ（D. Peppers）らのワン・トゥ・ワン・グループ（One to One group）を加えて、リレーションシップマーケティング研究を四分類にしている。

（6） このカスタマー・コンピタンスという概念の基となったのは、言うまでもなく、プラハラードがハメルと共に提案したコア・コンピタンス（core competence, 企業の中核的競争力）である。

（7） 他の三戦略の革新の方向性としては、たとえば、以下のものが考えられる。価格戦略に関しては、input 重視から output 重視へというコンテンツ革新の下、低価格戦略の有効性が失われると考えられる。プロモーション戦略に関しては、関係性革新の下、インターネットなど双方向のメディアの重要性が高まると考えられる。流通チャネル戦略に関しては、これも関係性革新の下、より長期的なチャネル（宅配やインターネットなど）の重要性が高まってくると考えられる。

参考文献

Charter, M., Ken Peattie, Jacqueline Ottman and M. J. Polonsky（2002）,“ Marketing and Sustainability,” Centre for Business Relationships, Accountability, Sustainability and Society（BRASS）.

Grönroos, Christian（1987）,“ Defining Marketing : A Market–Oriented Approach,” *European Journal of Marketing*, vol.23, no.1, pp.52–60.

Grönroos, Christian（1994）,“ From Marketing Mix to Relationship Marketing : Towards a Paradigm Shift in Marketing,” *Management Decision*, vol. 32, no. 2 , pp. 4–20.

Gummesson, Evert（1987）,“ The New Marketing –Developing Long–term Interactive Relationship,” *Long Range Planning*, vol. 20, no.4, pp.10–20.

Håkansson, Håkan（ed.）（1987）, *Industrial Technological Development : A Network Approach*, London : Croom Helen.

Hetzel, Patrick（2004）, *Le Marketing Relationnel*, Presses Universitaires de France.

Kotler, Philip（1991）, *Marketing Management*（7th ed.）, Prentice–Hall.（村田昭治監修（一九九六）『マーケティング・マネジメント［第7版］』プレジデント社）。

Levitt, Theodore（1976）,“ The Industrialization of Service,” *Harvard Business Review*, September–October.

Lindstrom, Martin（2005）, *Brand Sense*, The Free Press.（ルディー和子訳（二〇〇五）『五感刺激のブランド戦略』ダイヤモン

ド社)。

Maslow, Abraham H.(1954), *Motivation and Personality*, Harper & Row.(小口忠彦監訳（一九七一）『人間性の心理学』産業能率大学出版部)。

Maslow, Abraham H.(1962), *Toward a Psychology of Being*, Van Nostrand.(上田吉一訳（一九六四）『完全なる人間』誠信書房)。

Maslow, Abraham H.(1971), *The Farther Reaches of Human Nature*, Viking Press.(上田吉一訳（一九七三）『人間性の最高価値』誠信書房)。

Payne, Adrian（1996）, "Relationship Marketing," in Malcolm Warner（ed.）, *International Encyclopedia of Business and Management*, Routledge, pp.4292–4299.

Petrini, Carlo（2002）, *Slow Food le ragioni del gusto*, Gius, Laterza & Figli Spa.(中村浩子訳（二〇〇二）『スローフード・バイブル』日本放送出版協会)。

Pine II, B. Joseph and James H. Gilmore（1999）, *The Experience Economy*, Harvard Business School Press.(岡本慶一・小高尚子訳（二〇〇五）『[新訳] 経験経済』ダイヤモンド社)。

Prahalad, C. K. and Venkatram Ramaswamy（2000）, "Co-opting Customer Competence," *Harvard Business Review*, January–February, pp.79–87.(中島由利訳（二〇〇〇）「カスタマー・コンピタンス経営」『DIAMOND ハーバード・ビジネス・レビュー』一一月号、ダイヤモンド社)。

Prahalad, C. K. and Gary Hamel（1990）, "The Core Competence of the Corporation," *Harvard Business Review*, May–June, pp.79–91.

Ray, Paul and S. Anderson（2000）, *The Cultural Creatives*, Three Rivers Press.

Ritzer, George（1996）, *The McDonaldization of Society*, Pine Forge Press.(正岡寛司監訳（一九九九）『マクドナルド化する社会』早稲田大学出版部)。

Schmitt, B. H.(1999), *Experiential Marketing*, The Free Press.(嶋村和恵・広瀬盛一訳（二〇〇〇）『経験価値マーケティング』ダイヤモンド社)。

井関利明（一九七五）「「生活者」志向経営とライフスタイル研究」村田昭治・吉田正昭・井関利明編『ライフスタイル発想法』ダイヤモンド社。

小此木啓吾（一九八一）「アイデンティティ」『新版　心理学辞典』平凡社。

加護野忠男・井上達彦（二〇〇四）『事業システム戦略』有斐閣。

川島蓉子（二〇〇四）『ビームス戦略』ＰＨＰ研究所。

塩田俊朗（二〇〇五）「「去年と比べてナンボの世界」の限界」『ノーブレス』一〇月号、ノーブレス。

嶋口充輝（二〇〇一）「関係性マーケティングの現状と課題」池尾恭一編『マーケティング・レビュー』同文舘。

田中宏司（二〇〇五）『ＣＳＲの基礎知識』日本規格協会。

谷口明丈（一九九八）「環境・戦略・組織――フォードとＧＭ」東北大学経営学グループ『ケースに学ぶ経営学』有斐閣。

中登史紀（一九九〇）「辰巳ダムの費用対効果」(http : // www. nakaco. com/ beversee. htm)。

那須壽（一九九七）「ウェーバーと理解社会学」那須壽編『クロニクル社会学』有斐閣。

博報堂生活総合研究所編（一九八五）『「分衆」の誕生』日本経済新聞社。

藤井敏彦（二〇〇五）『ヨーロッパのＣＳＲと日本のＣＳＲ』日科技連出版社。

東利一（二〇〇四）「交換と関係的交換の比較考察に基づく関係性マーケティング研究」『流通科学大学論集　流通・経営編』一七巻二号、流通科学大学学術研究会、七一～八四頁。

藤岡章子（二〇〇一）「北欧におけるリレーションシップ・マーケティング研究の展開とその背景――北欧学派を中心に」京都大学マーケティング研究会編『マス・マーケティングの発展・革新』同文舘。

藤岡和賀夫（一九八四）『さよなら大衆』ＰＨＰ研究所。

真柴隆宏（二〇〇四）『スローライフな未来が見える』インターシフト。

三浦俊彦（二〇〇二）「ビフォア・マーケティングの戦略原理」原田保・三浦俊彦編『ｅマーケティングの戦略原理』有斐閣。

三浦俊彦（二〇〇六）「スロースタイル・マーケティング――消費者の変化とクレジットカード会社の戦略対応」『クレジット研究』(no. 36) 日本クレジット産業協会クレジット研究所。

山崎正和（一九八四）『柔らかい個人主義の誕生』中央公論社。

吉開俊也（二〇〇五）「スローフードからロハスへ――月刊ソトコトの歩み」スローライフ研究会二〇〇五年四月二七日研究

会発表資料。

レイ、ポール（二〇〇三）「カルチュラル・クリエイティブス（前編）」『THE BRIDGE』vol. 21（http://www.e-squareinc.com/pub_pdf/bridge021.pdf）。

執筆者紹介（執筆順）

辻朋子（つじ・ともこ）　中小企業診断士。専門：社会哲学、都市経営論。主要著書：『小さな会社の事業計画作成の手順』（大和出版、2000）、『中小企業診断士になろう』（インデックスコミュニケーションズ、2001）、『サービスコミュニティのデザイン』（白桃書房、2005）、『サービスはこころでする』（同友館、2006）、『新　中小企業診断士になろう』（インデックスコミュニケーションズ、2006）。

青山忠靖（あおやま・ただやす）　1956年生まれ。LEC 東京リーガルマインド大学総合キャリア学部総合キャリア学科兼任講師（メディア社会論）。専門：パブリック・リレーション論、メディア史、メディアと社会の相互関係の研究。広告代理店勤務を経て1995年に独立後、CI、IR、PR、広告、映像制作等のメディアコーディネーター及び雑誌コラムニストとして活動する。

藤江昌嗣（ふじえ・まさつぐ）　1954年生まれ。明治大学経営学部教授。博士（経済学）。専門：経営統計学、移転価格論、パフォーマンス・メジャメント論。主要著書：『移転価格税制と地方税還付』（中央経済社、1993）、『日本経済の分析と統計』（共編著、北大学図書刊行会、2002）、『ニューヨークだけがアメリカではない』（梓出版社、2003）、『テクノ・グローカリゼーション』（共編著、梓出版社、2005）、『ビジネス・エコノミクス』（梓出版社、2006）、『地域再生と戦略的協働』（共編著、ぎょうせい、2006）。

熊倉広志（くまくら・ひろし）　1961年生まれ。専修大学商学部助教授。博士（学術）。専門：マーケティング論。主要論文・著書：「到達回数分布に依拠したメディア・プランの効率性」『日経広告研究所報』（218号、2004、51—62）、「20／80の法則の形成メカニズムに注目したパッケージ財市場の分析」『流通研究』（5巻1号、2002、47—59）、『ブランド経営』（共著、同友館、2000）。

江戸克栄（えど・かつえ）　1968年生まれ。文化女子大学服装学部助教授。専門：マーケティング論、消費者行動論、マーケティングリサーチ。1994年より、株式会社サーベイリサーチセンター顧問を務め、多くの分野で、顧客満足調査を中心にマーケティングリサーチを監修。

岩瀧敏昭（いわたき・としあき）　1954年生まれ。（社）日本クレジット産業協会研究所事務長。明治大学経営学部非常勤講師。専門：金融、消費者信用。主要著書：『判例リースクレジット取引法』（共著、金融財政事情研究会、1985）、『クレジット取引実務全書』（共著、第一法規、1995）、『e マーケティングの戦略原理』（共著、有斐閣、2002）。

中西晶（なかにし・あき）　1960年生まれ。明治大学経営学部助教授。博士（学術）。専門：経営心理学、ナレッジ・マネジメント等。主要著書：『知識社会構築と人材革新：主体形成』（共著、日科技連出版社、2000）、『知識社会構築と理念革新：価値創造』（共編著、日科技連出版社、2001）、『マネジメントの心理学』（日科技連出版社、2006）、『高信頼性組織の条件』（生産性出版、2007）。

編者紹介

原田　保（はらだ・たもつ）　1947年生まれ。多摩大学ルネッサンスセンター教授。専門：戦略研究、文化研究。主要著書：『デジタル流通戦略』（同友館、1997）、『戦略的パーソナル・マーケティング』（白桃書房、1999）、『パワー・イノベーション』（共著、新評論、1999）、『知の異端と正統』（編著、新評論、2001）、『場と関係の経営学』（白桃書房、2001）、『eマーケティングの戦略原理』（共編著、有斐閣、2002）、『ソシオビジネス革命』（同友館、2003）、『組織能力革命』（編著、同友館、2004）、『コンテクストイノベーション』（編著、白桃書房、2005）、『無形資産価値経営』（共著、生産性出版、2006）。

三浦俊彦（みうら・としひこ）　1958年生まれ。中央大学商学部教授。専門：ブランド・マーケティング、グローバル・マーケティング、eマーケティング、消費者行動論。主要著訳書：『マーケティング戦略［第3版］』（共著、有斐閣、2006）、『eマーケティングの戦略原理』（共編著、有斐閣、2002）、『Case Studies of International Marketing and International Business』（共著、Chuo University Press、2000）、J. J. ランバン『戦略的マーケティング』（共訳、嵯峨野書院、1990）。

スロースタイル――生活デザインとポストマスマーケティング　（検印廃止）

2007年2月28日　初版第1刷発行

編　者　原田　保
　　　　三浦俊彦

発行者　武市一幸

発行所　株式会社　新評論

〒169-0051　東京都新宿区西早稲田3-16-28
http://www.shinhyoron.co.jp

TEL 03（3202）7391
FAX 03（3202）5832
振替 00160-1-113487

定価はカバーに表示してあります
落丁・乱丁本はお取り替えします

装幀　山田英春
印刷　新栄堂
製本　河上製本

Printed in Japan
ISBN978-4-7948-0722-9

W.ザックス／川村久美子・村井章子訳
地球文明の未来学
A5 324頁
3360円
ISBN4-7948-0588-8 〔03〕
【脱開発へのシナリオと私たちの実践】効率から充足へ。開発神話に基づくハイテク環境保全を鋭く批判！先進国の消費活動自体を問い直す社会的想像力へ向けた文明変革の論理。

H.ヘンダーソン／尾形敬次訳
地球市民の条件
A5 312頁
3150円
ISBN4-7948-0384-2 〔99〕
【人類再生のためのパラダイム】誰もが勝利する世界（WIN－WIN WORLD）とはどのような世界か。「変換の時代」の中で，真の地球社会を構築するための世界初の総合理論。

E.マインベルク／壽福眞美・後藤浩子訳
エコロジー人間学
四六 312頁
3360円
ISBN4-7948-0524-1 〔01〕
【ホモ・エコロギクス―共-生の人間像を描く】「人間とは何か」を根底から問い直し，身体そして自然と調和し，あらゆる生命への畏敬に満ちた21世紀の《共-生》的人間像を構築。

J.マルチネス＝アリエ／工藤秀明訳
〈増補改訂新版〉
エコロジー経済学
四六 480頁
4410円
ISBN4-7948-0440-7 〔99〕
100余年の歴史を有しながら異端として歴史の中に埋没させられてきた「もう一つの経済学」の試み。その多様な学的蓄積を発掘・修復し，問題群史として見事に整序した大著。

R.シュー／山本一郎訳
「第四次経済」の時代
四六 256頁
2625円
ISBN4-7948-0447-4 〔99〕
【人間の豊かさと非営利部門】フランス型NPO（非営利組織）が実証する新しい経済部門としての市民活動の台頭！かつての企業の役割を市民活動はどのように変革しうるか。

馬越恵美子
心根（マインドウェア）の経営学
（『ホワイトカラー革新』［増補新版］）
四六 267頁
2625円
ISBN4-7948-0480-6 〔00〕
【等距離企業の実現を目指して】内外の多くの企業が多国籍，多文化，多属性の人々を雇用する時代。経営に「心」を根づかせ，多様な個性に対応しうる企業文化の発展を提唱する。

寺本義也・小松陽一・福田順子・原田 保・水尾順一・清家彰敏・山下正幸
パワーイノベーション
A5 288頁
3360円
ISBN4-7948-0443-1 〔99〕
五つの主要産業分野の分析を通して，人や組織のもつ潜在的な可能性と，それらを結合させる開放的かつ拡大的なパワーを引き出し，知的ネットワーク時代の企業革新の方法に迫る。

岩田勝雄編
21世紀の国際経済
A5 284頁
3990円
ISBN4-7948-0348-6 〔97〕
【グローバル・リージョナル・ナショナル】従来の永続的経済発展の理論を根本から問い直し，現行の経済秩序の変更と新しい経済社会建設の鳥瞰図を描く！

寺本義也編
知の神秘と科学〈知識文化論Ⅰ〉
A5 268頁
3360円
ISBN4-7948-0533-0 〔01〕
現代における錬金術，陰陽師，シャーマンへの接近や，iモード事件，IT革命，ボランタリズムなどの事象分析を通して，神秘主義と情報社会を結ぶ知の総合性のありかを探る。

原田 保編
知の異端と正統〈知識文化論Ⅱ〉
A5 241頁
2940円
ISBN4-7948-0508-X 〔01〕
知の異端と正統の両極性を捉え，その相互の影響によるスパイラルな進化こそが21世紀の知識社会の文化を開くとする従来のナレッジマネジメント論の枠を超えた知識論の展開。

表示価格はすべて税（5%）込みです。